Heinz M. Goldmann

WIE MAN KUNDEN GEWINNT

HEINZ M. GOLDMANN

WIE MAN KUNDEN GEWINNT

Das Leitbuch erfolgreicher Verkaufspraxis

Elfte, unveränderte Auflage

VERLAG W. GIRARDET · ESSEN

Der Titel der schwedischen Originalausgabe lautet
»KONSTEN ATT SÄLJA«
Die deutsche Übersetzung besorgte der Verfasser

1. Auflage 1952
2. Auflage 1954
3. Auflage 1958
4. Auflage 1965
5. Auflage 1969
6. Auflage 1971
7. Auflage 1975
8. Auflage 1978
9. Auflage 1980
10. Auflage 1982
11. Auflage 1984

ISBN 3-7736-7367-1 · Bestellnummer 73671

W. Girardet Buchverlag GmbH, Essen

Satz: Kleins Druck- und Verlagsanstalt, Lengerich

Druck: CVK-Druck, Berlin
Printed in Germany · 1984

GEWIDMET

dem Verkäufer –

dem Diener seines Unternehmens,

dem Freund seiner Kunden,

dem Botschafter seines Berufes!

INHALTSVERZEICHNIS

VERKAUFEN - groß geschrieben

Ist Verkaufen Zauberei, ist es Tiefenpeilung ins Innerste der Menschenseele? Hat irgendein genialer Kopf auf dem Gebiet des Verkaufens letzthin einige neue Patenttricks erfunden?

Keineswegs.

Verkaufen ist beinahe ebenso alt wie die Menschheit selbst. Etwas wirklich Neues, eine Erfindung von einschneidender Bedeutung, ist während der letzten Jahre auf diesem Gebiet nicht gemacht worden; das meiste war schon lange bekannt. Und deshalb kennt man in der Verkaufspsychologie nur einige wenige Grundsätze von fundamentaler Bedeutung, alle anderen Regeln sind davon nur Abwandlungen. Diese richtig einzu„pauken", ist Aufgabe jeder Verkaufsausbildung – wichtiger und richtiger, als nach neuen, raffinierten Tricks zu suchen. Was sind das nun für Grundsätze?

1. **Man verkauft niemals eine Ware als solche, sondern eine Idee – die Idee ihrer Dienstleistung zur Wunscherfüllung des Kunden.**
2. **Jede Ware muß, um verkäuflich zu sein, sachlichen und vor allem menschlichen Primärbedürfnissen entsprechen. Diese Bedürfnisse kann man wecken und entfalten, nicht aber erzeugen.**
3. **Nur wenige Käufe kommen ausschließlich aus Vernunftserwägungen zustande.**
4. **Die menschliche Trägheit ist der größte Feind und zugleich der stärkste Bundesgenosse des Verkäufers.**
5. **Energischer Verkauf ist nicht dasselbe wie Aggressivität oder Hochdruckverfahren.**

6. Keine Ware wird allein ihrer vortrefflichen Eigenschaften wegen gekauft.
7. Der Preis als solcher ist selten allein ausschlaggebend dafür, ob ein Kauf zustande kommt oder nicht.
8. In der Regel sind die von Ihnen besuchten Kunden an Ihrem Angebot zu Ihren Bedingungen nicht interessiert, sondern müssen interessiert werden.
9. Ein Diskussionssieg über den Käufer wird oft zu einer Verkaufsniederlage.
10. Ein Verkaufsgespräch ohne Einwände des Kunden ist selten ein Erfolg.
11. Viele Verkaufsversuche mißglücken schon, bevor sie begonnen haben.
12. Der Verkaufsprozeß besteht in der Regel aus vier psychologischen Vorgängen, die leicht zu unterscheiden sind.
13. Diese Vorgänge entsprechen bei gewissen Verkäufen sechs verkaufstaktischen Stufen.
14. Eine geringfügige Veränderung einiger Wörter in einem einzigen Satz des Verkaufsgespräches kann einen Kauf entscheiden.
15. Einzelgespräche müssen in zunehmendem Maße durch Gruppenverhandlungen ersetzt werden.
16. Der Kunde hat nicht immer recht.

Jedem dieser sechzehn Grundsätze ist in diesem Buch ein Kapitel gewidmet (außer Punkt 12, der in vier Abschnitten behandelt wird).

Können *Sie* ein wirklich guter Verkäufer werden? Glauben Sie bitte nicht, daß alle Menschen, die etwas von Kundenbedienung oder Produkten verstehen, auch *wirkliche* Verkäufer werden können, weder durch Kurse, durch Bücher noch durch angestrengte Arbeit. Aufträge entgegenzunehmen ist keine Kunst. Echtes Verkaufen verlangt Könner. Leider sehen nur wenige das ein. Verkaufen ist kein Beruf, der sich im Handumdrehen erlernen läßt. Er erfordert gründliche Kenntnisse wie jeder andere Beruf. Man kann es auch nicht einfach werden, weil einem die Büroarbeit nicht mehr gefällt oder weil man glaubt, auf diese Weise schnell zu Geld zu kommen. Auch der Traum einer „lohnenden Vertretung“ erfüllt sich für den Laien nur in seiner Phantasie. Verkaufen ist am allerwenigsten ein Beruf, in dem leicht Geld verdient wird. Verkaufen ist Berufung und Aufgabe und verlangt außerdem eine Betätigung, die den meisten nicht liegt: Ein Verkäufer muß sich wohl dabei fühlen, viele Menschen aufzusuchen, die an sich wenig oder gar nicht davon erbaut sind, ihn anzuhören, um dann diese gleichen Menschen dennoch von einem Bedürfnis zu überzeugen, dessen sie sich meistens nicht bewußt sind und für das sie im Regelfalle kein Geld ausgeben wollen. Zudem muß man geschickt, freundlich und doch energisch und zäh genug sein, sich in einer Weise Gehör zu verschaffen, die den „Gesprächspartner wider Willen“ nicht bereuen läßt, zugehört zu haben. Dieses Ziel, diese erste Etappe zum Verkaufserfolg, gilt es nicht nur einmal, sondern *unzählige* Male Tag für Tag, Monat für Monat, Jahr für Jahr zu erreichen. Gerade diese nervlichen Anforderungen machen manchen unzufrieden. Innere Unzufriedenheit aber ist sehr oft die Ursache für Mißerfolge des Verkäufers. Wer jedoch als Verkäufer durchdrungen ist von seiner Aufgabe und sich ihr freudig widmet, arbeitet nicht erfolglos. Wenn er bereit und entschlossen ist, sich mit neuen, zweckmäßigen Arbeitsmethoden vertraut zu machen, wird er ein besserer Verkäufer werden.

Warum erreichen Verkäufer meist weniger, als sie selber oder auch andere im voraus angenommen haben? Warum klagen so viele Verkaufsleiter über mangelnde Leistung ihrer Verkäufer? Die Ursachen dafür liegen u. a. vor allem darin:

1. Viele und nicht zuletzt die erfahrenen und routinierten Verkäufer alter Schule glauben, die „eigene Methode“ (d. h. das eigene, häufig ganz unmethodische Vorgehen) sei die einzig richtige. „Keiner kann von meiner Verkaufstätigkeit mehr verstehen als ich, der ich das nun schon so viele Jahre lang betreibe.“

   Daher schlagen sie die Erfahrungen und Lehren anderer in den Wind; sie „wissen es besser“.

2. Die Schuld an Mißerfolgen wird vom Verkäufer gern anderen Ursachen zugeschoben, z. B. dem Kunden, der Ware, dem Zeitpunkt, dem Arbeitsgebiet, der Konjunktur – nur nicht sich selbst! Dadurch unterbleibt die notwendige Selbstkritik, die erst die wahren Ursachen zu finden ermöglicht, und der Verkäufer lernt nichts aus den eigenen Fehlern.

3. Viele Verkäufer vergessen in ihrer Freude, keine direkte Absage bekommen zu haben, daß sie auch keinen Auftrag erhielten, und vertrösten sich auf ein „Morgen“, das häufig nicht kommt.

4. Die meisten sind weit schlechtere Verkaufspsychologen, als sie glauben. Sie überschätzen ihre Menschenkenntnis, behandeln ihre Kunden falsch, ohne es zu merken. Sie sind noch dazu so sehr von sich eingenommen, daß sie dem Kunden die Schuld des Mißerfolges zuschreiben.

5. Nur wenige Verkäufer unterziehen sich einem systematischen Verkaufstraining (oder werden dazu angehalten) mit darauf folgender Methoden- und Ergebniskontrolle in der täglichen Verkaufspraxis. Eine solche Ausbildung ist kein Kinderspiel. Es geht darum, Kenntnisse zu erwerben *und* Fähigkeiten zu entwickeln *und* eine entsprechende Einstellung zu erzielen.

Bitte, lesen Sie dieses Buch *nicht* wie einen Roman! Nehmen Sie sich Zeit für jedes Kapitel. Lesen Sie es mehrmals. Und haben Sie immer einen Bleistift zur Hand, um das anstreichen zu können, was für Sie besonders wichtig ist!

Die Beispiele in diesem Buch sind aus möglichst vielen Branchen gewählt worden. Sie lassen sich fast immer sinngemäß auf Ihre Branche oder Ihre Tätigkeit übertragen. Wo es nicht in vollem Umfange möglich ist, werden Sie gleichwohl aus den Beispielen Nutzen ziehen und eigene Parallelgedanken entwickeln.

In der Verkaufstätigkeit, die so reich ist an immer neuen Variationen und immer neuen Problemen, in der es so viele Zufälle gibt und in die unberechenbare Einflüsse hineinspielen, werden zwangsläufig Situationen eintreten, in denen Sie den Anweisungen dieses Buches genau entgegengesetzt handeln können und *trotzdem* zum Erfolg kommen. Ziehen Sie hieraus keinen falschen, allzu bequemen Schluß! Die ungewöhnliche Vielfalt stets wechselnder Situationen im Verkauf läßt es geboten erscheinen, die wichtigsten, von Tausenden von Verkäufern im Inland wie im Ausland erprobten Erfahrungssätze einer Verkaufstechnik nicht abstrakt, sondern in systematischer, manchmal auch schematischer Darbietung in unmittelbarer Anlehnung an die Praxis zu behandeln.

Jedes Kapitel in diesem Buch wird mit vier Kontrollfragen und mit fünf Problemen aus der praktischen Verkaufsarbeit eingeleitet. Falls Sie diese vier Kontrollfragen ohne Mühe zufriedenstellend beantworten können, enthält das Kapitel nichts Neues für Sie, und Sie können zum nächsten übergehen. Sollten Sie der Überzeugung sein, auf diese Weise alle Kapitel überspringen zu können, sind Sie entweder der perfekte Verkäufer, um den sich alle reißen werden, oder Sie sind – verzeihen Sie – sich selbst gegenüber nicht kritisch genug.

Die fünf Probleme sollten Sie zumindest nach dem Lesen des betreffenden Kapitels lösen können, zumal die Lösung entweder unmittelbar im Text wiedergegeben ist oder aus ihm hervorgeht. Die Problemstellungen zielen u. a. darauf ab, die praktische Bedeutung der Lehren oder Erfahrungssätze des Kapitels aufzuzeigen und als Eigenkontrolle zu dienen; es kommt also auch darauf an, daß Sie sich prüfen, ob Sie die Lösung gefunden haben. Hierdurch können Sie Ihre Lernaufgabe selbst programmieren. Außerdem können die Probleme bei Verkäuferkursen und Verkäufertagungen als Diskussionsthemen oder Übungsaufgaben verwendet werden.

Die folgenden Lehren sind das Ergebnis von Erfahrungen, gewonnen bei der Ausbildung und Unterrichtung von Verkäufern verschiedenster Branchen und Aufgabengebiete. Seit der 1. Auflage sind über dreißig Jahre vergangen mit neuen Erfahrungen bei meiner persönlichen Instruktion von insgesamt über 370.000 Verkäufern in achtzehn Ländern. Dazu kommen die Erkenntnisse meiner 350 Kollegen – alle vollamtlich in den Mercuri Goldmann Internationalen Trainingszentren weltweit tätig. Hoffentlich helfen diese Erkenntnisse auch Ihnen.

Genf, im März 1984 *Heinz M. Goldmann*

KAPITEL I

Was verkaufen Sie eigentlich?

KÖNNEN SIE DIESE VIER FRAGEN BEANTWORTEN?

❶ Was bedeutet: „die Idee einer Ware verkaufen"?

❷ Ist „Ideenverkauf" dasselbe wie der Verkauf von abstrakten Waren oder Dienstleistungen?

❸ Können Sie in einem einzigen Satz die Aufgabe des Verkäufers definieren?

❹ Kann „Ideenverkauf" auch bei Verkäufen an Wiederverkäufer angewendet werden?

KÖNNEN SIE DIESE FÜNF PROBLEME LÖSEN?

① *Herr Feldmann verkauft die leistungsfähigsten Buchungsmaschinen mittlerer Preislage. Er kennt diese Maschinen seit langem und ist technisch sehr erfahren; zudem ist sein Äußeres, wie man so sagt, vorteilhaft und macht einen vertrauenerweckenden Eindruck. Herr Feldmann wird fast immer angehört. Er wird vom Buchhaltungschef einer Kundenfirma empfangen. „Ich möchte Ihnen unsere neue Buchungsmaschine zeigen. Man kann ohne Übertreibung sagen, daß sie die beste auf dem Markt ist." Und dann spricht er, wie immer, sachkundig über die verschiedenen technischen Vorzüge der Maschine. Der Kunde scheint ihm auch, wie recht häufig der Fall ist, zu glauben. Dennoch hat Feldmann in keinem dieser Fälle einen Verkaufserfolg.*

Leuchtet Ihnen das ein? Was müßte er anders machen?

② *Herr Bornheim ist ein sehr energischer Versicherungsvertreter. Seit 15 Jahren ist er mit wechselndem Erfolg tätig. Täglich besucht er etwa sechs Kunden, die er intensiv bearbeitet. Seine Firma findet, er sei etwas einseitig und nicht gerade das, was man eine „Abschlußkanone" nennt. Er könnte stundenlang über Versicherungen reden. Doch immer öfter fällt ihm auf, daß alle Leute ihre Versicherungen schon auf den neuesten Stand gebracht zu haben scheinen und daß sie keine Lust zeigen, ihre Probleme mit ihm zu erörtern.*

Woran hapert es hier?

③ *Ingenieur Richter vertritt eine große Fabrik der mechanischen Industrie. Er verkauft Förderbänder. Sechs ganze Monate lang hat er Spezialstudien darüber betrieben. Zudem hat er mit Hilfe eines Konstrukteurs praktische Proben an verschiedenen Förderbändern durchgeführt, die zu interessanten Vergleichsziffern geführt haben. Diese Vergleichszahlen benutzt er nun als Hauptgesprächsstoff bei seinen Besuchen. Die Kunden zeigen sich zwar interessiert, aber er kann sie nicht zu einem Kaufwunsch bewegen.*

Hat Richter den richtigen Weg gewählt?

④ *Herr Brückner, ein alter Rennfahrer, hat Autos und Motorräder zur Aufgabe seines Lebens gemacht. Seit einigen Jahren ist er Autovertreter, aber es ist ihm bisher noch nicht geglückt, mit den Verkaufsergebnissen der Spitzenverkäufer auch nur annähernd konkurrieren zu können. Im Verkäuferwettbewerb kommt Brückner selten über den dritten Platz vom Ende her gerechnet hinaus, obwohl er von Autos mehr versteht als irgendeiner seiner Kollegen.*

Versteht er davon vielleicht sogar zuviel? Kann das ein Fehler sein?

⑤ *a) Zwei Reisebüros inserieren zum gleichen Zeitpunkt für ihre Italienreise mit ungefähr gleichen Reiserouten und Preisen. Beide Anzeigen sind gut aufgemacht und gut plaziert. Die Schlagzeile der einen Anzeige lautet: „Gesellschaftsreise nach Italien“, und in der anderen heißt es: „Frühling in Italien!“*

b) Auf einer Messe werden verschiedene Spülmaschinen ausgestellt. Eine Spülmaschine ist mit dem Schild versehen: „X-Maschine – ein technisches Wunder für die Küche.“ Auf der Maschine der Konkurrenz steht: „Jetzt können Sie mit verschränkten Armen Geschirr spülen.“

c) Ein elektrischer Rasierapparat wird unter dem Schlagwort angeboten „Rasieren auch Sie sich elektrisch", ein anderer: „Wollen Sie vier Minuten Rasierzeit jeden Morgen sparen?"

d) Eine Gesichtscreme wird als „Kosmetisches Wunder" herausgestellt, und von der anderen wird gesagt: „Auch Sie können jetzt Ihre Haut verschönern."

e) Ein besonders scharfes, gezahntes Eßbesteck wird in einem Warenhaus mit „Ein neuartiges Zusatzbesteck" und in einem anderen mit „Sie und Ihre Gäste bekommen zarteres Fleisch" angeboten.

Welche Argumente erscheinen Ihnen verkaufsfördernder, die ersten oder die letzten – und weshalb?

Was ist das Primäre?

Eine Ware wird gekauft, um ein bestimmtes Bedürfnis zu befriedigen. Sie ist nur Mittel zum Zweck. Deshalb soll der Verkäufer nicht die Ware an den Kunden verkaufen, vielmehr muß er mit Hilfe der Ware, die er anbietet, das Verlangen des Kunden nach dem Zweck wecken und anregen. Die Ware an und für sich ist zunächst von untergeordneter Bedeutung. Dagegen ist die Idee, der Zweck, der hinter der Ware steht, das Primäre.

Nicht die Buchungsmaschine	sondern die Idee der rationellen Büroarbeit und absoluten Zuverlässigkeit der Buchführung ist das Verkaufsobjekt
nicht die Versicherungspolice	sondern der Wunsch des Kunden nach wirtschaftlicher Sicherheit und Risikovermeidung
nicht das Transportband	sondern die ergiebigere Produktion
nicht das Auto, Typ Luxusmodell	sondern sicheres und bequemeres Reisen
nicht die Gesellschaftsreise	sondern das Frühlingserlebnis im Winter
nicht die Spülmaschine	sondern die Arbeitsersparnis
nicht das elektrische Rasieren	sondern der Zeitgewinn
nicht ein kosmetisches Präparat	sondern die schönere Haut
nicht das Besteck	sondern das „bessere“ Essen

– das sind die wirklichen Verkaufsobjekte.

Welche Ideen stecken in einer Ware?

Es gibt ebenso viele Ideen, die eine Ware entstehen ließen, wie es menschliche Wünsche und Bedürfnisse gibt. Die Ware ist ein toter Gegenstand. Er wird erst lebendig durch seine Eigenschaft, dem Kunden zu dienen und dessen Wünsche zufriedenzustellen. Es leuchtet ein, daß die Verkaufsarbeit leichter und nutzbringender sein muß, wenn man anstatt der Ware Ersparnis, Sicherheit, Zweckmäßigkeit, Bequemlichkeit usw. anbietet, denn die Ware ist ja nur Mittel zum Zweck und deshalb für den Kunden von zweitrangiger Bedeutung. In der Tat spiegelt sich diese Überlegung auch im Unterschied der Verkaufsresultate derjenigen Verkäufer wider, die nur die Ware verkaufen können, und jener, die gelernt haben, *die Idee* hinter der Ware zu verkaufen. In der Auswertung dieser Erkenntnis unterscheidet sich häufig der erstklassige vom mittelmäßigen Verkäufer.

Man verkauft nicht:	*sondern eine Idee, wie z. B.:*
Möbel	Gemütlichkeit
Fertigspeisen	Einfache Zubereitung
Haarwasser	Aussehen
Kleidung	Selbstgefühl
Unterricht	Berufserfolg
Lotterielose	Hoffnung auf Gewinne
Fahrkarten	Ferienerlebnisse
Rasenmäher	Gartenliebhaberei, Freizeitbetätigung
Nähmaschinen	Preiswerte Kleider nach eigenem Geschmack
Verpackung	Unbeschädigte Lieferung
Industriemaschinen	Rationellere Produktion

Die Idee, die es im Zusammenhang mit einer Ware anzubieten gilt, kann von Kunde zu Kunde verschieden sein, denn Kaufmotive beruhen ja auf den individuellen Eigenarten der Menschen. So ist das Auto für den einen Kunden eine Geldanlage, für den anderen eine Prestigefrage, für den dritten eine sportliche Betätigung, für den vierten bequemer Transport usw. Für die meisten Warengruppen aber gibt es eine allgemeingültige Ideenlinie, die jeder Verkäufer ganz einfach kennen und erlernen *muß*, um sich ihrer bedienen zu können.

Und die Wiederverkäufer?

An dieser Stelle hört man häufig von Verkäufern, die mit Wiederverkäufern zu tun haben, folgenden Einwand:

„Mein Kunde kauft ganz einfach Stoffe und nicht Aussehen oder Geltung oder Schutzbedürfnis, denn er will sie ja nicht selbst verwenden, sondern weiterverkaufen! Er kauft keine Ideen.“ Ist dieser Einwand berechtigt? Nein, denn der Wiederverkäufer kauft noch viel weniger eine Ware. Er kauft nicht Stoffe, Kochtöpfe, Gewürze, Rundfunkgeräte, Maschinen oder Malerfarben – er kauft die Idee des Verkaufserfolges, des Verkaufsgewinnes! Nur darum ist es dem Wiederverkäufer zu tun! Je mehr sich also der Verkäufer darauf konzentriert, dem Wiederverkäufer *beim Verkauf zu helfen,* desto leichter und besser leistet er seine eigene Verkaufsarbeit.

Problemlösungen verkaufen

Und noch etwas. Sie haben es immer mit *Menschen* zu tun. Und Menschen haben Probleme. Private, berufliche, ureigene, fremde. Jedes Unternehmen, jede Abteilung, jede Funktion steckt voller ungelöster Probleme. Leistung, Einsparung, Rationalisierung, Gewinnverbesserung, Verlustvermeidung und so fort. Ihre Idee, die Sie hier verkaufen können, sind *Problemlösungen.* Das hilft Ihnen auch, wenn Sie keine Angebotsvorteile bieten können. Denken Sie einmal hierüber nach. Es lohnt sich.

In den folgenden Kapiteln werden Sie auf verschiedene Situationen des Verkaufs stoßen, bei denen immer wieder die Fähigkeit, die Idee der Ware und nicht die Ware als solche zu verkaufen, entscheidend für das Verkaufsresultat ist. Kontrollieren Sie sich selbst einmal genau – verwenden Sie wirklich den Grundsatz des Ideenverkaufs *in der Praxis*? Was sagen Sie dem Kunden? Welches ist Ihr wichtigstes Argument? Wie führen Sie eine neue Ware ein? Welches sind Ihre ersten Worte? Sprechen Sie von Ihrer Ware? Oder von der Erfüllung eines Kundenwunsches? Nur sehr wenige Verkäufer beherrschen den Grundsatz des Ideenverkaufs. Bei internationalen Untersuchungen ergab sich, daß nur ein Verkäufer von acht diesen Grundsatz beherrschte.

Sprechen Sie von der Ware? Oder von Wunscherfüllung?

Auch Sie sprechen sicher zuviel über Ihre Ware und zuwenig über die Idee, die sich dahinter versteckt. Oder nicht?

Verkaufen heißt, Menschen vom Vorteil einer angebotenen Leistung zu überzeugen. Diese Auslegung unterscheidet zwischen dem eigentlichen Verkauf und der Auftragentgegennahme, denn beim Verkauf liegt das ganze Gewicht darauf, zu *überzeugen.* Außerdem geht daraus hervor, daß es nicht unbedingt eine konkrete Ware sein muß, die verkauft wird. Es können auch Dienstleistungen, Arbeitsprogramme, Projekte, Verbindungen u. a. sein. Vom verkaufspsychologischen Gesichtspunkt aus gibt es keinen prinzipiellen Unterschied zwischen dem Verkauf von konkreten Waren und Vorschlägen oder nichtkommerziellen Objekten (wie z. B. gemeinsamer Ausflug, Teilnahme an einem Vereinsfest, Ferienpläne) oder auch der eigenen Person (Stellensuche, Lohnerhöhung, Beförderung). In sämtlichen Fällen ist der Antragsteller oder Vorschlagende ein Verkäufer, der sein Gegenüber davon überzeugen will, daß es sich lohnt, seinen Vorschlag anzunehmen. Er verkauft immer die Idee einer Ware oder Sache.

Eine Verkaufsdefinition

Ob Sie als Chef einer Brauerei eine Gemeinschaftswerbung für das Biertrinken vorschlagen, ob Sie Ihre Frau davon überzeugen wollen, daß Sie sich nicht länger Ihrer Verpflichtung entziehen können, die Familie K. einzuladen, ob Sie als leitender Ingenieur Arbeitern Anweisungen geben, ob Sie an Lohnverhandlungen teilnehmen oder ob Sie ein Gesuch für ein Auslandsstipendium einreichen: immer gilt es zu überzeugen, immer sind Sie Verkäufer! Die Fähigkeit zu überzeugen, ist eine wichtige Erfolgseigenschaft in *jeder Arbeit* und in *jedem Beruf.* Ist es dann noch verwunderlich, wenn wirkliche Spitzenverkäufer gut im Leben vorankommen?

Alle sind Verkäufer

Deshalb hat auch jeder Mensch Nutzen von Verkaufskenntnissen. Wie viele gute Vorschläge, Projekte, Pläne, Absichten, Anerbieten und Arbeitseinsätze sind nicht schon gescheitert, nur weil die Verkaufseinstellung fehlte!

Vom Berufsverkäufer wird diese Einstellung und das Prinzip des Ideenverkaufs naturgemäß in noch weit größerem Maße verlangt. Sonst sind echte Verkaufserfolge nicht möglich.

Jetzt können Sie wohl die vier einleitenden Fragen beantworten und die fünf Verkaufsprobleme lösen?

Noch einmal: Man verkauft nicht eine Ware, sondern eine Idee! Das muß jeder Verkäufer verstehen und danach handeln!

KAPITEL II

Ist Ihre Ware verkäuflich?

KÖNNEN SIE DIESE VIER FRAGEN BEANTWORTEN?

❶ Kennen Sie den Zusammenhang zwischen Bedürfnissen und Kaufmotiven?

❷ Was sind „bedingte Bedürfnisse“ und welche Sonderstellung haben sie vom verkaufstaktischen Gesichtspunkt?

❸ Haben alle Käufer die gleichen „Primärbedürfnisse“?

❹ Was bedeutet das Geltungsbedürfnis im Verkauf?

KÖNNEN SIE DIESE FÜNF PROBLEME LÖSEN?

① *Eine Fabrik stellt eine Schreibmaschine mit einer Reihe beachtlicher Neuerungen her, die eine neue Epoche des Maschineschreibens einleiten soll; eine technisch so vollendete Schreibmaschine hat es bisher nicht gegeben. Dennoch muß die Fabrikation dieser Maschine eingestellt werden, denn die Stenotypistinnen lehnen die neue Maschine ab.*

Eine echte Verbesserung wird negativ aufgenommen. Wie können Sie sich das erklären?

② *Eine Autofabrik führt eine vollautomatische Schaltung bei ihren Sportwagen gegen geringe Mehrkosten ein. Diese Maßnahme schlägt jedoch nicht ein; die Verkaufsergebnisse für diese zusätzliche Bequemlichkeit sind enttäuschend. Fast alle Kunden ziehen den althergebrachten Schalt„knüppel“ vor.*

③ *In einem schweizerischen Winterkurort konkurrieren mehrere Barbetriebe um die Gunst exklusiver Gäste. In diesem Wettbewerb unterliegt das eben renovierte Luxusrestaurant X trotz einer teuren, hyperleganten Einrichtung. Der*

Inhaber des besuchtesten Lokals denkt dagegen gar nicht daran, zu vertuschen, daß seine Gaststätte einmal als Kuhstall gedient hat. Sie ist als eine Art Stall mit primitiven Sitzgelegenheiten eingerichtet und zieht gerade deshalb exklusive Gäste an.

Wie erklärt sich die Einstellung der Gäste? Berührt sie auch Ihren Verkauf in irgendeiner Weise?

④ *Ingenieur Großmann verkauft Zeitkontrolluhren. Er hat bei einigen großen Fabriken Erfolg. Getreu dem alten Grundsatz, daß es sich lohnt, Stammkunden zu bearbeiten, nimmt er sich vor, auch an die kaufmännischen Büros dieser Fabriken Stempeluhren zu verkaufen. Seine Verkaufsargumente sind im großen und ganzen dieselben geblieben: bessere Ordnung und Übersicht, objektive Kontrolle der Arbeitszeit, Unterlagen für Leistungsbeurteilung usw. Aber Großmann stößt auf Widerstand. Zumeist wird ihm erklärt, Zeitkontrollen in den Büros seien unnötig, und man sei gegenwärtig nicht gewillt, für eine derartige Anlage Geld auszugeben. Großmann steht vor einem Rätsel und überlegt hin und her, ob nicht doch etwas anderes dahinterstecken könnte, zumal die Pünktlichkeit in den Büros ganz offensichtlich nicht zufriedenstellend ist. Aber der Widerstand liegt nicht in erster Linie bei der Direktion. Einer seiner Kollegen meint, es sei eben etwas anderes, an Kaufleute zu verkaufen als an Techniker.*

Liegt hier das Problem?

⑤ *Der Verkauf von Maschinen erfordert im allgemeinen umfassende Untersuchungs- und Planungsarbeiten des Verkäufers. Auch Ingenieur Seidel verhandelt seit mehreren Monaten mit dem Betriebsingenieur und dessen Kollegen über den Verkauf einer Turbine, die einem Kraftwerk angeboten werden soll. Das Ergebnis dieser Untersuchung veranlaßt ihn, der obersten Geschäftsleitung des Kraftwerkes ein gut durchdachtes und bis in alle Einzelheiten ausgearbeitetes Gutachten vorzulegen. Seidel ist davon durchdrungen, daß die aufgewandte Arbeit zu einem wirklich brauchbaren Vorschlag geführt hat, den die von ihm besuchte Geschäftsleitung schon bei einer ersten flüchtigen*

Durchsicht gutheißen wird. Zu seiner Verwunderung nimmt die Geschäftsleitung aber eine peinlich genaue Detailprüfung vor und bringt ziemlich unberechtigte und kleinliche Bemängelungen vor. Ingenieur Seidel wird nervös, und erst im letzten Augenblick gelingt es ihm, sich zu beherrschen und seinen psychologischen Fehler zu entdekken. Diesen Fehler hatte er auch früher schon gemacht. Es wird ihm klar, daß ein logisch richtiger Gedanke nicht unbedingt auch psychologisch richtig sein muß.

Ziehen Sie hieraus irgendwelche Schlußfolgerungen für Ihren Verkauf?

Der Verkäufer und die Fabrikation

Der Verkäufer darf ja nur selten mitbestimmen, welche Waren gekauft oder hergestellt und wie sie beschaffen sein sollen. Wahrscheinlich liegt darin eine Ursache für viele unverkäufliche Waren auf dem Markt. Gerade Verkäufer sind oft die einzigen Menschen mit unmittelbarem Kontakt zu den in Frage kommenden Käufergruppen. Durch diese Unterlassungssünde entsteht noch ein weiteres, ernstes Problem:

Der Verkäufer neigt nach einigen Fehlschlägen sehr leicht zu der Annahme, seine Ware sei unverkäuflich, weil sie ohne sein Mitwirken herausgebracht wurde; deshalb möchte er sich auch jener nicht leichten Pionierarbeit entziehen, die nun einmal jede Einführung von Neuheiten mit sich bringt. Diese Reaktion kann bis zum passiven Boykott gehen: Der Verkäufer möchte die Unverkäuflichkeit der Ware beweisen. Eine derartige Einstellung des Verkäufers könnte kaum auftreten, wenn er bereits im Herstellungs- oder Einkaufsstadium mitverantwortlich hinzugezogen worden wäre.

Wofür der Mensch lebt

Eine Voraussetzung für die Verkäuflichkeit einer Ware ist, daß sie Primärbedürfnissen des Menschen entspricht. Eine Ausnahme bilden die zur Gruppe der *bedingten Bedürfnisse* gehörenden Waren, d. h. die Waren, die man nur kauft, um andere Waren herstellen, verkaufen oder verbrauchen zu können (z. B. Rohwaren und Produktionsmittel der Industrie). Aber wenn hier auch nicht immer ein Primärbedürfnis des Menschen angesprochen wird, so tritt es bei der Wahl der Einkaufsquelle oder des Verkäufers zutage. Wenn die Warenangebote gerade auf diesem Gebiet sich mehr und mehr gleichen und keine konkreten Unterschiede mehr aufweisen, müssen ja psychologische Momente den Ausschlag geben, wie z. B. der Kontakt zum Verkäufer, eine lange Geschäftsverbindung oder dergleichen (vergleichen Sie auch Kapitel 3).

Alle Menschen haben im großen und ganzen die gleichen Ziele und Wünsche, z. B. den Wunsch, reich zu werden, von anderen bewundert zu werden, Erfolg zu haben, ihre Gesundheit zu bewahren usw. Wir alle streben danach, solche Ziele, die unserem Leben einen Inhalt geben, zu erreichen.

Dies sind Wünsche und Ziele, die viele unserer Handlungen und Reaktionen beeinflussen, und das natürlich auch, wenn wir als Käufer auftreten.

Eine Ware, die unserem Bedürfnis nach Bequemlichkeit entspricht (z. B. eine Spülmaschine), oder eine Ware, die unsere Anziehungskraft in den Augen anderer erhöht (z. B. Kleidung), die Geld und Arbeitskraft spart (z. B. eine Vervielfältigungsmaschine), die unserer Gesundheit dient (z. B. vitaminreiche Kost), die unseren Spieltrieb befriedigt (z. B. ein Sportgerät), kurz alle Waren, die unsere persönlichen Bedürfnisse und Wünsche erfüllen, haben immer einen Markt. Wieweit die Ware dann diesen Markt verwerten kann, hängt u. a. von der Fähigkeit des Verkäufers ab, die Idee der Ware verkaufen zu lernen – d. h. den Kern der Idee herauszufinden, die ganz unmittelbar das Primärbedürfnis des künftigen Kunden anspricht.

Unsere Primärbedürfnisse

Wie viele Primärbedürfnisse gibt es? Die Theorien darüber gehen auseinander. Die einen sagen, es gibt nur zwei, andere, es gäbe eine ganze Reihe von Primärbedürfnissen. Ein Verzeichnis nennt sogar 68 Primärbedürfnisse. Hier folgt, ohne Anspruch auf wissenschaftliche Genauigkeit, eine Aufstellung der erkennbaren und für den Verkauf wichtigsten Bedürfnisse:

1. *Geltungsbedürfnis* (Einfluß, Prestige, Stellung, Anerkennung, Beliebtheit), Eigenliebe, Wettbewerbsstreben, Machtstreben, Betätigungsbedürfnis (schöpferische Arbeit, Berufstätigkeit), Statusstreben (äußere Zeichen einer Stellung), Nachahmung (Nachleben von Vorbildern).

2. *Sexualtrieb* – Liebe (Wunsch nach stärkerer Männlichkeit oder Weiblichkeit bzw. besserem Aussehen oder größerer Anziehungskraft).

3. *Anlehnungsbedürfnis* (Anschluß, Geselligkeitswunsch, Kontakt, Familie, Freundschaft, Zuneigung).

4. *Selbsterhaltungstrieb* und Gesundheitsstreben (Schutz gegen Krankheit und Altern).

5. *Gewinntrieb* (Besitzstreben, Sammlertätigkeit, finanzieller Berufserfolg, Spielleidenschaft).

6. *Neugiertrieb* (Wißbegierde, Experimentierlust).

7. *Bequemlichkeitsbedürfnis* (Ausruhen, Trägheit, Arbeitserleichterung).

8. *Sicherheitsbedürfnis* (Schutz vor Risiko, Verlust, Schmerz, Furcht und Unruhe).

Der konstruktiv arbeitende Verkäufer versteht es, seine Verkaufstaktik mit den Primärbedürfnissen, die jeder Mensch hat, in Einklang zu bringen.

Geltungsbedürfnis und Verkauf

Es gibt nur wenige Verkaufsgelegenheiten, bei denen der Käufer nicht bis zu einem gewissen Grad vom Geltungsbedürfnis beeinflußt wird und der Verkäufer nicht daran appellieren kann. Denken Sie gerade über diesen Punkt und dessen praktische Auswirkungen ausführlich nach. Mehr hierüber im nächsten Kapitel.

Lösung der fünf Probleme

Die fünf Probleme haben Sie wohl schon gelöst? Weshalb wurde die technisch vollendete Schreibmaschine kein Verkaufserfolg? Weil die menschliche Trägheit, die wir ja alle kennen und die sich im vorliegenden Falle in der Ablehnung der Umschulung auf ein neues System bemerkbar machte, einen aktiven und passiven Widerstand der Stenotypistinnen auslöste. Sie erkannten zwar, daß sich mit der neuen Maschine in einigen Monaten eine größere Schnelligkeit erzielen ließe; das hätte aber, wie schon gesagt, eine wirkliche Anstrengung erfordert.

Die automatische Schaltung bei den Sportwagen schlug nicht ein, weil die Kunden der Meinung waren, sie vermindere die Beschleunigung und mache zugleich einen Teil des Reizes beim Autofahren zunichte, der in einer geschickten Hantierung der Handschaltung liegt.

Es verwundert nicht, daß die luxuriöse Bar hinter der Kuhstallbar zurückstehen muß, weil es hier gelungen ist, eine gemütliche Atmosphäre zu schaffen, mit einem Kontrastreiz gerade für verwöhnte Luxusgäste.

Der wirkliche Widerstand gegen die Zeitkontrolle im Büro ging von den Angestellten aus, zumal die Geschäftsleitung den möglichen Gewinn nicht für so ausschlaggebend hielt, einen Konflikt zu rechtfertigen. Zeitkontrolle ist ein heikles Thema geworden und verletzt leicht das Selbstgefühl derer, die sich einer Kontrolleinrichtung einordnen sollen. Diesen Widerstand muß der Verkäufer aber erst entdecken und überwinden, bevor er verkaufen kann.

Nicht nur die Ware muß unserem Primärbedürfnis entsprechen, sondern natürlich auch die Vorbereitung und Durchführung der Verkaufshandlung. Das starke Geltungsbedürfnis treibt den Menschen dann und wann zu sachlich bedeutungslosen Einwänden und – als umworbener Kunde – oft auch zu einer kleinlichen, überkritischen und überheblichen Einstellung dem Angebot gegenüber. Ein Vorschlag kann auch *zu* gut oder *zu* vollkommen sein und beim Partner das Gefühl der Unterlegenheit hervorrufen. Durch dieses Gefühl der Unterlegenheit wird manchem Kunden die Freude an einem an sich interessanten Projekt genommen, und er bringt es nicht mehr fertig, sich mit dem Vorschlag zu identifizieren (vergleiche auch Kapitel 9).

In all diesen fünf Fällen hat der Mißerfolg die gleiche Ursache: Das Angebot hat sich in Inhalt und Form über ein dominierendes Primärbedürfnis hinweggesetzt. Es war Aufgabe dieses Kapitels, die Bedeutung einer besseren und schärferen Beobachtung der Motive von Handlungen und Reaktionen aufzuzeigen.

Jetzt können Sie wohl die vier einleitenden Fragen beantworten und die fünf Verkaufsprobleme lösen?

Je mehr eine Ware den Primärbedürfnissen des Menschen entspricht, desto leichter läßt sie sich verkaufen. Dabei spielt auch die Verhandlungsweise des Verkäufers eine große Rolle.

KAPITEL III

Wie reagieren Kunden heute?

KÖNNEN SIE DIESE VIER FRAGEN BEANTWORTEN?

❶ Wann machen sich Gefühlsreaktionen beim Verkauf industrieller Waren geltend?

❷ Warum werden so viele Gefühlsreaktionen als Vernunfthandlungen aufgefaßt?

❸ Welche Umstände entscheiden darüber, welches von zwei konkurrierenden Unternehmen, die die gleiche Ware zu gleichen Bedingungen anbieten, den Auftrag bekommt?

❹ Was bedeutet die Motivforschung für den Verkauf von heute?

KÖNNEN SIE DIESE FÜNF PROBLEME LÖSEN?

① *Zwei Firmen bieten einem Industrieunternehmen ein Produkt zu den gleichen Preisen und den gleichen Qualitäten an. Lieferzeit: Firma A. vier Wochen, Firma B. sechs Wochen. Die Vertreter beider Unternehmen waren dem Einkäufer der Firma früher unbekannt. Beide Firmen haben einen guten Ruf. Unternehmen B. erhält den Auftrag.*

Was kann der Anlaß gewesen sein?

② *Lebensversicherungsvertreter wissen, daß der Verkauf bzw. Abschluß schwieriger wird, wenn man zuviel über den Tod des Kunden redet, auch wenn das in umschriebener Form geschieht. Je mehr sie aber auf die Sorgen des Familienvaters, auf die Erziehung und Fortbildung der Kinder, auf den Schutz der Familie, auf die materielle Sicherstellung der Zukunft eingehen, desto besser werden die Aussichten.*

Zu welchen Überlegungen veranlaßt Sie dies?

③ *Hersteller von Zahncreme haben oft durch kostspielige Erfahrungen gelernt, daß Zahnpasta nicht so sehr aus gesundheitlichen Gründen gekauft wird, sondern daß andere Kaufmotive entscheidend sind. Die moderne Werbung für Zahncreme zeigt deutliche Spuren dieser Erkenntnis.*

Können Sie daraus neue Argumente für Ihre persönlichen Verkaufsbemühungen gewinnen?

④ *Ingenieur Schuster verhandelt mit dem Fabrikanten Hofmeister in einem bayerischen Städtchen über die Installation von Leuchtröhren, die im Kontor und in gewissen Fabrikabteilungen angebracht werden sollen. Eine technische Angabe nach der anderen zieht er als Nachweis dafür heran, daß die Neonleuchte durch ihre wirtschaftlichen und lichttechnischen Vorteile der Glühlampenbeleuchtung überlegen ist. Zwar werden die Angaben nicht bezweifelt, aber gekauft wird nicht. Schuster ist ein hartnäckiger Mann; er bearbeitet den Fabrikanten beinahe ein halbes Jahr. Unlängst ruft er ihn von München an, um den Zeitpunkt für ein neues Gespräch zu vereinbaren. Zu dem vom Fabrikanten vorgeschlagenen Termin muß er wahrheitsgemäß erklären: „Nein, zu diesem Zeitpunkt geht es leider nicht. Da bin ich gerade in der neuen Zweigfabrik der H. Farbwerke, um dort eine Installation zu überwachen. Aber eine Stunde später könnte ich zu Ihnen kommen." Beim Besuch fragt der Fabrikant anscheinend gleichgültig: „So, so, die Farbwerke haben eine Neonanlage gekauft?" „Ja, für das Büro und das Mischwerk." „Hm, so, so", antwortet der Fabrikant gedankenvoll.*

Welche Schlüsse zieht Schuster, die er für den erfolgreichen Abschluß ausnützen kann?

⑤ *Eine Hamburger Firma für Fischkonserven versucht, nach England zu exportieren und stößt auf einen norwegischen Konkurrenten. Besondere Vorteile in Preis oder Qualität können nicht geboten werden. Im Gegenteil, der Preis ist etwas höher. Kann man da dem ausländischen Importeur nicht irgendeinen Anlaß geben, die deutschen Konserven dennoch vorzuziehen? Konkrete Vorteile kaum, aber einige Worte im Angebot sichern den ersten Auftrag: „Wir sind gerne bereit, einen Zusatzdruck auf den Büchsen vorzunehmen: ‚Specially packed for X. Fish Import Company'." So etwas „zieht" häufig und ist außerdem ein Ausweg, wenn der Verkäufer dem Kunden sonst keine materiellen Vorteile bieten kann.*

Auf welche Weise können Sie in Ihrer Tätigkeit diesen Gedanken ausnutzen? Kann er bei Ihnen nicht noch weiter ausgebaut werden? Tut es schon jemand unter Ihren Konkurrenten? Wenn ja, dann suchen Sie einen anderen Weg. Wenn es noch niemand getan hat, dann sollte es sich besonders für Sie lohnen. Gerade, wenn es alles andere als „branchenüblich" ist!

Unsere Vernunft und unsere Gefühle

Man hat lange geglaubt, daß allein das verstandes- und vernunftmäßige Denken die entscheidende Triebfeder für Einkaufshandlungen sei, bis man entdeckte, daß diese Handlungen in unmittelbarem Zusammenhang mit den Primärbedürfnissen stehen und stark gefühlsbetont sind. Viele sogenannte Vernunftreaktionen sind von kritischen Beobachtern als verkappte Gefühle erkannt worden. Die Vernunft vollzieht dabei nur eine Sichtung, Kontrolle, Zensur und Verdrängung unserer Gefühlsreaktionen.

Die moderne Motivforschung, die mit tiefenpsychologischen und psychoanalytischen Methoden arbeitet, ist inzwischen ein mindestens ebenso wertvolles Instrument der Verkaufsleitung geworden wie die herkömmliche Marktforschung. Für den fortschrittlichen Verkäufer ergibt sich eine Fülle von Erkenntnissen aus der Motivforschung. Sie zeigen oft verblüffende Ergebnisse über den tieferen Grund von Einkaufsentscheidungen. Aber ganz abgesehen davon bekommen Sie durch Studium der einschlägigen Literatur ein besseres Empfindungsvermögen für die Reaktionen Ihrer Kunden. Viele einschlägige Beispiele, welche die Tiefendimensionen von Kaufgewohnheiten und Kaufentschlüssen aufzeigen, trainieren Ihr Erfassungsvermögen hinsichtlich irrationaler Strömungen im Kontakt Verkäufer–Kunde.

Nur wenige Menschen kaufen oder mieten eine Höhensonne zur Verbesserung ihrer Gesundheit, viele aber, um ihr Aussehen zu verschönern und sich damit größere Sicherheit im Auftreten zu geben. Ferienreisen „mit Bildungszweck" nach Paris oder Rom stellen sich bei näherer Prüfung oft als Hoffnungen auf romantische oder abenteuerliche Erlebnisse heraus. Beim Kauf von Kleidungsstücken legt der Käufer meist mehr Wert auf das Aussehen und auf den Modewert als auf die Qualität. Ein wichtigeres Motiv als ein verbesserter Motor ist beim Kauf eines Neuwagens oft, daß der Nachbar oder Schwager letzthin ein „besseres" Auto erworben hat. Wie oft geben Leute Geld, das sie eigentlich gar nicht haben, für Dinge aus, die sie entbehren können, um anderen Leuten zu imponieren (auch solchen, die sie gar nicht kennen). Ja, es kommt sogar vor, daß der Umbau einer Fabrik weniger der produktionstechnischen Vorteile wegen vorgenommen wird, als vielmehr, um durch eine moderne Musteranlage zu imponieren und einen deutlich sichtbaren Beweis für die Entwicklung des Unternehmens zu erbringen. Obwohl viele Leute entschlossen sind, ein normales Fernsehgerät zu kaufen, das ihren wirtschaftlichen Verhältnissen entspricht, entscheiden sie sich schließlich doch für ein extremes Modell; nicht weil der Empfang besser ist, sondern weil es mehr Eindruck macht. Auch die übersteigerte Kauflust bei Ausverkäufen ist ja fast nie vernunftmäßig bedingt.

Was verkauft sich heute gut?

Gewisse Bedürfnisse sind auch zeitbedingt, wie z. B. Haarmode, Freizeitkleidung, Statussymbole. Verbraucher werden kritischer und glauben z. B. nicht mehr, daß eine gewisse Zahnpasta sie schöner macht. Statussymbole ändern sich. Luxusautos, moderne Wohneinrichtungen, protzende Titel, aufwendige Genußmittel weichen umweltfreundlicheren, nüchternen, gesundheitsfördernden Lebensgewohnheiten und entsprechenden Produkten. Umwelteinflüsse, soziale Überlegungen, Veränderungen im Lebensstil, kritischere Einstellungen verlangen auch vom Verkäufer Anpassung und Gespür. Was gestern galt, braucht heute nicht mehr zu stimmen.

Sicherheit für Autos, Sport für Menschen gehobenen Alters, Sozialeinrichtungen im Unternehmen, aktiver Urlaub, energiesparende Geräte verkaufen sich – im Gegensatz zur Zeit vor etwa 10 bis 15 Jahren – heute gut.

Das Abweisen eines allzu energischen, rechthaberischen und selbstsicheren Verkäufers kann für einen Kunden eine größere gefühlsmäßige Befriedigung ergeben als die Annahme des wertvollen Angebots. Erfahrene Verkäufer können ein Lied davon singen, wie bei vielen zähen und ausgedehnten Verkaufsverhandlungen ein kleines Zugeständnis im Angebot, ein überraschendes Telefongespräch von einem guten Freund sowohl des Kunden wie des Verkäufers, eine freundliche Geste von seiten des Verkäufers oder die plötzliche Entdeckung gemeinsamer Interessen den Kontaktfunken von Mensch zu Mensch schaffte, der bis dahin fehlte und der für den ganzen Geschäftsabschluß entscheidend wurde.

Die Tatsache, daß die Zweigfabrik der H. Farbwerke sich eine Leuchtröhrenanlage angeschafft hatte, erwies sich als stärkeres Kaufargument als alle Tatsachen, die für die technischen und wirtschaftlichen Vorteile der Neonröhre ins Feld geführt wurden. Der kleine Chemikalienfabrikant Hofmeister wollte eben nicht weniger modern sein als sein großer Konkurrent. Auf ähnliche Weise hatte es dem Fischimporteur gefallen, seinen Namen auf allen Konservenbüchsen, die auf den Markt kommen sollten, gedruckt zu sehen. Eine persönliche Note im Verkauf, die das Selbstgefühl des Käufers befriedigt, kann oft die Entscheidung erleichtern, ja herbeiführen.

Das persönliche Moment im Verkauf

Die Erklärung liegt nahe, daß wohl doch persönliche Gründe dafür ausschlaggebend waren, der Firma B. im ersten Problem den Auftrag zu erteilen. Hier ergab sich im Verlaufe des Gesprächs, daß Verkäufer und Einkäufer die gleiche Handelsschule absolviert hatten. Da ist es auch nicht verwunderlich, daß sie schließlich mehr von der Schulzeit als über die geschäftlichen Dinge sprechen und daß der Einkäufer den guten Eindruck von seinem ehemaligen Schulkameraden auch auf die Firma B. überträgt, die ihm unbewußt als die solidere der beiden Lieferanten erscheint. Das läßt ihn dann auch stärker an das Lieferversprechen seines Schulkameraden glauben.

Versicherungsvertreter lernen aus Erfahrung, daß Erinnerungen an den unvermeidlichen Tod deprimierend auf den Kunden wirken und ihn dazu treiben, einem Versicherungsgespräch auszuweichen, während das Gespräch über z. B. Erziehungssorgen den Kunden bedeutend empfänglicher für die Argumente des Vertreters macht.

Der Verkäufer sollte den menschlichen Neigungen und Schwächen, allen Erscheinungen, die Herz und Gefühl angehen, in seiner Tätigkeit stärkere Beachtung schenken, kurz: den persönlichen Dingen! Dem Kunden persönliche Aufmerksamkeit und Interesse widmen, löst Beachtung und Interesse aus und schafft auf alle Fälle eine freundlichere Einstellung und Bereitschaft des Kunden. Es gibt so vieles

Persönliches und Angenehmes, das man dem Kunden sagen kann und worüber sich mit dem Kunden ohne Weitschweifigkeit und plumpe Vertraulichkeit sprechen läßt. Das gilt z. B. seinem Erfolg, seinen Interessen, seinen Arbeitsmethoden, seinen Liebhabereien, seiner Geschäftsentwicklung, seinen Ansichten usw. Einrichtungen, Bilder, Gegenstände im Kundenbüro liefern guten Gesprächsstoff. Diese Vorschläge sind keine Patentmedizin für alle Gelegenheiten, oft aber wird man damit „das Eis brechen" können. Wie häufig passiert es doch, daß ein mürrischer und beschäftigter Kunde langsam oder auch plötzlich auftaut, wenn der Verkäufer fragt, wie er es fertigbrachte, sein Unternehmen aufzubauen, wie ihm die Idee dazu kam, wie er anfing und welche Schwierigkeiten er überwinden mußte.

Etwas über Menschenbehandlung

Ein sehr erfolgreicher Verkäufer hat einmal festgestellt, daß er auch strikt abweisende Kunden in der Regel gewinnen konnte, wenn es ihm nur gelang, den Kunden über sich selbst oder die Entwicklung seines Unternehmens zum Sprechen zu bringen. Alle Menschen sprechen gern von sich selbst und freuen sich, beachtet zu werden. Jeder Verkäufer sollte Dale Carnegies klassisches Buch lesen „Wie man Freunde und Einfluß gewinnt". Trotz der betont optimistischen Darstellung und der Unmöglichkeit, gewisse Ratschläge bei nichtamerikanischen Kunden zu verwenden, gibt es jedem Verkäufer wertvolle Hinweise und eine gerade für die Verkaufstätigkeit geeignete Arbeitsphilosophie.

Denken Sie auch an die vielen kleinen Dienste, die ein Verkäufer dem Kunden erweisen kann. Er kann ihn über die technische Entwicklung auf dem laufenden halten, ihm Fingerzeige über die herrschende Lage und neue Ideen für den Verkauf geben, ihm Fachzeitschriften mit wichtigen Hinweisen schicken, an denen er vermutlich Interesse hat, ihn auf wertvolle Einkaufsquellen aufmerksam machen, ihn zu einem interessanten Sportereignis einladen, Besorgungen für ihn übernehmen usw. Eine so einfache Sache, wie Briefmarken für einen Kunden zu sammeln, hat hier und da schon lebenslange Geschäftsverbindungen geschaffen. Aber bedenken Sie auch: Es sollen *kleine* Dienste und

Aufmerksamkeiten sein, nicht große oder gar übertriebene Geschenke, mit denen man glaubt, einen Auftrag „erkaufen" zu können.

Verkauf ist Dienstleistung. Der Verkäufer muß seinem Kunden dienen wollen. Dazu ergeben sich täglich Gelegenheiten. Diese Einstellung, gepaart mit wirklichem Interesse an den Geschicken seiner Umwelt, vor allem seiner Kunden, schafft das unschätzbare *„Kontaktklima"*, ohne das jeder Verkauf zu einem verkrampften Ringen wird. Hierdurch entsteht die Atmosphäre, in der sich ein Kunde von einem Verkäufer beeinflussen läßt, immer vorausgesetzt, daß er ein geeignetes Angebot hat. Ohne diese Voraussetzung sind auch alle Künste der Menschenbehandlung machtlos.

Gefühle spielen in allen Verkaufshandlungen, gleich welcher Art, eine Rolle. Prüfen wir uns selbst: Kennen wir nicht gewisse Geschäfte und Lieferanten, die uns so unsympathisch sind, daß wir alles tun, um Einkäufe bei ihnen zu vermeiden, auch wenn uns dies Zeit und Geld kostet?

Menschen reagieren mehr psychologisch als logisch. Dies zu erkennen, verlangt Selbstkenntnis und Einfühlungsvermögen. Weshalb gehen Sie selbst ins Kino, weshalb tanzen Sie, weshalb verreisen Sie in den Ferien, weshalb überholen Sie beim Autofahren, weshalb lesen Sie pikante Illustrierte, weshalb treiben Sie Sport, weshalb betrachten Sie sich im Spiegel? Suchen Sie Ihre eigenen, wirklichen, tieferen Beweggründe zu ergründen, und es wird Ihnen auch beim Verkauf leichterfallen, die Beweggründe Ihrer Kunden zu erkennen!

Jetzt können Sie wohl die vier einleitenden Fragen beantworten und die fünf Verkaufsprobleme lösen?

Der Verkäufer muß den Menschen und seine Gefühle studieren und daraus lernen. Dann wird er bald erkennen, daß sich der Mensch viel mehr gefühlsmäßig beeinflussen läßt, als wir im allgemeinen glauben. Lernen Sie deshalb den Menschen in Ihrem Kunden kennen!

KAPITEL IV

Der Verkäufer, Neuheiten und die Macht der Gewohnheit

KÖNNEN SIE DIESE VIER FRAGEN BEANTWORTEN?

❶ Wie sollen Neuheiten angeboten werden?

❷ Ist die Kaufgewohnheit ein negativer oder positiver Faktor für Ihren Verkauf?

❸ Kann es für einen Verkaufsleiter einen Anlaß geben, beim Wiederbesuch bestimmter Kunden einen Verkäuferwechsel vorzunehmen oder Besuche zu zweit machen zu lassen?

❹ Mit welchen Gefahren ist eine aggressive Verkaufstaktik bei der Einführung von Neuheiten verbunden?

KÖNNEN SIE DIESE FÜNF PROBLEME LÖSEN?

① *Herr Vogel vertritt ein großes Werk und bearbeitet seit langem vergeblich eine Rasierklingenfabrik. Der Rasierklingenstahl seines Werkes ist mindestens ebenso gut wie der des konkurrierenden. Herr Vogel kann außerdem einen besseren Kundendienst bieten. Der Mitbewerber des Herrn Vogel braucht sich trotzdem nicht besonders anzustrengen, um den Kunden zu behalten, der seit mehr als zehn Jahren von ihm kauft. Es genügt ein Telefonanruf, wenn die Bestellung nicht automatisch einläuft. Herr Vogel steht indessen vor dem schwersten Verkaufshindernis, das einem Verkäufer begegnen kann.*

Welchem?

② *Küchengeräte erfordern eine intensive Verkaufstätigkeit, denn Haushaltsgeschäfte verweisen seit Urzeiten gern auf den zu knappen Lagerraum. Ein Eisenwarenhändler einer süddeutschen Stadt galt der Topffabrik A. als besonders „hoffnungsloser Fall"; der Händler kaufte nämlich nur Geräte, die allgemein als die schlechtesten des Marktes angesehen werden. Erneut macht die Fabrik A. einen Versuch und schickt ihren Spitzenverkäufer. Aber auch seine Berichte sind entmutigend. Der Kunde sagt, er kaufe seit zwanzig Jahren von der Konkurrenz und sähe nicht ein, warum er den Lieferanten wechseln solle.*

Wenn Sie die fehlerhafte Ursache der Einkaufspolitik des Kunden erkennen, wie kann man ihr abhelfen?

③ *Der neue chromgehärtete Stahl des Werkes E. mußte jedem objektiven Techniker als eine entscheidende Verbesserung erscheinen. Theoretisch betrachtet, sollte der Verkauf dieses Stahls für Spezialzwecke keine größeren Probleme aufwerfen. Aber in der Praxis zeigt sich Widerstand; vor allem sind die Werksingenieure kleinerer Industriefirmen auf dem Lande nicht zu überzeugen. Bei einem Vergleich der Verkaufsergebnisse stellt sich überraschenderweise folgendes heraus: Die Vertreter, denen die Aufgabe am besten gelang, waren die wenigst aggressiven und hielten sich bei ihrer Beschreibung der bedeutenden Neuheit sehr zurück.*

Wie erklärt sich das? Welche Schlüsse ziehen Sie daraus?

④ *Die Firma K. bietet neue deutsche Parfümessenzen für die Seifenfabrikation an, die französischen Essenzen ebenbürtig sind und außerdem weniger kosten. Der Verkaufsleiter verhandelt mit einem der größten Seifenfabrikanten des Landes über den Ankauf der neuen Riechstoffe. Ohne Ergebnis, nicht einmal der Vorschlag einer Probeherstellung wird angenommen. Es ist nicht der Einkäufer, der sich weigert, auch nicht der Direktor, sondern „jemand anderes" – und das ist bedeutend schlimmer. Die Lösung dieser Aufgabe bereitete der Firma viel Kopfzerbrechen.*

Bei wem liegt wohl der Widerstand?

Was würden Sie in dieser Lage tun?

⑤ *Der Zigarettenmarkt bietet den Rauchern beinahe jedes Jahr neue Zigarettenmarken an. Intensive Werbefeldzüge veranlassen viele Raucher zu dem Entschluß, die jeweilig neue Marke zu erproben. Bei Untersuchungen hat man jedoch feststellen müssen, daß die Hälfte dieser Raucher ihren Entschluß wieder vergessen, wenn sie in den Laden kommen und automatisch ihre alte Marke verlangen.*

Welche Tendenz tritt hier auf und wie kann man sie bekämpfen? In welcher Form begegnet Ihnen dieses Problem?

Die Macht der Gewohnheit

Es gibt ungezählte Beispiele dafür, wie oft die „Macht der Gewohnheit" Verkaufsbemühungen scheitern läßt. Viele Unternehmen leben ohne Vertreter oder ohne Verkaufsanstrengungen nahezu ausschließlich von dieser Gewöhnung ihrer Kunden an bestimmte Lieferanten und haben unverdiente, wenn auch zeitlich begrenzte Erfolge.

In einigen Branchen (besonders in der traditionsgebundenen Schwerindustrie) führt die Kenntnis dieser Einstellung zur Erstarrung echter Verkaufsanstrengungen. Der Lieferant eines Stammkunden verläßt sich auf dessen „Treue", und sein Konkurrent kapituliert. „Hat keinen Zweck, dort etwas zu unternehmen; die kaufen seit 20 Jahren immer bei B." Zum Glück zeigt früher oder später ein energischer Dritter, wie falsch diese Annahme auf die Dauer ist.

Zweifellos hat der Gewohnheitskauf Vorteile, denn er erspart die mit jeder Umstellung verbundene Anstrengung und auch das Risiko: Man bleibt bei derselben Einkaufsquelle und erhält die gleichen Waren zum gleichen Zeitpunkt und zu gleichbleibenden Bedingungen. Aber diese These dient selten dem Fortschritt und ist nicht unbedingt richtig. Der erste Kauf kann ja ein Mißgriff gewesen sein, der laufend wiederholt wird. Und das, was vor fünf Jahren richtig war, kann heute falsch sein. Diese dem Menschen eigene Beharrlichkeit wird auch der schnellebigen Entwicklung unserer Zeit nicht gerecht. Dennoch hat diese Einstellung dazu geführt, daß viele Hersteller und Wiederverkäufer es nicht wagen, das Risiko der Einführung wertvoller Neuheiten zu übernehmen. Gewohnheitsbedingter Kaufwiderstand kann den Erfolg zunichte machen oder so große Kosten und Anstrengungen erfordern, daß sie in keinem Verhältnis zum Risiko stehen. Viele gute Erfindungen sind deshalb niemals auf den Markt gekommen; sie wurden schon im Keime erstickt, weil die ausersehenen Geldgeber sich über die zu erwartenden Schwierigkeiten, die Trägheit und das Mißtrauen gegen Neuheiten im klaren waren.

Widerstand gegen Veränderung kann auf folgenden Ursachen beruhen:

1. Risiko
2. Bequemlichkeit
3. Zufriedenheit mit der Jetztlage
4. Kosten
5. Kritik

Man scheut das Risiko; vermeidet die Anstrengung; man wünscht keine Verbesserung der augenblicklichen Verhältnisse; man widerstrebt den direkten oder indirekten Kosten einer Veränderung und man hat eine Abneigung gegen Eigenkritik, Kritik der Umgebung oder die des bisherigen Lieferanten, die bei einer etwaigen Veränderung auftreten kann.

Diese Reaktionen muß der Verkäufer einkalkulieren, erkennen und beeinflussen, um erfolgreich Neuheiten im absoluten (neues Produkt) oder relativen Sinn (neu für den Kunden) zu verkaufen.

Wie Neuheiten angeboten werden sollten

Technische und andere Neuheiten haben meist nur eine Chance einzuschlagen: Sie müssen als eine *Vereinfachung, eine Entwicklung, eine Erleichterung, nicht als eine Veränderung* einer bestehenden Gewohnheit dargestellt werden. Ausgenommen sind gewisse modebedingte Waren (wie z. B. Kleider), bei denen die Veränderung das eigentliche Wesen des Angebots ausmacht, sowie Angebote an neuheitsorientierte Interessenten. Auch beim Verkauf an Wiederverkäufer gibt es ein bedingtes Interesse an Neuheiten. Je weniger eine Gewohnheit geändert zu werden braucht, desto besser. Je weniger eine Neuheit als „neu“ und „revolutionierend“ herausgestellt wird, desto größer kann die Chance sein, Kunden zu gewinnen.

Der Verkäufer sollte dem Kunden zeigen, daß (und wie) die neue Ware sich direkt oder indirekt einer alten oder schon bekannten Gewohnheit anpaßt. Außerdem muß der Kunde überzeugt werden, daß man nicht beabsichtigt, ihn als Versuchskaninchen zu benutzen. Alle Angaben über durchgeführte praktische Erprobungen sind wertvoll. Referenzen oder Bescheinigungen von anderen maßgebenden Verbrauchern sind bei der Einführung von Neuheiten unerläßlich.

Der Kunde sollte überzeugt werden, daß die Anwendung einer Neuheit keine besonderen Anstrengungen erfordert, auch nicht einmal während der Übergangs- oder Umlernperiode. Dem Kunden oder seinem Personal müssen alle erdenklichen Hilfen in Form von Instruktionen, Anweisungen und Nachkontrollen für die Einrichtung und Verwendung der Neuheit geboten werden.

Der Verkäufer wird sich vor allen Äußerungen und Argumenten hüten müssen, die vom Kunden als eine Kritik an seinen früheren Methoden oder Einkäufen oder als Beweis seiner Rückständigkeit aufgefaßt werden können. Gerade in diesem Punkt ist der Kunde empfindlicher, als viele Verkäufer glauben. Selbstverständlich muß der Verkäufer urteilsfähig genug sein, um begründeten von rückständigem Kaufwiderstand zu unterscheiden. Es ist z. B. nicht ohne weiteres möglich, alte Maschinen oder Einrichtungen auszurangieren, nur weil es bessere gibt. Die Veränderungskosten können den erwarteten Gewinn übersteigen. Der Austausch der alten Ware oder ein wohlüberlegter Vorschlag, für alte Waren neue Absatzmöglichkeiten auszuschöpfen, sowie eine genaue Kalkulation der Gewinnmöglichkeiten sind wertvolle Hilfen bei der Einführung von Neuheiten.

Der Verkäufer muß einsehen, daß Neuheiten ihm zwar für seine Argumentation sehr willkommen sind (ganz natürlich begrüßt er sie, weil sie es ihm ermöglichen, seinen Kunden „etwas Neues“ zu sagen), aber verkaufspsychologisch weniger wirken, als er glaubt.

Leute zu zwingen versuchen . . .

Versuchen Sie nicht, Menschen zu einer Änderung ihrer Gewohnheiten zu zwingen oder aus einem rückständigen, konservativen Einkäufer einen Streiter für moderne und fortschrittliche Ideen zu machen. Damit würden Sie vielleicht in manchen Fällen der menschlichen Gesellschaft einen nützlichen Dienst erweisen, aber nur wenige Verkaufsresultate erzielen.

Der typische Gewohnheitskunde, wie er im ersten Beispiel dargestellt ist, erlaubt dem Konkurrenzunternehmen, mit verschränkten Armen Aufträge entgegenzunehmen, während sich der eigene Vertreter erfolglos bis zum äußersten anstrengt. Das ist auch für den erfahrenen Verkäufer eine schwierige Sache. Hoffnungslos ist die Situation jedoch nicht. Man muß nur die Geduld eines Engels und die Zähigkeit eines Goldsuchers haben. Dann arbeitet auch die Zeit für den Verkäufer, besonders, wenn der Konkurrent sich des Kunden allzu sicher fühlt und ihn bei irgendeiner wichtigen Gelegenheit vernachlässigt. Das geschieht früher oder später immer. Selbstverständlich muß man sich auch überlegen, ob man Sondervorteile oder einen außergewöhnlichen Kundendienst anbieten soll. Der Reiz des neuen Angebotes muß den des bisher Gewohnten in irgendeinem Punkt übertreffen. Der Kunde kann manchmal dazu bewogen werden, wenigstens einen Probeauftrag zu geben. Oft ist der Hinweis an den Kunden nützlich, daß die Abhängigkeit von einem einzigen Lieferanten, vor allem in unsicheren Zeiten, nicht zweckmäßig ist. Aber man bedenke auch, daß der Kunde nicht bewogen werden kann, irgend jemand „zu begünstigen" – außer sich selbst.

Soll man den Verkäufer wechseln?

Für den Verkäufer im dritten Problem wird es zweckmäßig sein, dem Kunden Vorschläge zur Produktionsverbesserung oder zur Verkaufsförderung zu machen. Zeigt sich nach einer Anzahl von Besuchen, daß ihm trotz aller Bemühungen der richtige Kontakt mit dem Kunden nicht glückt, so kann ein Wechsel des Verkäufers zum Ziel führen. Immer häufiger bedient man sich in solchen Fällen des Einsatzes von Technikern oder Spezialisten. Richtig trainiert und eingesetzt, kann der Techniker dem Verkauf manche Tür (im wirklichen und übertragenen Sinn) öffnen.

Ein Verkäufer kann auch einen zu intimen Kontakt mit seinen Kunden haben, der sich im Laufe der jahrelangen Besuchstätigkeit immer mehr vertieft. Beide kennen einander zu gut, haben sich nichts Neues mehr zu sagen, die Gespräche fahren sich fest, und es kann dem Kunden leichter fallen, seinen „guten Freund" abzuwimmeln als dessen Konkurrenten.

In gewissen Fällen sollte der Verkaufsleiter selbst eingreifen; sein größeres „Gewicht", seine umfassendere Erfahrung kann den Ausschlag geben, und vielleicht hat gerade er die Art, die diesem Kunden liegt. Kein Verkäufer, wie tüchtig er auch sein mag, kann für *alle* Kunden der ideale Verbindungsmann sein. Im vorliegenden Fall war der Verkaufsleiter zufällig Bergbauingenieur und verstand es, seine vom Kunden anerkannten besonderen Kenntnisse auszuwerten.

Wie ging es dem Verkäufer der Küchengeräte zu guter Letzt: Er vermied es vor allem, die Unterlegenheit der konkurrierenden Ware zu erwähnen und damit den Händler von sich abzustoßen. Aber er zollte dem neuen Sportwagen, den sich der Kunde erst vor kurzem gekauft haben konnte, in geschickter Weise Anerkennung und ließ einflechten, daß der schnittige Wagen ja ein deutlicher Beweis für die moderne Einstellung des Besitzers sei. So bot sich ein guter Übergang dazu, auch die neuzeitliche Einrichtung des Geschäftes und das entsprechend fortschrittliche Warensortiment zu loben. Wie von selbst kam das Gespräch nun in Fluß, und der Verkäufer erfuhr, wie der Eisenwarenhändler sein Geschäft vor dreißig Jahren allein gegründet hatte. Vorsichtig konnte der Verkäufer andeuten, daß dieser Erfolg undenkbar gewesen wäre, wenn der Händler nicht immer neue Kunden hätte gewinnen können, die von anderen noch länger existierenden Geschäften zu ihm übergegangen wären. Er wies auf die Werbeunterstützung hin, die seine Firma bot, und durch persönliche Anleitung der Verkäufer des Kunden sicherte er so sich und dem Kunden einen bedeutenden Verkaufserfolg.

Den Kunden umzustimmen ...

Bei der Einführung neuer Waren, durch welche Gewohnheiten oder Arbeitsmethoden verändert werden, kann eine allzu aggressive Verkaufstaktik gefährlich sein. Der Verkäufer begeht leicht den Fehler, auf die Mängel der bisherigen Methode hinzuweisen, die der Fabrikant vielleicht während der ganzen Zeit ausgezeichnet fand. In solchen Fällen *will* der Kunde nicht vom Gegenteil überzeugt werden. Nichts ist schwieriger, als jemanden von etwas zu überzeugen, wovon er nicht überzeugt werden will. Das setzt eine oft tiefgreifende Wandlung voraus, die meist dort beginnt, wo man erkennt, daß alles seine *zwei* Seiten hat. Da muß man sich Zeit lassen und allmählich und sehr vorsichtig, sehr überlegt und sehr taktvoll argumentieren, denn Ihr Geschäftspartner darf sich durch Ihre Vorschläge nicht gegängelt fühlen.

Einen alten Parfümeur davon zu überzeugen, daß es vorteilhafter ist, einheimische Riechstoffe an Stelle französischer zu verwenden, ist eine besonders schwierige Aufgabe. Wenn es sich um ein bedeutendes Objekt handelt, könnte schon ein Versuch gemacht werden, den Parfümeur mit Einverständnis seines Chefs zu einem bezahlten vierzehntägigen Aufenthalt beim Fabrikanten einzuladen, damit er sich die Herstellungsmethoden ansehen und vielleicht sogar Verbesserungen vorschlagen kann. Auf diese Weise würde der Parfümeur ja mitwirken und das Produkt als ein von ihm mitgestaltetes, im weiteren Sinne auch als sein eigenes, ansehen.

Machen Sie einen wichtigen Kunden zum „geistigen Teilhaber“ an einem Verkaufsprojekt, so läßt er sich viel leichter überzeugen. Das „Kontaktklima“ muß ihn dazu bewegen, sich überzeugen lassen zu *wollen*.

Das Beispiel der Zigarettenwerbung liefert einen weiteren Beweis dafür, wie schwer es ist, Kaufgewohnheiten zu ändern, auch wenn der Kunde sich selbst schon gedanklich für eine Änderung entschieden hat. Dem „Rückfall“, wie er sich in unserem Beispiel dargeboten hat, kann man durch eine kräftige Erinnerung am Ladentisch, z. B. in Form wirkungsvoller Plakate oder Verkaufsständer, entgegenarbeiten.

Zusammengefaßt: Tun Sie alles, um das Risiko für den Kunden zu vermindern. Übernehmen Sie selbst die Last der Umstellung für ihn (durch Ihren Kundendienst). Zeigen Sie ihm, wie er noch zufriedener durch Ihre Lösung werden kann als bisher (oder machen Sie ihn unzufrieden mit der Jetztlage – aber vorsichtig). Rechnen Sie die Kosten mit ihm durch. Und schützen Sie ihn vor Kritik aus seiner Umgebung.

Und noch eine Erfahrung: Häufig verhandelt es sich leichter am neutralen Ort (auch beim Essen) oder bei Ihnen, wo der Kunde die Last der Umstellung nicht so empfindet wie in seinem Milieu. Fabrikbesichtigungen, Kundenkurse und eigene Ausstellungen können ein produktives Verkaufsklima abgeben.

Schutzbehauptungen

Und vergessen Sie nicht: Wir haben alle „fixe Ideen". Verkäufer auch. „Geht bei uns nicht", „darauf würde kein Kunde eingehen", „haben wir schon versucht, bringt nichts", „bei dem ist nichts zu machen", „das mag woanders zutreffen, aber" usw. Lösen Sie sich von solchen Gedanken – man nennt sie „Schutzbehauptungen" – und Sie werden erfolgreicher arbeiten.

Jetzt können Sie wohl die vier einleitenden Fragen beantworten und die fünf Verkaufsprobleme lösen?

Die Gewohnheit ist ein starker Kaufwiderstand, der überwunden werden will. Das Angebot nicht „zu neu" machen! Den Kunden nicht kritisieren, auch nicht seine Einstellung oder Methoden! Stellen Sie sich nicht als sein Retter dar. Lassen Sie ihm das Gefühl, der „kluge Mann" zu sein.

KAPITEL V

Für und wider den Hochdruckverkauf

KÖNNEN SIE DIESE VIER FRAGEN BEANTWORTEN?

❶ Kennen Sie den Unterschied zwischen energischem Verkauf und Hochdruckverkauf? Ist jeder Hochdruckverkauf schädlich?

❷ Sind Umwelteinflüsse und Sozialklima verkaufshindernd, -fördernd?

❸ Welcher Zusammenhang besteht zwischen Hochdruckverkauf und Verkäuferentlohnung?

❹ Genügt es, die Wahrheit zu sagen, um dem Kunden glaubwürdig zu erscheinen?

KÖNNEN SIE DIESE FÜNF PROBLEME LÖSEN?

① *Der Kunde überlegt das Für und Wider der Bestellung eines großen Postens gehobelten Holzes, die er einem Sägewerk erteilen will. Der Vertreter B.mann fühlt heraus, daß der Kunde ursprünglich die Absicht hatte, bei einem anderen Unternehmen zu bestellen, und gerät unbewußt in jene Spannung, die wir ja alle kennen. Als Lieferzeit sichert B.mann vier Monate zu, sieht dabei den Kunden aber zögern. „Also dann drei Monate, wenn es absolut notwendig ist." Der Kunde akzeptiert, und der Verkäufer ist teils zufrieden, teils aber auch, der Lieferzeit wegen, etwas beunruhigt, denn er weiß, daß selbst vier Monate knapp bemessen waren. Es kommt aber noch schlimmer, denn seine Geschäftsleitung erklärt: „Ausgeschlossen, bestenfalls fünf Monate." Endergebnis: Dieser Auftrag ist der erste und letzte, den der Kunde dem Sägewerk erteilt. Das hätte wahrscheinlich vermieden werden können, auch ohne Verlust des Auftrages.*

Wie hätten Sie dieses Problem gelöst? Wie argumentieren Sie bei Lieferschwierigkeiten?

② *Verkaufsingenieur Müller bemüht sich um den Verkauf einer Werkzeugmaschine. Der Kunde reagiert so gut wie gar nicht. Müller führt immer stärkere Argumente an und weist darauf hin, daß die Lieferzeit, die bisher sechs Monate betragen hat, vom Jahreswechsel an auf zwölf Monate verlängert werden muß. Die Verhandlung ist vorläufig ergebnislos. Im Januar spricht er wiederum beim Kunden vor, wieder fragt der Kunde nach der Lieferzeit. Jetzt sagt Müller: „Ein halbes Jahr." Er hat ganz einfach vergessen, welche Lieferzeit er dem Kunden das letzte Mal mitgeteilt hatte. Es ist klar, daß der Erfolg aufs neue sehr in Frage gestellt ist. Da erinnert sich Müller eines Lehrsatzes aus einer alten Verkaufsanleitung: „Mach in der Schlußphase ein Sonderangebot, wenn Gefahr besteht, daß der Verkauf sonst nicht zustande kommt." Also bietet Müller plötzlich 10 % Rabatt bei sofortiger Entscheidung; er hatte vorher aber nur 5 % als äußerste Möglichkeit eingeräumt. Nun bricht der Kunde die Verhandlung ab, ohne den Auftrag erteilt zu haben.*

In einem ähnlich gearteten Fall reagiert der Kunde in anderer Weise, denn mittels gelinder Erpressung (Ausspielen eines Angebotes gegen andere) glückt es ihm, eine dreimonatige Lieferzeit und dazu 15 % Nachlaß zu erwirken ...!

Welche Schlüsse ziehen Sie aus dieser Schilderung?

③ *Der Registrierkassenverkäufer Schulz bringt den Auftrag eines Zigarrengeschäfts nach Hause. Der Verkaufsleiter wundert sich, daß der Verkäufer eines der größten Modelle verkauft hat, obwohl es sich nur um ein „Einmanngeschäft" handelt. Er fragt den Verkäufer, warum er nicht das völlig ausreichende kleine Modell verkauft habe. „Der Kunde hat es nicht verlangt", antwortet dieser, und damit beginnt ein heftiger Wortwechsel, in dem der Verkäufer schließlich darauf hinweist, daß es seine Aufgabe sei, zu verkaufen, nicht aber als „Kindermädchen“ den Käufer zu bevormunden. Welcher Meinung sind Sie?*

④ *„Es kann wohl sein, daß der Lack der Firma X am besten ist“, sagt der Einkaufschef in einer süddeutschen Stadt, „aber dort ist man sich seiner Sache so sicher geworden und wurde deshalb in der Umgangsweise derart unangenehm, daß man fast gezwungen ist, bei jeder Bestellung um Entschuldigung zu bitten. Besonders selbstherrlich tritt die Firma Provinzkunden gegenüber auf. Deshalb überlegen wir ernstlich, einer kleineren Firma in Augsburg eine Chance zu geben ...“ Jedes sehr erfolgreiche Unternehmen ist für eine solche Einstellung anfällig. Wie sieht es bei Ihnen aus?*

⑤ *„Oh, nein, ich will keinen neuen Wagen kaufen. Wenn ich das beabsichtige, werde ich mich selbst bemühen. Vor einem Jahr hat mir ein Verkäufer einen Wagen aufgeschwatzt, mit dem ich schwer hereingefallen bin; das soll mir nicht noch einmal passieren!“ Wer so verärgert worden ist, vergißt es so leicht nicht. Hier muß ein anderer, oder mehrere andere, Verkäufer dafür büßen, was ein Kollege verdorben hat. Dieser „Hochdruckverkauf“ zeigt, welche Folgen durch verantwortungsloses Vorgehen, durch Unvermögen oder Unverstand eines einzigen Verkäufers ausgelöst werden können. Deshalb sollten alle Unternehmen ein Interesse daran haben, daß sie und auch ihre Konkurrenten ihr Verkaufspersonal richtig unterweisen und sich anständiger Verkaufsmethoden bedienen. Aber wie ist das obige Problem zu lösen? Wie würden Sie diesem erbitterten Kunden antworten?*

Wie „high-pressure“ begann

Gleich nach dem Ersten Weltkrieg begann die Glanzzeit des „high-pressure selling“. Besonders in Amerika war man – wohl eine Folge der Kriegsjahre – der fixen Idee verfallen, der Idealverkäufer müsse ein Mann sein, der jeden Widerstand brechen, jeden widerspenstigen Kunden überwinden, der alles an alle verkaufen könne. Und die Kunden? Nun ja, sie sollten sich selbst schützen, so gut sie konnten. Der Verkäufer wurde auf aggressiven Verkauf dressiert! Jeder Widerstand sollte mit allen Mitteln aus dem Weg geräumt werden. Dieses Vorgehen glich einem geistigen Boxkampf. Der Kunde war gewissermaßen ein Gegner, der „besiegt“ werden mußte. Es galt daher, um einen Auftrag zu „kämpfen“, wobei der Zweck die Mittel heiligte. Wenn nur der Kunde eine einigermaßen ordentliche Ware erhielt, so folgerte man, würde er schon bald vergessen, mit welchen Mitteln er zum Kauf bewogen wurde. Diese Rechnung ist allerdings nicht aufgegangen, denn die Kunden hatten sehr schnell gelernt sich zu schützen. Bald war eine Mauer von Kaufwiderständen errichtet. Vielerorts wurden Vertreterbesuche überhaupt verweigert. Einmal ließ man sich hereinlegen, ein zweites Mal nicht. Während und nach der großen Wirtschaftskrise von 1929 hatten es die Verkäufer besonders schwer. Diese Vertrauenskrise zwischen Käufer und Verkäufer hatte auch dem beruflichen Ansehen des Verkäufers sehr geschadet und die Verkaufsarbeit entsprechend erschwert.

Nur eine einzige Möglichkeit zur Wiederherstellung der alten Grundlage bestand noch: Es war die Anwendung des *„Tiefdruckverkaufs“*, die Rückkehr also zur Geschäftsethik, die man von einem ordentlichen Kaufmann erwarten muß, der sich stets bewußt ist, daß er eine Dienstleistung zum Vorteil seiner Kunden und der Allgemeinheit ausüben muß, damit sie ihm selbst nützt. Diese berufsethische Verpflichtung wurde dann auch hier und da ernsthaft in die Tat umgesetzt. Damit begann eine Erziehungsarbeit, die die Verkäufer seriöser Unternehmen zur *Verkaufsmoral* hinführte.

Und die heutige Umwelt?

Inzwischen gibt es Umweltschutz, Verbraucherschutz, Gesetzgebung gegen unseriöses Geschäftsgebaren, Gesellschaftskritik, neue Wertmaßstäbe und andere Einflüsse, die auch Verkauf und Verkäufer berühren. Methoden, die vor einigen Jahren noch als normal hingenommen wurden, gelten heute als „unanständig". Der Verbraucher wehrt sich – und auch der Verkäufer, besonders der jüngere z. B. gegen antisoziale Produkte, destruktive Manipulation bei der Verhandlung, Abarten der Marktwirtschaft. Man tut gut daran, diese Entwicklung ernst zu nehmen. Sie schadet nur rückständigen Verkaufspraktiken.

Und die „Moral"?

Oberstes Gebot ist: *Verkauf, der dem Kunden nicht nützt, schadet dem Verkäufer!*

Es sei gleich festgestellt: Hochdruckverkauf und energischer Verkauf ist nicht dasselbe. Ein Verkäufer soll zäh sein, er soll alle Geschicklichkeit aufbieten – und mit ehrlichen Mitteln den Kunden bewegen, von ihm zu kaufen; er soll nicht zurückweichen, auch wenn am Anfang alle Tore verbaut sind. Der Verkäufer muß aber wissen, daß es seine Aufgabe ist, dem Kunden zu *dienen*. Nur dann ist er auf die Dauer erfolgreich, wenn er diese Einstellung in die Praxis umsetzt und die wirklichen Bedürfnisse des Kunden zufriedenstellt. „Einmal-Geschäfte" sind schlechte Geschäfte. Verkaufen ist die Kunst „Wie man Kunden gewinnt", nicht, wie man Kunden kleinkriegt.

Falls der Verkäufer im Laufe des Gesprächs herausfindet, daß sein Angebot dem Kunden nicht nützlich ist, soll er es nicht forcieren, auch wenn der Kunde ihm wohlgesonnen ist. Gefälligkeitsaufträge dieser Art sind Hochdruckverkauf und können schwerwiegende Rückwirkungen (z. B. sogenannte faule Aufträge, schwer zurückzuweisende Reklamationen, kostspielige Zugeständnisse) haben – und dies also nicht nur hinsichtlich der Beurteilung, die ein Verkäufer findet, der „Almosen" entgegengenommen hat. Überhaupt sollte der Verkäufer seine Verhandlungen so führen, daß er dem Kunden später immer wieder „erhobenen Hauptes" begegnen kann. In dieser Feststellung liegt für den Verkäufer der einfachste Beurteilungsmaßstab, ob er Hochdruckverkauf angewendet hat oder nicht.

Hinweis für Verkaufsleiter

In den einleitenden Beispielen wurde gezeigt, wie die Methoden des Hochdruckverkaufs zu Rückschlägen führen.

Dennoch werden solche Schäden nicht immer sofort bemerkt. So kann z. B. ein Hochdruckverkäufer, der ein großes Gebiet bereist, lange Zeit verhältnismäßig gute Ergebnisse erzielen, weil er immer neue Abnehmer aufsucht und es vermeidet, einem Kunden zum zweiten Male zu begegnen. Deshalb sollte der Verkaufsleiter unnatürliche und auffallende Steigerungen der Verkaufsziffern gewisser, besonders neuer, Verkäufer kontrollieren, um sicher zu sein, daß sie nicht durch Hochdruckverkauf zustande gekommen sind.

Wer mit dem Verkäufer zu hart ins Geschirr geht, sei es in der Ausbildung oder in der Praxis, darf sich nicht wundern, wenn dieser entweder Hochdruckverkauf betreibt oder die Segel streicht. Auch bei der Festlegung der Provision und sonstiger Bezüge sollte die ernste Gefahr des Hochdruckverkaufs immer berücksichtigt werden, denn finanzieller Druck führt oft zum Hochdruckverkauf. Besonders die Entlohnung auf reiner und unzureichender Provisionsbasis verleitet dazu. Echte Verkaufsleistungen sollten durch (finanziellen) Anreiz belohnt werden – aber die Provision ist nicht immer der richtige Weg. Leistung und Wert eines Verkäufers sollten auf längere Sicht beurteilt werden. Im allgemeinen wirkt sich gute Verkaufsarbeit nämlich erst nach einer gewissen Zeit des Einarbeitens aus. Es ist daher häufig zweckmäßig, Verkäufer durch Prämien für Dauerkunden, die regelmäßig von ihm kaufen, zu belohnen. Er sollte auch, falls er die Vorteile nicht selbst einsieht, angehalten werden, Besuche innerhalb einer gewissen Zeit nach dem letzten Verkauf zu wiederholen. Dabei ergeben sich immer direkte oder indirekte Möglichkeiten, neue Aufträge zu bekommen, und die Gefahr des Hochdruckverkaufs schaltet sich weitgehend von selbst aus. Beurteilen Sie den Verkäufer nach Lösung seiner vordringlichsten Aufgabe: *Kunden zu gewinnen – und zu behalten.*

Nun einige Ratschläge zur Vermeidung des Hochdruckverkaufs:

Nicht immer die teuerste Ware ...

1. *Gehen Sie nicht darauf aus, grundsätzlich immer die teuerste Ware zu empfehlen, die Sie haben!* Sonst wird Ihre

Empfehlung für das gehalten, was sie ist: Ihr Wunsch, soviel wie möglich zu verdienen. Beginnen Sie beim Anbieten mehrerer Waren auch nicht mit der teuersten. Wenn dagegen nur die teuerste Ware dem beabsichtigten Zweck entspricht, machen Sie den Kunden darauf besonders aufmerksam.

Über Kundenbehandlung

2. *Zeigen Sie sich nicht gleichgültig oder geringschätzig gegenüber Kleinkunden!* Ihre Firma gibt vielleicht große Summen dafür aus, die Öffentlichkeit über ihren Kundendienst (ein leider oft mißbrauchtes Wort) und ihre Dienstbereitschaft zu informieren. Helfen Sie Ihrer Firma, Nutzen aus diesem Geld zu ziehen. Denken Sie auch daran: Aus Kleinkunden werden Großkunden. Reparaturen und Beseitigung von Mängeln bringen zwar häufig keinen großen Verdienst, aber sie führen oft zu einer Verkaufschance. So mag z. B. dann und wann ein überalteter Wagen zur Tankstelle kommen, der einen Liter Öl braucht. Mit einigen Fragen über den Ölverbrauch, einem Blick auf Motor und Karosserie können Sie sich vielleicht davon überzeugen, daß hier eine Verkaufschance für einen neuen Wagen entstehen kann. Vergessen Sie auch nie, daß gerade „Kleinkunden" oft überempfindlich gegen Gleichgültigkeit und Hochdruckverkauf sind. Manche „Großkunden" treten gern als „Kleinkunden" auf. Auch Ihre lohnenden Geschäftsverbindungen haben häufig mit Kleinaufträgen angefangen.

Der Kunde ist Sinn, Zweck und Ziel aller Bemühungen. Schließlich entscheidet seine Einstellung über Erfolg und Mißerfolg des Verkäufers. Nicht Ihre Firma – Ihre Kunden bezahlen Ihr Einkommen!

Verkaufen Sie auch dem Innendienst diese Einstellung, und Sie helfen, eine verkaufspositive Arbeitsphilosophie zu schaffen, die den Interessen *aller* dient. Haben Sie in dieser Richtung schon einmal etwas unternommen?

Monopolstellung

3. *Nützen Sie eine Machtstellung oder einen Verkäufermarkt nicht aus.* Ihre Verkaufsaufgabe ist kein Verteilen von Vergünstigungen. Das rächt sich mit der Zeit. Ihr Monopol kann gebrochen werden, Warensperren können aufgehoben werden, der Markt kann sich wandeln, Ersatzprodukte tau-

chen auf, ein Zollschutz kann verschwinden. Lieferzeiten können abbröckeln. Kein Unternehmen kann auf die Dauer ohne das Wohlwollen, den „good-will", seiner Kunden leben. Lassen Sie den Käufer immer fühlen, daß er Kunde ist, auch wenn Sie auf ihn im Augenblick nicht angewiesen sind. Gegen diesen Grundsatz ist während der letzten Jahre leider allzuoft verstoßen worden. Gewiß hat der Mangel an geeignetem Personal mitgespielt; schlimmer aber ist, daß in der Zeit des Warenmangels oder der Hochkonjunktur von vielen Firmen und Verkäufern eine gute Kundenbehandlung leider nicht immer als notwendig angesehen worden ist. Forcieren Sie diese Seite Ihrer Verkäuferausbildung, gerade wenn Sie keine Verkaufsprobleme haben, damit Sie später keine bekommen. Jede Fähigkeit rostet ein, wenn sie nicht laufend eingesetzt oder geübt wird.

Versprechungen und Verpflichtungen

4. *Vermeiden Sie nichterfüllbare Versprechungen*, um Kunden zum Kaufen zu bewegen! Auch das rächt sich. Versprechen Sie lieber zuwenig als zuviel. Dann kann es nur angenehme Überraschungen geben, für die man Ihnen dankbar sein wird. Liefertermine und Lieferversprechen, von denen Sie von vornherein wissen, daß sie nicht zu halten sind, *können* vielleicht zu *einem* Auftrag führen – allerdings auf Kosten weiterer Bestellungen.

Bedenken Sie immer: *Entscheidend ist nicht, was Sie sagen, sondern was der Kunde glaubt.* Auch bei Lieferterminen entscheidet schließlich der Glaube des Kunden an Ihre Versprechungen, und nicht die Angabe als solche. Wenn Sie dem Kunden keinen günstigen Termin zusagen können, verkaufen Sie ihm die Verläßlichkeit Ihrer Versprechung, stellen Sie diese als die ungünstigste Möglichkeit dar, für deren Verbesserung (d. h. Terminbeschleunigung) Sie sich bei Ihrem Unternehmen einsetzen werden. Besonders beim Verkauf von Industriegütern seien Sie immer sehr genau mit Ihren Angaben, die sich auf Lieferungen und Liefertermine beziehen, denn der Kunde disponiert danach und wird sich vielleicht später auf Ihre Behauptungen berufen, die außerdem aus seinem Munde kategorischer klingen, als sie von Ihnen beabsichtigt waren. Lassen Sie sich auch nicht durch Versuche pfiffiger Kunden überrumpeln, Sie mehr versprechen zu lassen, als Sie beabsichtigten. Und wenn Sie merken, daß ein Kunde mehr in Ihre Worte hineinlegen will, als Sie gesagt haben, wiederholen Sie Ihre Aussage berichtigend und beugen Sie so einem Mißverständnis oder einer Enttäuschung vor. Vielleicht senden Sie ihm auch einen Bestätigungsbrief, in dem schwarz auf weiß festgelegt ist, was Sie mit dem Kunden besprochen haben.

Und bei etwaigen Lieferverspätungen: Unterrichten Sie den Kunden so schnell wie möglich (anstatt abzuwarten).

Zuverlässigkeit ist ein wertvoller Aktivposten für den Verkauf. Er drückt sich vor allen Dingen durch Korrektheit in kleinen Dingen und das Einhalten kleiner Versprechungen aus.

Der rote Faden in Ihrer Argumentation

5. *Halten Sie eine absolut konsequente Linie in Ihrer Darstellung ein* (vgl. Beispiel 2). Eine „Kaugummiargumentation" führt beinahe immer zu Hochdruckverkauf. Schützen Sie sich und entlasten Sie Ihr Gedächtnis nach jedem Verkaufsgespräch durch genaue Aufzeichnungen über das, was abgehandelt worden ist! Schreiben Sie sich auch auf, welche Argumente und Einwände das Interesse des Kunden besonders weckten! Mit Hilfe solcher Unterlagen können Sie folgerichtig argumentieren. Leider machen die meisten Verkäufer sich keine, nur unvollständige oder unwesentliche Notizen. Welche Kurzsichtigkeit, wo fast alle Einkäufer genaue Aufzeichnungen über Kaufverhandlungen machen! Kein Wunder, wenn ihnen Verkäufer häufig unzuverlässig vorkommen.

Kombinationsverkauf

6. *Vermeiden Sie Kopplung zweier Verkaufsangebote:* „Wenn Sie diese (begehrte) Ware haben wollen, müssen Sie auch jene nehmen!" Meistens wird durch Verpflichtung zum Kombinationskauf versucht, eine schwerverkäufliche Ware an den Mann zu bringen. Das wissen Ihre Käufer natürlich auch. In manchen Ländern ist dieses Vorgehen auch gesetzlich verboten.

Keine Aggressivität

7. *Mimen Sie keine Verkaufskanone.* Seien Sie kein „Angeber". „Draufgängertum" (sprich Rücksichtslosigkeit), große (in Wirklichkeit aufgeblasene) „Selbstsicherheit" und

gewandtes Reden (d. h. salbungsvolles Phrasengedresch), um von Kollegen oder Kunden bewundert zu werden, führen zu keinen wirklichen Erfolgen. Der Verkäufer darf kein Schwätzer sein. Der gute Verkäufer kann mit wenigen Worten das Wesentliche sagen. So bekommen seine Darlegungen Gewicht und ergeben eine entsprechende Verkaufschance. Weniger ist häufig mehr! Je größer der Wortschwall, desto geringeren Eindruck macht der Inhalt.

Noch gefährlicher ist es, wenn der Kunde sich als Zielscheibe der weithin erkennbaren, geballten Entschlossenheit des Verkäufers fühlt. Der Verkäufer soll *mit* dem Kunden dessen Bedürfnisse untersuchen und auf dieser beratenden Grundlage eine befriedigende Lösung vorschlagen. Je weniger er seine Unterhaltung durch eine vorgefaßte Meinung darüber einleitet, was der Kunde tun sollte, desto größer sind die Aussichten, Kontakt mit dem Kunden zu bekommen und sein Vertrauen zu erringen. Rufen Sie bei Ihren Kunden niemals den Eindruck hervor, daß Sie fest entschlossen sind, ihn „kleinzukriegen“, was auch immer kommen mag! Ein zu selbstbewußt auftretender Verkäufer gestattet dem Kunden nur einen Ausweg zur Befriedigung des eigenen Geltungsbedürfnisses: zu opponieren, zu kritisieren, eine andere Meinung zu vertreten, sich unbeeinflußbar zu zeigen. Bemerken Sie zuweilen diese Reaktion bei Ihren Kunden? Wenn ja, dann sollten Sie schnellstens Ihr Temperament zurückpfeifen!

Immer muß der Kunde das befriedigende und den Kaufabschluß erleichternde Gefühl haben, daß er *aus eigenem Entschluß kauft, nicht,* daß der Verkäufer verkauft! Ein Kompliment von seiten des Kunden: „Sie sind aber ein tüchtiger Verkäufer!“ kann zweideutig sein. Ein erfolgreicher schwedischer Exporteur ließ seine ausländischen Kunden beiläufig wissen, wie schlechte Verkäufer schwedische Geschäftsleute eigentlich seien, eine Beurteilung, die ihn natürlich selbst mit einschloß. Er tat auch sonst alles, dem Kunden das Gefühl der Überlegenheit zu geben. Bei dieser Methode zog sich kein Kunde in sein „Schneckenhaus“ zurück, denn keiner fühlte sich einem gefährlichen Druck ausgesetzt.

Der Verkaufsdirektor einer anderen größeren Firma läßt sich absichtlich immer mit seinem alten Titel „Oberingenieur" und nicht „Direktor" ansprechen, damit die Kunden das Gefühl haben, daß sie einen technisch erfahrenen Fachmann vor sich haben, mit dem man sich in erster Linie fachlich unterhalten kann und erst in zweiter Linie über Kauf und Verkauf.

Häufig gelingt „Nicht-Verkäufern", wie hinzugezogenen Fachleuten, Technikern, Monteuren usw., eine wirkungsvollere Beeinflussung als dem „Berufsverkäufer". Welche Schlüsse ziehen Sie daraus?

Der Kunde soll sich in Ihrer Gesellschaft wohl fühlen. Tut er das?

Preiserhöhungen

8. *Überraschen Sie Ihre Kunden nicht mit Preiserhöhungen ohne vorhergehende Ankündigung!* Wenn einer Ihrer Kunden eine oft gekaufte Ware zu dem bisher gültigen Preis bestellt, teilen Sie ihm so rasch wie möglich eine etwaige Preiserhöhung und die Begründung dafür mit. Wenn der Kunde erst bei Erhalt der Rechnung feststellt, daß er mehr zahlen muß, verärgern Sie ihn unnötigerweise und machen ihn für die Zukunft mißtrauisch.

Verkaufstricks

9. *Seien Sie vorsichtig mit verkäuferischen Tricks.* Der Kunde von heute fällt auf Mittel von gestern nicht mehr herein. Hierzu gehören: billige Schmeichelei, unwahre Angaben, „Sie-haben-recht-aber-Sie-haben-es-doch-nicht-denn"-Vorgehen, Ausnutzen von Unkenntnis, Überrumpelungen beim Abschlußgespräch usw.

Der Wert der Garantie

10. *Überzeugen Sie Ihre Kunden auch durch die Tat, daß Ihre Garantien wirklichen Wert haben und ihnen echten Schutz bieten.* Viele Garantien sind in der Praxis leider kaum das Papier wert, auf dem sie geschrieben stehen. Wenn Garantiebestimmungen wichtige Einschränkungen enthalten, sehen Sie es immer als unerläßliche Pflicht an, den Kunden vorher darüber aufzuklären.

„Nein" sagen können

11. *Seien Sie weitblickend und mutig genug, auch einmal zu einem verlockenden Auftrag „Nein" sagen zu können!* Tun Sie das immer, wenn Sie merken, daß ein Kunde aus Un-

kenntnis einen Fehler begehen will und mit seinem Kauf wahrscheinlich nicht zufrieden sein würde. Sagen Sie es ihm. Jeder, aber auch jeder, Kunde schätzt dieses aufrichtige Verhalten des Verkäufers, besonders, weil es – leider – selten vorkommt. Der verlorene Auftrag von heute kann einen Kunden auf Lebensdauer gewinnen. So werden Sie Ratgeber und Freund Ihres Kunden.

Beim Verkauf in der Industrie ist die Bereitschaft, auf einen Verkauf zu verzichten, absolute Voraussetzung für eine erfolgreiche Tätigkeit. Ein Verkäufer, der das nicht kann, wird in der Regel ziemlich schnell ausgebootet werden.

Der Wettbewerb

12. *Betrachten Sie beim Verkaufsgespräch die Konkurrenz als Naturschutzgebiet,* das weder Sie noch der Kunde betreten sollte. In der Verkaufsanleitung eines bedeutenden Automobilwerkes werden die Verkäufer ermahnt, in jeder Beziehung zu vermeiden, auf Mitbewerber einzugehen oder auch nur deren Namen auszusprechen. Wenn der Kunde sagt: „Mein XYZ-Wagen“, darf der Verkäufer in seiner Antwort den Namen der Marke also nicht wiederholen, sondern muß ihn umgehen und z. B. sagen: „Bei dieser Marke . . .“ Manche gehen noch weiter: Der Verkäufer soll lieber darauf verzichten, einen falschen Vergleich richtigzustellen, den der Kunde zwischen seinen und den konkurrierenden Erzeugnissen zieht, als sich einer Diskussion auszusetzen, die zeitraubend und auch peinlich werden kann. Auseinandersetzungen dieser Art können leicht auch zu Werbewirkung zugunsten der Konkurrenz führen. Wenn der Kunde einen Vergleich zwischen Ihrem Produkt A und einem konkurrierenden Produkt B wünscht, kommen Sie in der Regel weiter mit einem Vergleich zwischen seinem Bedürfnis und Ihre Problemlösung durch Ihr Produkt A. Wenn die Erwähnung eines Konkurrenten unumgänglich ist, so beweisen Sie Ihrem Kunden, daß Sie in der von Ihnen vertretenen Sache stark genug sind, um der Konkurrenz gegenüber großzügig zu sein. Bedenken Sie: *Jede* Erwähnung der Konkurrenz erweckt Neugier – für den anderen. Und je stärker Sie von Mitbewerbern angegriffen werden, desto intensiver konzentrieren Sie Ihre Bemühungen auf Ihr Angebot.

Und selbstverständlich müssen Sie Ihre Mitbewerber, deren Waren und Verkaufsmethoden kennen. Man muß wissen, „was die Konkurrenz macht“, denn dieses Wissen ist eine wichtige Voraussetzung für die Strategie und Taktik Ihrer Maßnahmen im Verkauf. Die Kunst der Verkaufstaktik ist zum großen Teil die Kunst, *es anders zu machen* – anders als die Konkurrenz und anders, als der Kunde es erwartet (vgl. Kapitel 18).

Wahrheit allein reicht nicht aus

13. *Argumente müssen wahr sein und auch wahr klingen.* Auch eine wahre Behauptung, die so vorgebracht wird, daß sie „zu schön klingt, um wahr zu sein“, oder deren Wahrheitsgehalt vom Kunden nicht kontrolliert werden kann, muß Mißtrauen erwecken. Ein Argument beim Verkauf von Rasierklingen „Reicht für 43 Rasuren“ gehörte in diese Gattung, obwohl entsprechende Zeugnisse von Verbrauchern vorlagen. Argument und Zeugnis können wahr und dennoch für einen Durchschnittskunden unglaubwürdig sein.

Eine Folge dieser Erkenntnis ist die Notwendigkeit, *Beweise für alle Behauptungen vorlegen zu können.* Diese Grundregel kann nicht oft genug wiederholt werden. Kunden sagen in der Regel einem Verkäufer nicht: „Das glaube ich Ihnen nicht.“ Und deshalb versagen viele Verkäufer, weil sie die Glaubwürdigkeit, die sie in den Augen der Kunden haben, über- und die Beweisnotwendigkeit unterschätzen. Damit verlieren sie Auftragschancen.

Die Gefahr der Übertreibung

14. *Stimmen Sie keine lyrischen Lobgesänge über Ihre Ware an.* Geben Sie dem Kunden TATSACHEN! Sparen Sie Superlative! Moderne Verkaufstechnik vermeidet alle Phrasen und nichtssagenden Modewörter, wie z. B. „phantastisch“, „das Beste, was es gibt“, „völlig konkurrenzlos“, „absolute Spitze“, „ganz große Klasse“, „einzigartig“ usw. Seien Sie auch sparsam mit Adjektiven – eine Ansammlung von Adjektiven führt zu Sättigung und verwechselt Verkauf mit Jahrmarkt. Superlative ersetzen keine Beweise.

Wählen Sie alle Bezeichnungen und Beschreibungen mit Überlegung! Vermeiden Sie aber auch trockene Aufzählungen! Beleben Sie Ihr Verkaufsgespräch durch Zitate aus den

Erlebnissen und Erfahrungen, die andere Kunden mit Ihrer Ware gemacht haben! So geben Sie ein überzeugenderes Bild der Ware als durch eine Anhäufung von Adjektiven. Achten Sie auch auf Tonfall und Rhythmus Ihrer Sprache, denn damit übertragen Sie Ihre eigene Überzeugung. Richtig ausgesprochen, kann das Eigenschaftswort *„gut“* ein viel überzeugenderes Qualitätsargument sein als „überwältigend“, „überragend“ u. ä. Vermeiden Sie das „sehr“ oder „viel“! Damit erzielen Sie selten die beabsichtigte verstärkende Wirkung.

Auch hier bewahrheitet sich der Grundsatz: Entscheidend ist nicht, was der Verkäufer sagt, sondern was der Kunde glaubt.

Konkret

15. *Zergliedern Sie Ihre Ausführungen und drücken Sie sie konkret aus!* Sagen Sie z. B. nicht, „die größten Fabriken der Branche verwenden unsere Marke“, sondern nennen Sie sie, wenn möglich, beim Namen. Sagen Sie nicht, „das schützt Sie gegen alles“, sondern erwähnen Sie, wogegen die Imprägnierung standhält! Noch überzeugender wirkt, wenn Sie Beispiele bringen, daß z. B. die X-Ware soundso lange dem Regen ausgesetzt war, ohne Schaden genommen zu haben. Sagen Sie nicht, „die Welle hat eine sehr lange Lebensdauer“, sondern geben Sie die Lebensdauer des Maschinenteiles an: „hält für soundso viele Umdrehungen.“

Womit endet der Verkauf?

16. *Mit dem erhaltenen Auftrag ist der Verkauf zwar abgeschlossen, aber noch nicht zu Ende.* Der gewissenhafte Verkäufer wird sich auch für die Abwicklung des Auftrages, der Lieferung usw. verantwortlich fühlen und jede notwendige Hilfe (Kundendienst) bieten, damit der Kunde vom Kauf größtmöglichen Nutzen hat. Unter Verkäufern wird oft darüber diskutiert, wieweit sie eine Verantwortung für die Abwicklung des Verkaufs haben, wenn der Auftrag an die Firma weitergeleitet worden ist. Man vergißt dabei im allgemeinen, daß der Verkäufer im Regelfalle zwar keine formelle Verantwortung nach dem Kaufabschluß, immer aber ein bedeutendes *Interesse* am Kontakt mit dem Kunden für weitere Verkäufe hat. Alle etwaigen Fehler muß ja der Verkäufer auch ausbaden, ob er will oder nicht. Zufriedene Käufer dagegen sind Wegweiser für andere.

17. *Versuchen Sie nicht, berechtigte Einwände zu widerlegen.* Dies wäre nicht nur Hochdruckverkauf. Sie verlieren außerdem die Möglichkeit, unberechtigten Einwänden wirksam zu begegnen, so daß der Kunde schließlich keinem Ihrer Argumente mehr glaubt. Hinter dieser förmlichen *Sucht*, dem Kunden jeden Einwand auszureden, versteckt sich erstens die Angst, den Auftrag zu verlieren, wenn man nicht *jede* kritische Feststellung zurückweist und das Angebot als in *jeder* Beziehung vollkommen darstellt. Und zweitens will der Verkäufer auf jeden Fall und um jeden Preis recht behalten. Beides ist eine falsche Einstellung: 1. Jedes Angebot enthält für jeden Kunden Vorteile und Nachteile. Das weiß auch der Kunde. Entscheidend für seinen Kaufentschluß ist das Überwiegen der Vorteile. 2. Ein rechthaberischer Verkäufer bekommt und verdient auch einen rechthaberischen Kunden (vgl. die Kapitel 9 und 14).

Über berechtigte Einwände

18. Der Verkäufer ist kein Witzonkel, kein Unterhalter und keine „Quasselstrippe". Er soll verkaufen, nicht erzählen. Er soll keine Zeit mit belanglosen Geschichten verschwenden und er soll nicht durch Witze und billige Scherze den Kunden zwar vielleicht amüsieren, aber dabei riskieren, nicht mehr ernstgenommen zu werden (dies ist keine Ablehnung wirklichen Humors im Dienst einer Verhandlung). Wird er nicht mehr ernstgenommen, wird er vom Käufer im besten Fall zum belanglosen Unterhalter degradiert.

Witze verkaufen nicht

19. Und schließlich darf der Verkäufer nie zum Tränenverkäufer oder zum Bettelstudenten werden. Nicht „tun Sie mir doch den Gefallen", oder „jetzt habe ich mich doch lange genug um Sie bemüht", oder „Sie können mir doch eine Absage nicht antun", oder „wir würden so gern das Geschäft mit Ihnen machen", oder „Ihr Auftrag würde uns ganz besonders freuen", auch nicht „mir als alten Freund, Schulkameraden, Nachbarn, ... usw." Um einen Auftrag zu betteln und dem Kunden eine unberechtigte, moralische Bittforderung aufzuerlegen, ist die unwürdigste Form des Hochdruckverkaufs.

Nie betteln!

Noch ein Wort zum Schluß: Sollten Sie diese Hinweise als selbstverständlich betrachten und sich darüber erhaben fühlen, bedenken Sie bitte, daß sich in diesen Punkten kaum jemand getroffen fühlt, es sei denn, er habe eine gute Portion echter Selbstkritik – und damit das Zeug, wirklich weiterzukommen.

Und jetzt können Sie wohl die vier einleitenden Fragen beantworten und die fünf Verkaufsprobleme lösen?

Durch Hochdruckverkauf können Sie vereinzelte Aufträge gewinnen – aber auf Kosten eines Verlustes an Kunden. In erster Linie Kunden gewinnen, erst in zweiter Aufträge!

KAPITEL VI

Verkauft sich Qualität von selbst?

KÖNNEN SIE DIESE VIER FRAGEN BEANTWORTEN?

❶ Welches Argument ist am wichtigsten: Qualität oder Zweckmäßigkeit?

❷ Was besagt die Regel: „Qualitätsargument ist nur Beweisargument?"

❸ Wie viele Verkaufsargumente soll der Verkäufer in sein Verkaufsgespräch einflechten?

❹ Wenn der Kunde am Angebot als solchem uninteressiert ist, können Sie dann bei ihm durch Qualitätsargumentation ein Verlangen erwecken?

KÖNNEN SIE DIESE FÜNF PROBLEME LÖSEN?

① *Herr Hoffmeister verkauft Elektrogeräte an den Einzelhandel. Er unterstreicht die hochwertige Leistung eines Gerätes durch eine detaillierte Beschreibung der besonders sorgfältigen Konstruktion und durch eine Vorführung eines halben Dutzends praktischer Vorzüge. Durch geschickte Fragetechnik legt er den Kunden fest: „Wir sind uns also einig über die überlegene Qualität des Gerätes?" – „Vollkommen", antwortet der Händler. – „Oder kennen Sie bessere?" – „Nicht, daß ich wüßte." – „Etwas Besseres könnten Sie also Ihren Kunden nicht anbieten?" – „Kaum." – „Und gegen den Preis und den Rabatt ist auch nichts einzuwenden?" – „Nein, der Preis ist in Ordnung, der Rabatt auch." – „Darf ich fragen, wie viele Sie fürs erste bestellen wollen?" – „Im Augenblick gar keine." – Wieso diese negative Reaktion? Hat der Verkäufer nicht richtig argumentiert?*

② *Zwei Lastwagenverkäufer bearbeiten die gleiche Baufirma. Vertreter Friedrich ist siegessicher, denn sein Lastwagen ist qualitativ überlegen, schneller und von ansprechendem Aussehen. Friedrichs Verkaufsgespräch setzt sich aus dreizehn verschiedenen Qualitätsargumenten zusammen; sie werden dem Kunden in übersichtlicher Weise serviert. Der Kunde macht auch keinerlei Einwände. Friedrich wird auch nicht unruhig, als der Auftrag auf sich warten läßt, bis er zu seiner und seines Chefs großer Verwunderung erfährt, daß die Konkurrenz den Auftrag erhalten hat. Welchen wahrscheinlichen Fehler hat Friedrich gemacht? Ist er Ihnen auch schon unterlaufen?*

③ *Der Versicherungsagent Krause spricht mit einem Fabrikanten über eine Pensionsversicherung und entwickelt in guter Systematik alle Vorteile, die mit einer solchen Versicherung verbunden sind. Er zieht auch sachlich überzeugende Beispiele dafür heran, wie sich diese Versicherung praktisch auswirkt, und gibt eine gute Übersicht über Ertrags- und Kostenfaktoren. Soweit geschieht alles mit Überlegung und Methode, und Krause beobachtet, daß der Fabrikant seinen Argumenten folgt und anscheinend interessiert ist. Abschließend sagt der Kunde, er werde sich die Sache überlegen. Es kommt aber kein Auftrag heraus, und Krause gibt zu, daß wohl dreiviertel aller seiner Besuche bei anscheinend interessierten Kunden in derselben Weise enden. Der Kunde zeigte sich also interessiert, und trotzdem kommt kein Auftrag heraus. Kommt das bei Ihnen auch häufig vor? Wie äußert sich diese Reaktion bei Ihren Kunden? Und was unternehmen Sie da?*

④ *Der Einkäufer der Abteilung „Herrenmäntel“ eines Warenhauses zuckt die Achseln: „Ich kann an Ihren Mänteln keine Fehler entdecken. Die Qualität ist gut, sehr gut sogar. Aber es fehlt etwas, irgend etwas, denn wir haben nicht mehr die gleiche Nachfrage wie früher. Können Sie nicht das Modell so ändern, daß die Mäntel ansprechender wirken?“ Der Verkäufer verspricht, die Möglichkeiten zu untersuchen, stößt aber auf Schwierigkeiten, denn die Geschäftsleitung will nicht. Begründung: Die Mäntel sind mit Ausnahme der letzten sechs Wochen gut verkauft worden, der Rückgang sei zufallsbedingt, und es liege keine stichhaltige Ursache dafür vor, einen erprobten, qualitativ hochwertigen Artikel modisch neu zu gestalten. Die Vertreter werden zu erneuten Anstrengungen angespornt. Wie beurteilen Sie die Einstellung der Geschäftsleitung? Würden Sie sie ändern? Wenn ja, wie?*

⑤ *„Ich pfeife darauf, wie gut deine Schlipse sind", bricht es aus dem temperamentvollen Einkäufer heraus. „Schon seit Wochen hast du mir gesagt, wie wunderbar die Binder sind, aber sie passen einfach nicht hierher. Keiner will sie haben. Ich hätte bei meinem alten Grundsatz bleiben und nicht versuchen sollen, großstädtischen Geschmack auf unsere Kleinstadt zu übertragen. Unsere Kunden vom Lande machen das nicht mit. Deine Schlipse sind hier zu originell und, ehrlich gesagt, ich weiß nicht, ob ich sie selbst tragen würde." Teilen Sie die Einstellung, die aus den Worten des Einkäufers spricht? Wenn ja, was würden Sie tun? Wenn nicht, wie würden Sie versuchen, sie zu ändern?*

Es ist klar, daß die Qualität der Ware bei der Kaufentscheidung eine bedeutende Rolle spielt. Keineswegs aber ist die vom Kunden getroffene Wahl immer oder vorwiegend von der Qualität abhängig. Hinzu kommt noch, daß viele Verkäufer hinsichtlich der Qualität nicht richtig argumentieren. Da die Qualitätsargumentation in den meisten Verkaufsgesprächen einen vorherrschenden Platz einnimmt, ist dieser Mangel besonders schwerwiegend.

Einige Hauptregeln seien hier gleich festgelegt:

Qualität und Zweckmäßigkeit

1. *Qualität und Zweckmäßigkeit einer Ware sind zwei verschiedene Dinge, die man auch bei der Argumentation nicht zusammenwerfen darf. Für den Kunden ist die Zweckmäßigkeit der wichtigste Faktor.* Die Ware muß so beschaffen sein, daß sie dem vom Kunden für sich oder seine Abnehmer beabsichtigten Zweck in der bestmöglichen Weise entspricht. In gewissen Fällen ist dabei eine hohe Qualität erforderlich, während in anderen Fällen eine einfache Ausführung ausreicht. Qualität ist die Güte des Produktes an sich, Zweckmäßigkeit dessen Eignung für einen bestimmten Einsatz. Qualität ist objektiv, meistens meßbar und kontrollierbar und daher ein (allzu) leicht verwendbares Argument. Zweckmäßigkeit ist subjektiv, meistens nicht konkret berechenbar und daher ein schwieriges Argument.

Hierdurch wird das Qualitätsargument unverdient in den Vordergrund anstatt an Stelle der Zweckdienlichkeit geschoben.

Hohe oder überspitzte Güte ist dort kein Verkaufsplus, wo sie nicht im angebotenen Ausmaß erforderlich ist. Der Begriff „Wertanalyse“ im Einkauf ist die Gegenwehr von Industrieeinkäufern. Auch die äußere Aufmachung einer Ware kann zu kostspielig und damit verkaufshemmend sein; z. B. wenn sie schnell abgenutzt wird. Es gibt Waren mit begrenzter Verwendbarkeit oder modischer Lebensdauer, bei denen es unwirtschaftlich wäre, höchste Qualität zu liefern. In anderen Fällen müssen Verbraucher durch Werbung erst zu Qualitätsansprüchen erzogen werden. Vor diese Aufgaben kann sich auch der Verkäufer gestellt sehen, der dem Kunden erst erklären muß, warum er eine hochwertige Ware braucht. Erst wenn diese Bedarfsdeutung gelungen ist, kann die eigentliche Verkaufshandlung beginnen.

Qualität als Beweisargument

2. *Die Qualität ist ein Argument der Beweisführung:* Es soll beweisen, daß die Idee einer Ware, die der Vertreter verkaufen will, richtig und die Ware selbst wirklich so gut ist, wie es Nutzen und Zweck für den Kunden fordern. Gleichwohl darf das Qualitätsargument in der Gesamtbeweisführung nicht überwiegen, es ist nur ein Hilfs- und Unterstützungsargument. In allen vorstehend erwähnten Beispielen ist dem Qualitätsargument zuviel Gewicht beigemessen worden.

   Auch die beste Ware kann unmodern werden. Wenn dieser Fall eintritt und man versucht, einen stärkeren Druck auf die Verkäufer auszuüben, ohne aber die Ware neuen Geschmacksanforderungen anzugleichen, darf man sich nicht wundern, daß bald die Methoden des Hochdruckverkaufs mit ihren bekannten Folgen angewendet werden. Der Qualitätsbegriff findet keine einheitliche Auslegung; er ist, wie die Erfahrung lehrt, von Markt zu Markt unterschiedlich (siehe auch Beispiel 5) und wird von subjektiven Geschmacksauffassungen beeinflußt, die oft vom Käufer – zwar zu Unrecht – mit dem Qualitätsbegriff verwechselt werden.

Weniger Qualitätsargumente sind „mehr“

3. *Konzentrieren Sie die Qualitätsargumentation.* Sie ist eine unwirksame Methode, *alle* qualitativen Vorteile einer Ware herauszustellen, denn in nur wenigen Fällen ist ein Kunde interessiert, alles bis in die letzte Einzelheit zu erfahren: Er interessiert sich für das für ihn Wesentliche. Alles andere ermüdet. Überfordern Sie Ihren Kunden nicht. Das Verkaufen wäre einfach, wenn es genügte, sämtlichen Kunden nach einem gewissen Schema alle Qualitätsargumente aufzuzählen. Ein Teil der Verkaufskunst besteht ja gerade in der Findigkeit des Verkäufers, *die* Qualitätseinzelheiten zu ermitteln, die den Kunden besonders interessieren. Wahrscheinlich wird sich der Verkäufer der konkurrierenden Lastwagenfirma (Beispiel 2) danach gerichtet haben. Da es

sich um eine Baufirma handelte, ging der Verkäufer davon aus, daß sie größten Wert auf zulässige Nutzlast und Manövrierfähigkeit legen wird. Auf diesen Punkt wird er seine Argumentation konzentriert haben.

Bedenken Sie, Vertreter Friedrich hätte es ebenso machen können, weil auch sein Wagen die gleichen Eigenschaften aufzuweisen hatte. Friedrich beging aber den Fehler, *alle* seine Qualitätsargumente heranzuziehen; er brachte zuviel. Auch hier gilt, daß weniger „mehr" sein kann! Haben Sie nicht schon den gleichen Fehler gemacht? Sie haben damit gewiß eine Streuung von Argumenten erzielt, jedoch an Durchschlagskraft verloren.

Kauflust durch Qualitätsargumentation?

4. *Wenn der Kunde nicht von vornherein interessiert ist, kann man im Regelfalle durch Qualitätsargumentation keine Kauflust hervorrufen.* Aufklärungen darüber, wie gut eine bestimmte Ware ist, sind uninteressant für den Kunden, sofern nicht die Idee dieser Ware bei ihm das Verlangen nach ihrem Besitz weckt. Sowohl beim Angebot der Haushaltsgeräte als auch beim Angebot der Pensionsversicherung (Beispiele 1 und 3) hat die Qualitätsargumentation zu früh begonnen. Und in Beispiel 1 hat sie weit am Ziel vorbeigeschossen: Den Händler interessiert die Ware als solche nicht, sondern deren Verkäuflichkeit. Solange es dem Verkäufer hier nicht gelingt, beim Kunden ein Verlangen nach den sich bietenden Verkaufsmöglichkeiten oder nach wirtschaftlichem Schutz für die Familie zu wecken, wird auch das beste Qualitätsargument den Kunden nicht zur Annahme des Angebotes bewegen.

Auch wenn Sie als Verkäufer das Glück hätten, den besten Brotröster der Welt, die schönsten Seegrundstücke, Europas schnellsten Serienwagen, das vorzüglichste Feuerlöschgerät des Marktes o. ä. verkaufen zu können – solange Sie nicht das Verlangen des Kunden z. B. nach bequem geröstetem Brot zum Frühstück oder Nachmittagstee, nach einem Wochenendhaus am Meer, nach dem Fahrerlebnis, nach dem Schutz seines Hauses zu wecken verstehen, können Sie Ihre Ware nicht verkaufen. Vielen Verkäufern fehlt das Verständnis für diese Erfahrungstatsache und ihre grundlegende Bedeutung, obwohl ein erfolgloser Kundenbesuch nach dem anderen, trotz guter Ware, doch nachdenklich darüber stimmen müßte, ob nicht bestenfalls die Reihenfolge der Argumente fehlerhaft ist. In der Tat: Ein zu früh abgefeuertes Qualitätsargument wird ein Schuß ins Leere!

„Das bedeutet für Sie . . .“

5. *Achten Sie darauf, daß Ihr Qualitätsargument richtig ankommt.* Allzuoft schwebt es frei in der Luft, wenn der Verkäufer daraus nicht für den Kunden gleich noch die Folgerung zieht. Wenn der durchschnittliche Autokäufer hört, daß der angebotene Wagen einen Fallstromvergaser, eine Drehstabfederung und einen kopfgesteuerten Motor hat, erhält er drei Qualitätsargumente. Aber um ihren Wert wirklich ermessen zu können, muß der Kunde vom Verkäufer erfahren, was diese drei technischen Einzelheiten *für ihn* bedeuten. Das gleiche gilt für den Verkauf eines „synchronisierten Wechselstrommotors mit variabler Geschwindigkeit, konstanter Ventilationskühlung und kontinuierlicher Drehzahlregulierung“. Es gibt eine ungewöhnlich große Zahl derartiger technischer Besonderheiten, und der Kunde begreift durchaus, daß sie wohl irgendeinen Vorteil für die Ware darstellen (sonst würde sie der Verkäufer nicht erwähnt haben); damit aber weiß der Kunde oft noch nicht, *welchen* konkreten Nutzen *ihm* die erwähnte konstruktive Verbesserung gewährt. Deshalb ist es ratsam, die Darstellung eines jeden Qualitätsargumentes, das sich nicht ganz von selbst erklärt, folgendermaßen fortzusetzen: *„Dies bedeutet für Sie . . .“* und daraus die Konsequenzen für den Kunden abzuleiten. Mit Fachbezeichnungen sollte man vorsichtig sein. Oft versteht der Kunde deren volle Bedeutung nämlich nicht, obwohl er so tut als ob, nur um sich dem Verkäufer gegenüber nicht unterlegen zu zeigen. Am besten für den Verkauf eignen sich die Fachbezeichnungen, welche sich auf die Begriffswelt und auf das Wissen des *Kunden* und nicht auf das des Verkäufers beziehen.

Bei einer gezielten Rundfrage an 800 erwachsene Personen der Geschäftswelt zeigte es sich, daß – außer dem branchekundigen Kreis – nicht mehr als 1 % wußte, was mit „einer gemischten Lebens- und Kapitalversicherung“, und nicht mehr als 15 %, was mit einem „echten Teppich" gemeint war, obwohl beide Ausdrücke tagaus und tagein in Verkaufsgesprächen und Anzeigen verwendet werden. Weiterhin wurde bei Marktanalysen festgestellt, daß Qualitätsargumente, wie „hochgradige Konsistenz", „Resistenz", „Homogenität" und „minutiös", von einem Großteil der Verbraucher nicht verstanden wurden und deshalb wertlos waren. Untersuchen Sie genau, ob nicht auch Ihre Argumentation für Sie selbst zwar wohlbekannte technische Begriffe enthält, mit denen aber der Durchschnittskunde nichts anfangen kann.

Funktion, nicht Konstruktion

6. *Das Wichtigste ist, was die Ware gibt, nicht was sie ist,* und deshalb vergeudet ein Verkäufer wertvolle Zeit, der z. B. die technische Konstruktion eines Staubsaugers oder einer Spülmaschine erklärt, um eine Hausfrau von den Vorteilen eines Kaufes zu überzeugen. Das Wesentliche ist doch, welchen Nutzen diese Gegenstände bieten. Außerdem: Je mehr man sich in technische Beschreibungen verliert, desto größer ist die Gefahr, daß die Hausfrau das Gefühl bekommt, das Gerät sei sehr kompliziert. Technische Beschreibungen wird man nur als Hilfsargument für den Nutzen der Ware heranziehen und auch nur dann, wenn es dieser Zweck erfordert, oder als „Aufhänger" in Frageform, um den Kunden neugierig zu machen.

Diese Regel gilt auch, wenn auch in anderer Weise, für das Verkaufsgespräch mit technisch erfahrenen und interessierten Käufern. Diese lassen sich nämlich nur durch sachliche, fachmännische Darlegung technischer Tatsachen überzeugen. Qualitätsbehauptungen allgemeiner Art stehen sie skeptisch gegenüber. Im Grunde kaufen auch der technisch erfahrene Käufer ebenso wie alle anderen *„was die Ware gibt, nicht was sie ist"*, und bevor es dem Verkäufer nicht glückt, Verlangen nach der Idee der Ware zu wecken, dürfte es auch beim Techniker oder Industriekaufmann keinen Sinn haben, Qualitätsargumente zu verwenden. Sie verkaufen Funktion, nicht Konstruktion. Und unsere Aufgabe ist es nicht, dem Kunden mit unseren Fachkenntnissen zu imponieren. Der Kunde soll glänzen, nicht wir.

7. *Das Qualitätsargument muß konkret sein.* Vermeiden Sie Phrasen wie etwa: „hohe, einzigartige, ausgezeichnete Qualität“ u. ä. Das Wort Qualität ist zu allgemein und zudem so abgenutzt, daß es unwirksam geworden ist. Trotzdem wird es von – phantasielosen – Verkäufern zu jeder passenden und unpassenden Zeit immer wieder verwendet. Das Wort „Qualität“ wird auch dadurch nicht wirksamer, daß man ihm ein farbloses oder modisches Adjektiv anhängt. „Qualität“ kann sozusagen alles bedeuten, was mit den Vorzügen einer Ware zusammenhängt: Neuheit, Lebensdauer, Stabilität, Biegsamkeit, Härte, gediegenes Aussehen, leichtes Gewicht, Zweckmäßigkeit, hochwertige technische Konstruktion, Zuverlässigkeit usw. Verwenden Sie die zutreffende Bezeichnung und verzichten Sie auf das Wort „Qualität“.

Wieviel ist das Wort Qualität wert?

8. Auch Qualität wird subjektiv und objektiv empfunden. Motivforschungen haben viele Fälle aufgezeigt, wo absolut gleiche oder gleichwertige Produkte völlig verschieden vom Kunden beurteilt werden, oder bessere Produkte als weniger gut und umgekehrt empfunden wurden. Wenn das psychologische Bild des Unternehmens und des Verkäufers dem Kunden sympathisch ist, färbt sich diese Einstellung auch auf die Beurteilung der Qualität ab.

   Wie sieht Ihr Kunde Ihr Unternehmen, wie sieht er Sie, wie sieht er Ihre Leistungen, wie sieht er Ihre Produkte? Das sich daraus ergebende Urteilsklima färbt sich auch auf die Qualitätsbeurteilung ab.

Objektive und subjektive Qualität

9. Als Schlußfolgerung des vorher Gesagten: *Sprechen Sie vom Kunden, nicht von der Ware.* Reden Sie nicht zuviel davon, wie modern, nützlich und wirtschaftlich die Ware ist – sondern sagen Sie dem Kunden, wie modern, nützlich und wirtschaftlich *sie ihn „macht“*. Dann wird es viel leichter für Sie, seine Aufmerksamkeit zu gewinnen und ihn für die Ware zu interessieren. Hierdurch wird er selbst zum Mittelpunkt des Gespräches.

Argumentation vom Kunden her

10. Auf die *richtige Betonung* kommt es bei der Argumentation ebenso an wie auf die Wahl der richtigen Worte. Man spürt das sehr deutlich, wenn zwei Verkäufer die gleiche

Die Stimme und das Qualitätsargument

Ware mit den gleichen Argumenten anbieten – die Argumente klingen trotzdem ganz verschieden, weil sie ja jeder von beiden in seiner Art und aus seiner persönlichen Überzeugung heraus ausspricht, nuanciert und färbt. Unterschätzen Sie also Klang und Farbe des von Ihnen gesprochenen Wortes nicht: Es ist der Ton, der die Musik macht! Die Stimme kann ein vorzügliches Verkaufsinstrument sein.

„Eine gute Ware verkauft sich selbst"?

11. *Es ist nicht wahr, daß „eine gute Ware sich selbst verkauft"* – zumindest nicht bei normaler Marktlage. Die Güte der Ware ist vielmehr Voraussetzung jedes Verkaufserfolges. Eine energische und konstruktive Verkaufstätigkeit ist immer erforderlich, besonders natürlich, wenn eine Ware eingeführt werden soll; oder wenn mehrere vorzügliche Waren zur Auswahl stehen (die Entwicklung geht in diese Richtung). Geben Sie wichtigen mitverkaufenden Instanzen in ihrem Hause Gelegenheit, sich von dieser Erfahrungstatsache durch Verkaufsbesuche und Kontakte mit Kunden zu überzeugen. Vorher werden sie kaum daran glauben. Die Unterschätzung der Schwierigkeit der Verkaufsarbeit seitens der anderen, besonders der technischen Abteilungen („... bei der Güte unserer Produkte sollte das Verkaufen wirklich keine Kunst sein!"), führt zu unangenehmen Reibungen im Unternehmen. Haben Sie hiergegen schon etwas unternommen?

Und jetzt können Sie wohl die vier einleitenden Fragen beantworten und die fünf Verkaufsprobleme lösen?

Keine Ware wird auf Grund ihrer vortrefflichen Eigenschaften an sich gekauft, sondern um ein Bedürfnis zu befriedigen. Auch die Qualität der Ware muß man verkaufen können, wenn man Verkaufserfolge erzielen will. Aber erst verkauft man die Idee und die Zweckdienlichkeit.

KAPITEL VII

Ist ein hoher Preis ein unüberwindliches Verkaufshindernis?

KÖNNEN SIE DIESE VIER FRAGEN BEANTWORTEN?

❶ Welcher Zusammenhang besteht zwischen Kaufkraft und Kaufwunsch?

❷ Können Sie zehn preisverbilligende Momente für Ihre Ware nennen?

❸ Warum ist es meistens falsch, gleich zu Beginn des Verkaufsgesprächs den Preis einer Ware hervorzuheben, auch wenn er niedrig ist?

❹ Welche Umstände beeinflussen unsere Auffassung, ob eine Ware teuer oder billig ist?

KÖNNEN SIE DIESE FÜNF PROBLEME LÖSEN?

① *Zwei Zeitschriften bemühen sich um den gleichen Inserenten, ein Unternehmen, das landwirtschaftliche Maschinen verkauft. Die gleiche Anzeigenserie (in einheitlicher Größe und Wiederholungsfolge) soll in der Zeitschrift A, die eine Auflage von 10000 Exemplaren hat, 6000,– DM kosten, während die Zeitschrift B mit einer Auflage von etwas über 8000 Exemplaren 7000,– DM fordert. Der Zeitschrift B gelingt es, den Auftrag zu bekommen. Ist sie billiger? Wie sieht dasselbe Problem und seine Lösung in Ihrer Branche aus? Trifft es zu?*

② *Ein Unternehmen, das seit Jahren Drucksachen bei der Druckerei S. bestellt, holt für einen Katalogauftrag zur Frankfurter Messe das Kontrollangebot einer anderen Druckerei ein. Bei gleicher Lieferzeit und Ausführung ist diese Offerte 15 % billiger. Auf Anfrage erklärt die Druckerei S., daß sie nicht teurer sein will als die Konkurrenz, und senkt den Preis um 15 %. Daraufhin erhält sie den Auftrag. Dieser Fall wiederholt sich einige Monate später. Wieder ist die Druckerei S. bereit, in die Preise der Konkurrenz einzutreten. Wieder senkt sie den Preis um 15 %, nur bekommt sie diesmal und in Zukunft den Auftrag nicht mehr, sondern die Konkurrenz.*

Verstehen Sie die Einstellung des Kunden? Wie hätten Sie als Inhaber der Druckerei gehandelt?

③ *Herr Uhlsen, ein Verkäufer von Diktiergeräten, besucht einen Textilgroßhändler, der an dem Angebot nicht sonderlich interessiert ist. Im Laufe des Gesprächs weist der Kunde das Werbeschreiben einer konkurrierenden Firma vor. Nun glaubt Uhlsen, endlich den Anlaß des Kaufwiderstandes herausgefunden zu haben, zumal der Kunde erklärt: „Ihr Apparat ist viel zu teuer." Mit einem kleinen Triumphgefühl und großer Überzeugung beweist der Verkäufer sofort, daß sein Gerät im Gegenteil 5 % billiger ist als das konkurrierende. Aber das hilft anscheinend auch nicht; der Kunde „will sich die Sache mal überlegen". Und dabei bleibt es. Viel später erst begreift Uhlsen, welchen Fehler er im Zusammenhang mit der Preisfrage begangen hat. Wann haben Sie ihn zuletzt gemacht?*

④ *Ein Großhandelsunternehmen in der Konservenbranche bietet eine größere Partie Gemüsekonserven mit 25 % Preisnachlaß an. Eine Direktwerbung unterstützt dieses Angebot, von dem man sich einen großen Erfolg verspricht. Es gibt aber einen Fehlschlag: Der Absatz mit dem neuen Angebot erreicht kaum den normalen Verkauf, dem der alte Preis zugrunde lag.*

Stimmt hier irgend etwas nicht? Oder muß die Preispsychologie von einer anderen Seite betrachtet werden?

⑤ *In der Verkäuferbesprechung einer Büromöbelfirma versucht der Verkaufsleiter, bestimmte Richtlinien für eine geeignete Argumentation zu geben, und fordert mit Nachdruck eine zweckmäßigere Vorführung der Möbel und eine stärkere Variation der Qualitätsargumente, auf die jewei-*

lige Kundengattung zugeschnitten. Ein Verkäufer wendet ein, das Verkaufsgespräch würde dann allzu kompliziert werden. Es wäre viel besser, sich auf den vorteilhaften Preis zu konzentrieren, der seiner Meinung nach, trotz allem, der entscheidende Verkaufsfaktor sei. Seine eigenen Verkaufsresultate sind durchschnittlich.

Wie ist in Ihrer Firma die Einstellung zur Preisfrage? Wann ist ein hoher Preis ein unüberwindliches Verkaufshindernis? Was würden Sie im vorliegenden Problem als Verkaufsleiter dem Verkäufer antworten?

Zuerst sei festgestellt: Ein hoher Preis *kann* ein ernsthaftes Verkaufshindernis sein, und es gibt keine Methode, die zu einem Auftrag führt, wenn der *einzige Unterschied* zwischen zwei Angeboten ein auffallender Preisunterschied ist. Gleichwohl hat der Preis, vom Käufer her gesehen, unterschiedliche Bedeutung: Beim Verkauf reiner, in ihrer Güte standardisierter Produktionsmittel kann der Unterschied von einem Pfennig je Einheit für das Zustandekommen des Verkaufs ausschlaggebend sein, während bei Luxuswaren sogar wesentliche Preisunterschiede kein Verkaufshindernis darstellen. Der Verkäufer kann häufig viel dazu tun, damit sich der Kunde an einem vertretbaren hohen Preis nicht stößt, wenn er seine Beeinflussungschance ausnutzt, d. h. wenn er verkaufen kann.

Kaufkraft und Kaufverlangen

Man muß sich unbedingt darüber klar werden, daß Kaufkraft und Kaufwunsch nicht dasselbe sind. Das sollte man auch bei der Verkaufsplanung berücksichtigen. Besonders in Unternehmen mit abstrakter Marketingrichtung wird die Preispolitik in diesem Punkt nicht immer realistisch betrieben. Dort denkt man allzuoft in rein materialistischen Bahnen und bevorzugt für teurere Waren bei der Wahl des Kundenkreises ausschließlich die hohen Einkommensklassen. Gewiß, die totale Kauffähigkeit eines Menschen ist abhängig von seiner Kaufkraft, nicht aber deren Verteilung. Die Verteilung wird vom Kaufverlangen gesteuert. Ein Briefmarkensammler z. B. kann die Hälfte seines Einkommens für seltene Briefmarken ausgeben. Ein Arbeiter, der ständig an Migräne leidet, ist ein besserer Kunde für Kopfschmerztabletten als ein noch so vermögender gesunder Mensch. Leute mit großspurigem Lebensstil und gesellschaftlichen Minderwertigkeitskomplexen leisten sich ein Luxusleben, dessen Kosten in keinem Verhältnis zu ihren Einkünften stehen. Ein Industrieunternehmen mit einer Geschäftsleitung, die ein besonderes soziales Verantwortungsgefühl hat, kann unverhältnismäßig große Summen für Wohlfahrtseinrichtungen ausgeben. Ein hypermoderner Bürochef kann ein interessierter Käufer auch für aufwendige Neuheiten zur Vereinfachung und Mechanisierung der Büroarbeit sein. Ein übertrieben berufsstolzer Handwerker oder Fabrikant kann sich Geräte anschaffen wollen, die für seinen Betrieb zu teuer sind, um sich jemals zu rentieren.

Was bedeutet „sich etwas leisten können"?

Die Frage, wieweit eine Unternehmung oder eine Person „es sich leisten kann", eine gewisse Ware zu kaufen, kann meist so formuliert werden: *„Ist der Kunde gewillt, hierfür ein wirtschaftliches Opfer zu bringen oder auf einen anderen Wunsch zu verzichten?"* Und manchmal: „Kann der Kunde sich das Geld beschaffen, das er zu einem wichtigen Kauf benötigt?" Die Aufgabe des Verkäufers kann es sein, dem Kunden klarzumachen, daß er nicht *ohne* die ihm angebotene Ware auskommen kann. Oder, daß es billiger für ihn ist zu kaufen, als nicht zu kaufen.

„Teuer" und „billig"

Man darf ferner nicht vergessen, daß die Begriffe „teuer" und „billig" im höchsten Grade verschwommen, gefühlsbetont und individuell sind. Je mehr eine Ware einem vorherrschenden Verlangen des Käufers entspricht, desto billiger wird sie empfunden. Je mehr dagegen die Ware den Charakter eines „notwendigen Übels" hat, desto teurer erscheint sie.

Eine Wäscherechnung über 28,– DM kann „teurer" empfunden werden als Weißwandreifen (280,– DM pro Stück) für das Auto. Die Zahnarztrechnung über 75,– DM wird teurer empfunden als eine Geburtstagsfeier zum doppelten Preis, ein Kleiderschrank für 300,– DM als teurer als eine Filmkamera für 450,– DM. Die ersteren sind *„preisnegative"*, die letzteren *„preispositive"* Waren.

Das gilt beim Kauf vieler „erwünschter" (preispositiver) Waren wie z. B. für Sportgeräte, die Einrichtung eines Konferenzraumes, die Modernisierung einer Fabrikfassade, die Ferienreise, Festkleidung, arbeitsparende Maschinen, Schönheitsmittel, Repräsentationsgegenstände, Farbfernseher usw.

Ärgerlich (preisnegativ) für den Kunden sind meist Ausgaben für Reparaturen oder das Abstellen irgendwelcher Mängel. Dieser Ärger wird gemildert oder ausgeglichen, wenn der Verkäufer nachweisen kann, daß die Ware durch die Reparatur einen neuen Wert erhalten hat und die viel größere Ausgabe für eine Neuanschaffung erspart blieb (preispositiv gestalten).

Verkaufen Sie preispositive oder preisnegative Waren? Wenn preisnegativ, welche preispositiven Aspekte können Sie der Ware oder den Kaufbedingungen geben? Die Antwort hierauf kann entscheidend für Ihren Verkaufserfolg sein.

Was dem einen teuer vorkommt, kann den anderen billig anmuten. Der Berufseinkäufer eines Industrieunternehmens macht sich mehr Gedanken über die Kosten als der Techniker, der mit der neu anzuschaffenden Maschine arbeiten soll (weshalb es ja auch leichter ist, mit diesem über den Preis zu verhandeln).

Hat ein Kunde einen äußerst dringenden Bedarf an einer Ware, so spielt der Preis eine untergeordnete Rolle. Er kauft „Lieferung", nicht „Preis". Beim „Hamstern" z. B. ist dies ja auch der Fall. Je stärker eine Ware als ein „wirklicher Glücksfall" oder als eine „besondere Gelegenheit" empfunden wird, desto mehr verschwinden preisliche Bedenken.

Wiederverkäufer und Preis

Den Wiederverkäufer interessiert der Preis erst in zweiter Linie. Vorherrschend sind für ihn die Verdienstmöglichkeiten. Ein niedriger Preis ist für ihn nur dann interessant, wenn seine Verkaufsmöglichkeiten dadurch erhöht werden. Bei allzu niedrigen Preisen lohnt es sich für ihn vielleicht gar nicht, die Ware zu führen.

Besonders leicht führen starke Preissenkungen, wie wir sie im vierten Problem erlebten, beim Kunden zu erhöhtem Mißtrauen. Eine geringere Preissenkung kann weniger riskant sein.

Vier Grundregeln

In der praktischen Verkaufsarbeit wird die Preisfrage nach folgenden vier Richtlinien behandelt:

I. Finde den „richtigen" Preis!

II. Betone den Wunschcharakter der angebotenen Ware!

III. Richte die Gedanken des Kunden auf den Gegenwert, den er erhält!

IV. Stelle verkaufstaktisch den Preis richtig dar!

Die Preispolitik

I. Die Preispolitik selbst liegt ja meist nicht im Zuständigkeitsbereich des Verkäufers. Er kann sie aber häufig direkt oder indirekt beeinflussen. Der Verkäufer kann z. B. auf Grund seiner eingehenden Kenntnis des Kundenkreises auf eine Reihe von Umständen aufmerksam machen, die eine Ware unnötig verteuern. Eine Preissenkung ist natürlich auch durch eine Standardisierung der Warenauswahl oder der Ausführung zu erzielen. In vielen Branchen geht man dazu über, größere und regelmäßig eingehende Aufträge zu prämiieren, da sie die Planung, den Einkauf und die Fabrikation erleichtern oder verbilligen. Eine derartige Preisdifferenzierung gestattet auch dem guten Verkäufer, den Umsatz zu erhöhen. Die verschiedenen Sparmaßnahmen im Warenabsatz, die zu niedrigeren Preisen führen können, seien hier nicht berührt. Nur zwei Fragen seien gestellt:

a) Auf welchen prozentualen Anteil des Kundenkreises kommt der größte und lohnendste Teil des Umsatzes? Häufig zeigt es sich, daß ein Drittel der Kunden dreiviertel des Umsatzes einbringt. Viel Geld läßt sich sparen, wenn man seine Verkaufsanstrengungen und seine Preispolitik auf diesen Teil des Kundenkreises konzentriert. Haben Sie Ihren „natürlichen" Markt gefunden?

b) Wie lohnend sind Wiederbesuche? Einige Versicherungsleute z. B. haben ausgerechnet: Falls die dritte Vorsprache bei einem Kunden zu keinem Resultat führt, ist es lohnender, die Zeit für andere Kundenbesuche zu verwenden. Eine Nähmaschinenfabrik hat festgestellt, daß von 12 Aufträgen 5 beim 1., 4 beim 2. und je einer beim 3., 4. und 5. Wiederbesuch zustande kommen. Durch Verzicht auf Wiederbesuch 3–5 wurde Zeit für 6 Verkäufe geschaffen, mit entsprechender Senkung der Verkaufsunkosten. Andere haben entgegengesetzte Erfahrungen gemacht. Es kommt auf den Typ des Geschäftes an. In manchen Fällen kann die Anzahl der Wiederholungsbesuche fast unbegrenzt sein, in anderen Fällen lohnt sich kaum ein einziger Besuch. Der Verkauf am Telefon bietet auch eine echte Möglichkeit, Kosten zu senken. Derartige statistische Untersuchungen sind höchst wertvoll – nicht nur für das Unternehmen, sondern auch für den Verkäufer.

Was kostet ein Verkaufsbesuch?

Wo liegt bei Ihnen der kritische Punkt, wo sich Aufwand und Ergebnis in der Kostenkurve schneiden? Haben Sie genügend Verkäufer? Werden lohnende Kunden intensiv genug bearbeitet? Welche Aufwendungen können eingespart werden?

Geben Sie Ihren Verkäufern ein wertmäßig wettbewerbsfähiges Angebot und damit eine echte Verkaufschance? Geben Sie ihnen einen Anreiz, kalkulationsgerecht zu verkaufen, lohnende Geschäfte hereinzuholen?

Eine Einteilung der Kunden in Bedeutungsgruppen (z. B. A: Hauptkunden, B: gute Kunden, C: durchschnittliche Kunden, D: unbedeutende und E: unrentable Kunden) gestattet eine marktgerechte Besuchsplanung. Sie muß nur regelmäßig überprüft werden.

Der Preis und das Bedürfnis nach einer Ware

II. Der Unterschied zwischen einer „erwünschten“ Ware und einer, deren Anschaffung ein „notwendiges Übel“ darstellt, ist schon besprochen worden. Nicht nur durch die Form oder durch die Aufmachung (Verpackung) einer Ware kann das Begehren nach ihr verstärkt werden, sondern auch durch Betonung ihres Wunschcharakters in der Argumentation. Die Zahncreme hat z. B. die Entwicklung von „der täglichen Mundhygiene“ über „schönere Zähne, schöneres Lächeln“ zu „erhalten Sie Ihre Zähne“ durchgemacht. Der Besitzerstolz über das elegante Aussehen eines Wagens und Freude an der Geschwindigkeit, gekoppelt mit erhöhter Sicherheit, gibt dem Auto bei entsprechenden Kunden mehr Wunschempfinden als Qualität oder Zuverlässigkeit. Bequemlichkeit und Selbstgefühl – „Sie brauchen nur auf den Knopf zu drücken“ – können die Haussprechanlage mit Lautsprecher begehrenswerter machen als die rationellen Vorzüge der Einrichtung. Mit „Gewinne ein Sommerhäuschen“ verkauft man mehr Lotterielose als mit dem Vorschlag „Kaufe ein Los“. Die erste Fabrik am Ort zu sein, die eine Werkzeugmaschine allerneuesten Typs in Betrieb hat, kann eine größere Befriedigung geben als die Möglichkeit, ihre technische Leistung auszuwerten.

Der erfahrene Verkäufer betont in seiner Argumentation je nach Kunden den Wunschcharakter der Ware.

III. Der Verkäufer muß vor allem versuchen, die Gedanken des Kunden von den absoluten auf die *relativen* Kosten zu lenken, d. h. den Preis im Verhältnis zum Wert. Er spricht überhaupt möglichst nur vom Wert, den der Kunde durch den Kauf erhält, nicht vom Preis – und wenn vom Preis, immer nur im Zusammenhang mit dem Wert.

Der „relative" Preis

Zeigen Sie dem Kunden, was er für sein Geld bekommt! Das ist es, was dem Anzeigenverkäufer der Zeitschrift B im ersten Problem gelungen ist (durch Nachweis der Verbreitung in ausgesprochenen Interessentenkreisen).

Diese Taktik, den Kunden zum Nachdenken über den Gegenwert (den *relativen* Preis) zu bringen und nicht über die Ausgabe als solche (den absoluten Preis), kann entscheidend sein für den Verkaufserfolg.

Verkäufer mit Preiskomplex

Eine Voraussetzung für richtige Preisargumentation ist, daß der Verkäufer nicht selbst überempfindlich gegen den Preis ist; er darf keinen „Preiskomplex" haben. Er neigt sonst leicht dazu, durch seine ständige Beschäftigung mit dem Thema „Preis" (auch „niedriger Preis") die Gedanken des Kunden allzu früh und allzu eingehend auf die Preisfrage zu lenken. Verkäufer klagen manchmal darüber, daß ihre Kunden so sehr auf Mark und Pfennig sehen, vergessen aber dabei, daß sie selbst preisempfindlich sind und die Kunden unbewußt entsprechend suggestiv beeinflussen.

Eine zweckmäßige Art, den Kunden zu beeinflussen „preisrelativ" zu denken, besteht darin, den *gewinnbringenden, verlustvermeidenden* oder den *kostensparenden* Charakter der Ware hervorzuheben. Insbesondere beim Verkauf von Produktionsgütern oder industriellen Bedarfsartikeln kann der Verkäufer auf diese Weise seine Chancen erhöhen. Dazu benötigt er außerdem genaue Berechnungen und Beweismaterial.

14 preisverbilligende Faktoren

Um den gewinnbringenden, verlustvermeidenden oder kostensparenden Charakter einer Ware hervorzuheben, verfügt der Verkäufer über eine ganze Reihe von Argumenten (siehe auch Punkt 9). Das Argumentationsschema in Kapitel 18 enthält mehrere solcher Vorschläge, deren eingehendes Studium sich lohnt. Außer diesen und den schon genannten „preisverbilligenden“ Umständen können noch folgende erwähnt werden:

1. Die *Zahlungsweise.* Das Gefühl für den Preis wird z. B. von folgenden Umständen beeinflußt:

   a) günstige Zahlungsbedingungen;

   b) Kreditkauf mit späterer Bezahlung;

   c) Abzahlungskauf;

   d) bargeldlose Bezahlung (Scheck, Postscheck usw.). Es fällt leichter, Geld auszugeben, das auf einem Konto ruht, als Geldscheine aus der Brieftasche zu nehmen;

   e) genau spezifizierte Rechnungen. Damit der Kunde den Umfang und Wert einer Lieferung oder Reparatur versteht – bei Reparaturen sollten alle ausgeführten Arbeiten und das verbrauchte Material sowie der hierdurch erzielte, erhöhte Funktionswert genau aufgeführt werden;

   f) richtiger Zeitpunkt für Rechnungsversand und Fälligkeit. Senden Sie Rechnungen, solange dem Kunden der große Wert des Kaufes noch bewußt ist, d. h. *schnellstens* – eine gute Vorbeugungsmaßnahme gegen „faules“ Zahlen. Keine Rechnung verschicken zu geldknappen Terminen (wie Weihnachten oder Steuerfälligkeit). Dieser Ratschlag gilt natürlich hauptsächlich beim Verkauf von Gebrauchsgütern.

2. *Die Kaufgepflogenheit oder der Gewohnheitskauf.* Je häufiger eine Ware unter gleichen Bedingungen gekauft wird, desto weniger denkt der Kunde an den Preis. Hier spielt auch die *Einkaufsbequemlichkeit* eine Rolle. Allein dieser Umstand lohnt Pflege und Begünstigung von Stammkunden.

3. *Großzügigkeit in Kleinigkeiten.* Verlangen Sie keine Bezahlung für jede Kleinigkeit oder Änderung. Kleinlichkeit irritiert und macht den Kunden sofort preisempfindlich. Viele Kunden sind z. B. von gewissen Autofirmen oder Maschinenlieferanten verärgert worden, die Bezahlung für kleine Änderungen in Beträgen zwischen 5,– DM und 15,– DM forderten, wenn der Kunde gerade etwa 15 000,– oder 20 000,– DM für den neuen Wagen oder für eine

neue Maschine bezahlt hatte. Auf vielen Gebieten würde es sich lohnen, zu untersuchen, was diese Kleinrechnungen das Unternehmen eigentlich an Fakturierung, Versand, Kontrolle, Mahnungen, Buchführung, Steuerabgaben, Schreibarbeit usw. kosten. Man würde da oft feststellen, daß man ohne größeren Verlust großzügig sein und billige Ersatzteile z. B. einfach verschenken, unproduktive Arbeit einsparen und zugleich die Geschäftsfreundschaft festigen könnte. „Jede Rechnung kostet uns 6,50 DM", stellte eine elektrotechnische Fabrik fest und verlangt keine Bezahlung für geringfügige Beträge mehr, während ein Autounternehmen Ersatzteile unter 0,60 DM und Arbeiten unter einer halben Stunde verschenkt. Wo liegt bei Ihnen der Kostenpunkt, wo Sie ohne Verlust etwas verschenken und dankbare Kunden erwerben können?

Zusätzliche Kundendienstleistung empfindet der Kunde als preisvermindernde Zusatzleistung.

4. *Richtige Kundenbehandlung* (Kundendienst, Betreuung, Hilfsleistung) beeinflußt das Preisgefühl günstig. Der Kunde denkt weniger an den Preis, wenn er gern bei dem betreffenden Unternehmen kauft. Er ist in vielen Fällen sogar bereit, etwas mehr für diese Annehmlichkeit (Befriedigung von Geltungsbedürfnis und Sicherheit) zu bezahlen.

5. Beim Verkauf von Rohwaren oder anderen Produktionsgütern ist der *relative Anteil des Preises an den Totalkosten* des zu fertigenden Produktes von Bedeutung. Je kleiner er ist, desto weniger fällt der Preis ins Gewicht. Gleiches gilt für den relativen Kostenanteil an einem Budgetbetrag. Ein Betrag von z. B. 1000,– DM wird unterschiedlich empfunden, je nachdem er 3 % oder 15 % einer Totalausgabe ausmacht.

6. Je mehr aufwendige Arbeit, komplizierte Fertigung oder wertvolles Material zur Herstellung des Produktes benötigt wird, desto weniger fällt der Preis ins Gewicht. Rohwaren sind schwierige, komplizierte technische Geräte leichte Preisobjekte. Je *sichtbarer* die Leistung, je *zweckdienlicher* die Ware für die besondere Verwendung, desto geringer das

Preisempfinden. Jede Sonderanfertigung stärkt Ihre Preisverhandlungslage.

7. Wenn ein Verkäufer auf *eigene Initiative* einem Kunden einen „richtigen" Vorschlag unterbreitet, ist der Preisfaktor leichter zu behandeln, als wenn der Kunde Offerten einzieht (und natürlich vergleicht). Dies unterstreicht die Bedeutung der aktiven Verkaufstätigkeit (Akquisition). Je ungünstiger Ihr Angebot im Wettbewerb liegt, desto mehr solcher Initiativverkäufe und Kontakte mit Marginalkunden (d. h. am Rande liegende, vom Wettbewerb nicht oder nur wenig bearbeitete Kunden) benötigen Sie.

8. Die *Bedarfsdringlichkeit* spielt auch eine wichtige Rolle für das Preisgefühl. Je nötiger eine Ware gebraucht wird, desto weniger preisempfindlich ist der Kunde. Gleiches gilt bei einer Monopolstellung, bei der der Kunde auf Sie angewiesen ist (und dabei trotzdem zuvorkommend behandelt wird). Im extremen Fall kauft der Kunde dann weder Warengüte noch Preis, sondern Lieferung. Seien Sie stets über die Dringlichkeit des Bedarfs bei Ihren Kunden unterrichtet. Planen Sie auch Ihre Verkaufsbesuche in zeitlicher Hinsicht danach.

9. Die *Wertbeständigkeit* oder *Investition* (auch Möglichkeit der Wiederveräußerung) wird als Verminderung der Ausgabe empfunden (z. B. Geldanlage in Sachwerten oder Grundstücken, Gebrauchswert eines Wagens). Eine *Verlustvermeidung* durch einen Einkauf und eine *Einsparmöglichkeit* haben eine ähnliche Wirkung. „Hierdurch vermeiden Sie für weniger als 100,– DM das Risiko eines Produktionsausfalls für einen vielfachen Betrag und Sie brauchen nur 1/3 des normalen Schmieröls", lautet eine entsprechende Argumentation.

10. Das *Prestige* des Produktes oder der Einkaufsquelle (ein Schlips, in einem berühmten Laden der Avenue George V. in Paris gekauft, wird preiswerter empfunden als ein vergleichbarer aus einem Vorstadtladen, auch wenn er teurer war). Auch ein *Erfolgsprodukt* läßt einen höheren Preis vergessen. Eine Kombination von Punkt 8 und 10 ergab

seinerzeit den berühmten VW-Werbespruch: „Es lohnt sich, auf ihn zu warten."

11. *Sicherheit* (Garantie, Zuverlässigkeit) – ein preisverbilligender Faktor von immer größerer Bedeutung.

12. Ein *Pauschalpreis* anstatt Einzelposten.

13. Ein *„psychologischer Preis"* – im allgemeinen unter jeder Dezimalschwelle (99,– DM, 990,– DM usw.) sowie ein als „annehmbar" empfundener Preis.

14. Und dann selbstverständlich die *Leistung* und Vorzüge Ihres Angebotes (hierüber mehr unter IV). Fertigen Sie eine Liste *Ihrer* preisverbilligenden Faktoren an, die Sie im Verkaufsgespräch konsequent verwenden sollten. Das wird Ihnen Ihre Aufgabe erheblich erleichtern.

Erst Wert, dann Preis

IV. Erstes Gebot beim Preisthema im Verkaufsgespräch ist, den Preis nicht zu früh zu nennen. Ein Preis, auch ein günstiger, ist immer ein Opfer für den Kunden. Deshalb wird auf den Preis erst eingegangen, wenn beim Kunden ein Verlangen nach der Ware oder deren Idee entstanden ist. Umgekehrtes Vorgehen schreckt ab; der Preis selbst wird keinerlei Verlangen wecken. Das übersah der Verkäufer in einem der fünf Beispiele völlig. Je stärker das Verlangen, desto weniger fällt der Preis ins Gewicht. Wenn ein Kunde aus eigenem Antrieb eine Ware kaufen will und der Verkäufer nicht den üblichen Fehler begeht, zur Abgrenzung der Auswahl gleich nach der Preislage zu fragen, dann kann der Kunde sich sehr wohl für eine teurere Ware entscheiden, als er von vornherein beabsichtigt hatte.

Einige Ratschläge für die Preisargumentation

1. Wann ist der beste Augenblick, die Preisfrage anzuschneiden? Frühestens, wenn der Kunde selbst fragt. Die Frage des Kunden deutet in der Regel auf Interesse für das Angebot. Dieser positive Umstand sei auch dann nicht vergessen, wenn der Kunde den Preis eingehender diskutiert. Es kann aber auch passieren, daß der Verkäufer die Frage des Kunden nach dem Preis als verfrüht empfindet. Was soll er dann tun?

Er kann die Frage überhören, sie zurückstellen („darf ich gleich darauf zurückkommen") oder mit einer Gegenfrage („darf ich Sie in diesem Zusammenhang fragen, wie Sie...") die Initiative zurückgewinnen. Manchmal genügt auch die Antwort: „Das hängt davon ab (Ihren besonderen Wünschen, von der Ausführung, die Sie brauchen, oder davon, welche Ersparnisse Sie erzielen wollen)."

Besteht der Kunde auf sofortiger Auskunft, kann die Frage kaum länger unbeantwortet bleiben. Aber der Verkäufer kann sehr wohl antworten: „Den Preis muß man im Verhältnis zur Lebensdauer der Maschine sehen, die man mit .. Jahren berechnen kann. Bitte, berücksichtigen Sie auch, daß sie Ihnen täglich .. Stunden Arbeitskraft einspart. Die Ausgabe von 980 DM wird bei Ihnen in .. Monaten schon mehr als wettgemacht sein." Jetzt wird der Verkäufer nicht durch eine allzulange Pause oder durch ausführliche Preiserörterung den Kunden veranlassen, seine Gedanken nur auf den Preis zu konzentrieren; er wird vielmehr ruhig mit dem Verkaufsgespräch fortfahren.

2. Die hinhaltende Methode darf jedoch nicht in einer Weise angewendet werden, daß der Kunde schließlich annimmt, der Verkäufer müsse in bezug auf den Preis ein schlechtes Gewissen haben. Das mag ihn zum Preisdrücken ermutigen.

3. Begnügen Sie sich niemals damit, den Preis allein zu nennen, sondern setzen Sie ihn gleich ins Verhältnis zum Gegenwert, den der Kunde bekommt. Die richtige Folge ist Wertargument (eins oder mehrere) – Preis – Wertargument (eins oder mehrere, gern auch Wiederholung der erstgenannten).

Was bedeutet „zu teuer"?

4. Wenn der Kunde den Preis bemängelt und sagt, die Ware sei zu teuer, vergewissern Sie sich, was er wirklich damit meint. Sonst würden Sie, wie viele Verkäufer, aufs Geratewohl antworten. Fragen Sie z. B.: *„Zu teuer im Verhältnis wozu?"* Diese einfache, selten angewendete Gegenfrage kann Ihnen Aufträge retten. „Zu teuer" kann nämlich alles mögliche bedeuten. Die Ware kann beispielsweise zu teuer sein im Verhältnis zu

   a) den Mitteln des Kunden im allgemeinen,

   b) den Mitteln des Kunden im Augenblick,

c) den Mitteln, die der Kunde für diesen besonderen Kauf verfügbar hat,

d) dem, was der Kunde für diesen Kauf aufzuwenden gewillt ist,

e) dem, was nach Ansicht des Kunden eine derartige Ware kosten sollte,

f) Angeboten der Konkurrenz,

g) Ersatz- oder ähnlich gearteten Waren,

h) früheren Einkäufen, bewilligten Vergünstigungen oder zukünftigen Geschäftschancen.

Außerdem kann die Preisbeanstandung bedeuten:

i) einen Ausdruck chronischer oder routinemäßiger Preisbeanstandung,

k) einen Versuchsballon, um die Preisfestigkeit des Verkäufers zu prüfen,

l) eine Ausrede,

m) eine allgemeine Kaufunlust,

n) einen Versuch, den Verkäufer irrezuführen,

o) das Gefühl eines unfairen Ausnutzens einer Notlage, einer Mangelsituation, einer Monopolstellung usw. von seiten des Lieferanten.

Man kann unmöglich auf einen Preiseinwand vernünftig antworten, ohne zu untersuchen, was hinter der Äußerung des Kunden steckt. Jetzt werden Sie leicht verstehen, welchen Fehler der Verkäufer im dritten Beispiel begangen hat. Einige geschickte Fragen hätten ihn darüber aufgeklärt, daß der Einwand des Kunden nicht dem wahllos angenommenen Fall f) entsprach, und er hätte sich allmählich zur eigentlichen Ursache vortasten können.

14 Preiseinwände mit Beantwortung

Welche Möglichkeiten der Beantwortung stehen dem Verkäufer in den angeführten Fällen a) bis o) zur Verfügung?

a) Dieser Einwand ist selten aufrichtig; in der Regel meint der Kunde Fall b), c) oder d). Oder auch Fall n) ist der Grund. Besonders im Geschäftsleben ist der Kunde, der behauptet, „kein Geld zu haben“, häufig recht begütert. Wäre er wirklich finanziell schwach, würde er diese Situation nicht ausposaunen und damit weiter verschlechtern. Im allgemeinen ist er ganz einfach nicht gewillt, auf andere Käufe (oder seine Ersparnisse) zu verzichten. Sein Verlangen ist nicht geweckt – der Verkäufer hat wahrscheinlich die Idee seines Angebots nicht verkaufen können. Würde eine nähere Untersuchung ergeben, daß der Kunde wirklich nicht zu der Ausgabe imstande ist, so erscheint es ratsam, vom Angebot abzusehen, bis die Situation sich geändert hat.

b) Häufig helfen hier geeignete Zahlungsbedingungen (die der Kunde sich vielleicht geniert, zu verlangen). In manchen Fällen kann der Kauf von solcher Bedeutung für den Kunden sein, daß er Geld leihen oder sogar andere Werte veräußern wird (z. B. kann der Besitzer eines Fuhrgeschäftes, der einen abgenutzten Lastkraftwagen hat und einen neuen zur Aufrechterhaltung des Betriebes braucht, sich veranlaßt sehen, privaten Besitz zu verkaufen).

c) Diese Lage kann sich oft ergeben, wenn nur begrenzte Gelder zur Verfügung stehen. Dabei wird der Käufer aber häufig ein besonderes Entgegenkommen vom Lieferanten verlangen, weil er zukünftige Mittel in Anspruch nehmen muß, z. B. den Kauf erst bei Lieferung abzuschließen und die Zahlung auf einen geeigneten zukünftigen Zeitpunkt zu verschieben. Der Kunde kann manchmal dazu bewogen werden, einen Terminabschluß zu machen oder umzudisponieren, damit die veranschlagten Mittel ausreichen. Diese Verhandlungen müssen häufig mit anderen Instanzen zur Unterstützung weitergeführt werden.

d) Dieser Grund dürfte der vorherrschende sein; er besagt meistens, daß es dem Verkäufer nicht geglückt ist, ein genügend starkes Verlangen beim Kunden zu wecken (siehe auch unter a) und Kapitel 15).

Den Preis verkaufen können

e) Hier sollte man nicht an konkreten sachlichen Aufschlüssen sparen. Kunden haben oft ganz falsche Vorstellungen davon, welcher Preis für eine Ware als angemessen anzusehen ist. Die Herstellungskosten – nicht zuletzt bei „einfachen“ Waren, Dienstleistungen oder Massenartikeln – werden häufig unterschätzt. In diesem Fall muß der Verkäufer die Qualität der Ware „verkaufen“ können. Auch ein sachlich aufklärender Werbefeldzug kann angebracht sein, um Kunden zu „wertbewußtem“ Denken zu bewegen.

Richtige Preisbegründung

f) Der Verkäufer wird entweder untersuchen müssen, warum der Vergleich des Kunden fehlerhaft ist, oder den Anlaß für den höheren Preis zu erläutern haben. Waren oder das Angebot in seinem Gesamtumfang können verschieden sein, auch wenn sie dem Kunden ähnlich vorkommen. Der Kunde kann sich in gutem Glauben wähnen, ohne recht zu haben. Diese Aufklärung sollte sehr vorsichtig geschehen, und oft kann es ratsam sein, ihn verstehen zu lassen, daß man vor der Antwort erst die gemachten Angaben näher untersuchen will. Nichts hindert den Verkäufer, inzwischen mit anderen Punkten seiner Argumentation fortzufahren.

Die Erläuterung eines höheren Preises kann jedoch nur dann den Verkauf fördern, wenn gleichzeitig damit Vorteile für den Kunden verbunden sind. Hinweise darauf, daß die Firma X größer (oder kleiner) sei und niedrigere Unkosten habe, sind bereits eine Kapitulation. Liegt der Preis höher als beim Konkurrenten, so dürfte man gezwungen sein, entweder entsprechende Vorteile anzubieten, den Preis zu ändern oder auf den Verkauf zu verzichten. Da hilft auch keine Verkaufstechnik.

In vielen Fällen werden Sie *alle* Zusatzvorteile Ihres Angebots (im Sinne der Leistung Ihres Unternehmens, wie technische Beratung, Forschung, Kundendienst, Programmbreite, Eintauschmöglichkeiten usw.) heranziehen, um zu zeigen, daß es in seiner Totalität doch „billiger“ ist. Sie verkaufen das *Gesamtangebot.*

g) Wenn der Kunde eine billigere Ersatzware kaufen oder eine unmoderne Maschine im Betrieb behalten will, muß man versuchen, das Verlangen des Kunden zu steigern: Man vergleicht die beiden Möglichkeiten in extremen Auswirkungen (damit die Gegensätze hervortreten) und unterstreicht so die Vorteile des Kaufes.

Besondere Begünstigungswünsche

h) Dies ist einfach ein Versuch, den Preis zu drücken und bevorzugt behandelt zu werden. Wenn es nicht möglich ist, die Preisbeanstandung zu überhören, kann der Verkäufer entweder begründen, weshalb die Offerte sehr vorteilhaft ist und schon eine Begünstigung darstellt, oder dem Kunden andere Vorteile anbieten: kostenloser Kundendienst, schnelle Lieferung usw. Lassen Sie sich nicht in eine Lage hineinmanövrieren, in der der Kunde feststellt, wie dankbar *Sie ihm* für einen etwaigen Kaufentschluß sein müssen. Beweisen Sie ihm vielmehr, daß er ganz und gar zu seinem eigenen Vorteil bei Ihnen kauft. Decken Sie das Verhältnis zwischen Bedingungen, Preis und Vorteilen des Angebots auf.

Chronische Preisdrücker

i) Diese Kunden (meistens Berufseinkäufer) erkennt man bald. Für sie ist alles zu teuer! Es gehört einfach zu ihren Spielregeln, immer den Preis zu beanstanden. Der Verkäufer tut gut daran, einen solchen Einwand zu ignorieren und das Gespräch auf die Vorteile der Ware zu konzentrieren. Wenn man Serienprodukte oder wenn man mit Hilfe von Musterkollektionen verkauft, kann man zuerst eine teure Ware anbieten, um dem Kunden Gelegenheit zu geben, seinen Preiseinwand abzureagieren; danach erscheint ihm eine billigere Ware günstiger. Vor allem: Vermeiden Sie Diskussionen und zeigen Sie keine moralische Entrüstung!

k) Dies entspricht oft der Situation h). Falls es nur ein Versuchsballon ist, entscheidet in diesem Augenblick die höfliche, aber feste Haltung des Verkäufers, inwieweit der Kunde sich zu weiteren Versuchen ermuntert fühlt. Auch hier, wie in vielen anderen Fällen, ist es wichtig, das Gespräch energisch auf die Vorteile des Angebots zu lenken, um die Preisfrage weitestgehend zurückzudrängen. Bei Standardwaren (außer bei traditionell preisschwankenden Produkten, die von der jeweiligen Marktlage preislich beeinflußt werden) spielt das Preishandeln keine ins Gewicht fallende Rolle, wohl aber bei Spezialwaren oder „nach Maß bestellten“ Erzeugnissen, bei denen der Preis eine jeweilige Berechnungs-, Beurteilungs- oder Ermessensfrage ist. Hier kann der Verkäufer leichter zu Zugeständnissen verführt werden, wobei jedesmal die Gefahr entsteht, daß Preisnachlässe verbindlich oder richtungweisend für zukünftige Käufe werden. Es ist eine Illusion, zu glauben, daß man ein einmaliges Zugeständnis beim Kunden durchsetzen kann – im Gegenteil, es ist der Anfang einer immer steiler werdenden Preisabfahrt.

12 Gründe für Preisdrücken

Bei ernsthaften, häufig wiederkehrenden Preisverhandlungen dieser Art untersuchen Sie das echte Motiv des Preisdrückers. Durch Befragungen Hunderter von Verkäufern bei Verkaufsseminaren in aller Welt wurden folgende 12 Gründe klargelegt:

1. der Kunde will billiger kaufen (der natürlichste Grund),
2. er will billiger kaufen als seine Mitbewerber oder andere Kunden,
3. er will den Verkäufer in der Verhandlung besiegen, seine Tüchtigkeit beweisen,
4. er benutzt diese Taktik, um andere Verhandlungsziele zu erreichen,
5. er will seine Leistung gegenüber seinen Auftraggebern unterstreichen,
6. er hat Angst, übervorteilt zu werden,
7. er empfindet einen Nachlaß als ein Zeichen von Wertschätzung (Geltungssymbol),
8. er weiß aus Erfahrung, daß Preishandeln sich lohnt, oder merkt das mangelnde „Stehvermögen" des Verkäufers,
9. er empfindet ein mangelndes Wertgefühl für das Angebot („soviel ist es nicht wert"),
10. er möchte den *echten* Preis herausfinden,
11. er möchte bei anderen Lieferanten günstiger kaufen (also ein Verhandlungsmittel gegenüber Dritten),
12. verbirgt andere, wichtige Widerstände (die nicht direkt mit dem Preis zusammenhängen).

Es ist klar, daß der Verkäufer, der bei diesen Preisverhandlungen erfolgreich sein will, erst einmal analysieren muß, welcher dieser Gründe (oder welche Kombination von Gründen) hinter der Verhandlungstaktik des Kunden steckt.

Hier haben Sie ein Thema für Ihre nächsten Verkaufsbesprechungen, Instruktionskurse oder auch Besprechungen mit Kollegen!

Nachgeben? Wie?

Nachgeben – wenn es geduldet werden muß – ist günstiger, falls sich dadurch ein größerer oder für Sie besserer Auftrag oder mehrere Aufträge ergeben sollten. Der Preis ist ja ein guter Regulator, Aufträge lohnender zu gestalten, z. B. dadurch, daß der Kunde mehr kauft, sich an eine Standardausführung hält, eine ganze Serie bestellt, eine längere Lieferzeit annimmt usw. Wenn Sie Bedingungen an einen Preisnachlaß knüpfen, geben Sie nicht direkt nach und vermeiden dadurch für die Zukunft verbindliche Abmachungen, die der Kunde später ausnutzen kann. Es ist häufig ein Vorteil, daß Sie solche Fälle nicht selbst entscheiden, sondern Ihrer Verkaufsleitung zur verbindlichen Bestätigung unterbreiten.

Glauben Sie ja nicht, daß ein Nachgeben im Preis den Kunden immer glücklich macht! Auf der einen Seite kann man mit gewissen Vorbehalten sagen, daß ein Kunde durch einen unbedeutenden Preisnachlaß manchmal leicht zufriedenzustellen ist; denn es gibt Kunden, für die nicht die Höhe der Preissenkung wichtig ist, sondern die Genugtuung, den Preis gedrückt zu haben. Für viele Einkäufer ist der Erfolg beim Aushandeln des Preises ein Wertmesser der eigenen Einkaufsgeschicklichkeit.

Festbleiben können

Andererseits werden den Kunden folgende Überlegungen beunruhigen: Wer hat noch günstiger gekauft? Hätte ich nicht noch mehr herausholen können? Habe ich nicht früher immer zuviel bezahlt? Wo liegt der echte Preis? Wann, wo und wie holt sich der Lieferant den Ausgleich für den entgangenen Gewinn?

Es gibt Unternehmen, die unbeirrt hart bleiben in Preisfragen und nie nachgeben, auch im härtesten Konkurrenzkampf nicht. Sie verlieren hier und da mal einen Auftrag, aber sie setzen sich durch und verschaffen sich und ihrer Leistung Respekt bei ihren Kunden.

Ohne feste Preispolitik kommt kein Unternehmen auf die Dauer aus. Man gerät dann von der einen Schwierigkeit in die andere.

Verkäufer sind nicht immer reaktionsstabile Menschen. Werden sie von dem Kunden preislich mal etwas angestoßen, sind viele schnell überzeugt, daß nur ein Preisnachlaß ihre Marktposition retten kann. Wenn es nach ihnen ginge, müßten alle sechs Monate die Preise herabgesetzt werden. Sie resignieren mit der Feststellung, daß ihre Kunden eben „nur Preise kaufen", glauben nicht mehr an die qualitativen Vorzüge ihres Angebots, sehen überall geschickte Preisnachlässe der Konkurrenz und rechtfertigen so eigene Fehler.

Es ist Aufgabe einer *guten* (eine andere kann es nicht) Verkaufsleitung, diesem Defaitismus energisch und *überzeugend* (gegebenenfalls durch eigenes Beispiel) entgegenzutreten. Machen Sie Ihre Verkäufer „hart im Nehmen" – sonst bekommen Sie lauter „Preisverkäufer", die preisempfindlicher sind als Kunden und natürlich bei Preisgesprächen verlieren.

Ausreden

l) Ausflüchte sollten ignoriert werden. Je mehr das Gespräch bei einer Preisbeanstandung, die sich als Ausrede erweist, aufgehalten wird, desto mehr verschwindet die Verkaufschance. Versuchen Sie in solchen Fällen zunächst herauszufinden, welcher andere Kaufwiderstand sich hinter der Ausrede verbirgt.

Aus einem Verkaufsgespräch wird sonst ein unechtes Preisgespräch, das sogar nach und nach ein unangenehm echter Widerstand werden kann (denn der Kunde muß ja eine ernst aufgefaßte Ausrede als echten Einwand verteidigen).

m) Allgemeine Kaufunlust ist die Folge von Unvermögen des Verkäufers (oder des Angebotes), ein Verlangen des Kunden zu wecken; in einem derartigen Falle *erscheint jeder Preis zu hoch.*

n) Die Preisbeanstandung wird, ähnlich wie bei l), vorgebracht, um irgendeinen anderen Einwand zu verbergen. Hier muß der Verkäufer Absicht und Ziel der Irreführung kennenlernen. Sonst hat er auch nicht die geringste Chance, diesen Auftrag zu bekommen. Kein Einwand fällt dem Kunden leichter als der Preiseinwand. Dahinter verbergen sich häufig echte andere Widerstände, die entdeckt werden müssen.

o) Vor allem müssen Verkäufer und Unternehmen darauf bedacht sein, zu beweisen, daß der Kunde keinesfalls in unfairer Weise ausgenutzt wird. Hier hilft nur ein offenes Gespräch.

Diese summarischen Hinweise werden durch Ausführungen unter den Punkten 5–12 vervollständigt.

Wann muß ein Preis begründet werden?

5. Oft genügt es nicht, nur den Preis zu erläutern: Der Verkäufer muß (auch wenn er nicht darum gebeten wird) für die Höhe des Preises eine Begründung geben. Wann? Vor allem, wenn der Preis den Kunden bedeutend höher oder bedeutend niedriger anmutet, als er es erwartet hat. Es ist gewiß nicht schwer zu verstehen, daß der Preis einer teureren Ware begründet werden muß. Gleiches gilt aber auch für besonders niedrige Preise. Der Kunde muß das sichere Gefühl bekommen, daß es sich trotz des niedrigen Preises um ein vollwertiges Angebot handelt. Starke Preisherabsetzungen deutet ein Kunde leicht als ein Zeichen von Absatzschwierigkeiten oder Mängeln an der Ware. Im vierten Beispiel wäre es deshalb vielleicht besser gewesen, den Preis um z. B. 10% herabzusetzen, die Kunden über den Anlaß des Preisnachlasses aufzuklären und eine Garantie – z. B. in Form von Rückgaberecht – anzubieten.

   Es hat Fälle in der Praxis gegeben, wo eine wirkliche Nachfrage erst nach einer bedeutenden *Preiserhöhung* (verbunden mit z. B. einer Veränderung der Ware oder der Verpackung) einsetzte.

Preistaktische Methoden

6. Benutzen Sie, wo möglich, folgende preistaktische Hilfsmittel:

   Stellen Sie Ihr Angebot preislich auf kleinere Mengen ab! Gewisse Waren werden im allgemeinen in größeren Gewichtsmengen, z. B. je Tonne, abgegeben. Viele Verbraucher kaufen jedoch kleinere Mengen, z. B. 80 oder 90 kg. Hier wird ein guter Verkaufspsychologe 180,– DM je 100 kg (oder 1,80 DM je 1 kg) anbieten, denn den Kleinverbraucher erschreckt dieser Preis nicht so wie der Preis für die Tonne (1800,– DM). Ein Stückpreis kann leichter zum Abschluß führen als ein Preis pro Dutzend. Wenn Sie in ein Geschäft gehen und fragen, was der beste Kaffee kostet, so klingt es „billiger“, wenn der Verkäufer sagt: „Das Viertelpfund 4,– DM“ als „32,– DM für das Kilo“.

Die kleinste Einheit

Amerikanische und auch die meisten europäischen Groß-exporteure notieren gewisse Chemikalien durchgehend in Pence per Pound (453 g), obwohl die Ware nicht anders als in ganzen Waggons, die 20 Tonnen entsprechen, verkauft wird. Eine solche Preisliste macht zweifellos auf den ersten Blick einen vorteilhafteren Eindruck als der Dollarpreis pro Tonne oder gar pro Waggon.

Ein Holzkäufer würde zweifellos im ersten Augenblick angenehmer berührt werden von einer schwedischen Offerte für Eiche, die in Kubikfuß notiert wird, als von einem französischen Angebot in Kubikmetern, das bei gleichem Preis einen Offertenbetrag aufweist, der etwa dreieinhalbmal höher liegt.

Scandinavian Airlines System inseriert: „Nur 32 Öre pro Kilometer kostet Ihr Flug auf den innerschwedischen Linien“; ein Rasiercremehersteller argumentiert „weniger als 1,5 Pfennig pro Rasur“; eine deutsche elektrotechnische Fabrik für Duschanlagen: „15 Pfennig pro Duschbad“; eine Lackfabrik: „0,13 Pfennig Mehrkosten pro m^2“; eine Baggerfirma: „Nur 32 Pfennig pro Kubikmeter gebaggerte Masse kostet Sie der Raupenbagger“; und die Londoner U-Bahn: „20 Pence das Plakat, von 2 Millionen Reisenden gesehen.“

Können Sie ähnlich *kundengerecht* argumentieren? Ja? Haben Sie es bisher getan? Nein? Warum nicht?

Preisvergleich

7. *Die Vergleichsmethode.* Eine teure Ware wird „billiger“ empfunden, wenn sie mit einer Ware verglichen wird, die bedeutend teurer ist. Und die teuerste Einheit einer Warengruppe wird immer als „ganz besonders teuer“ empfunden (unabhängig vom Preis an sich). Deshalb sollte man immer stark kontrastierendes Vergleichsmaterial (bedeutend teurere oder bedeutend billigere Produkte oder Lösungen) zur Hand haben.

Vergleichende Vorführung

8. *Die Demonstrationsmethode.* Wenn der Preis einer Ware besonders erdrückend auf den Kunden wirkt, kann der

Verkäufer ihre Vorteile durch eine vergleichende Vorführung anschaulich machen.

So hatte z. B. eine Werkzeugfabrik anfänglich Schwierigkeiten, ihre neuen hydraulischen Wagenheber zu verkaufen. Als man aber jeden zweifelnden Kunden praktisch ausprobieren ließ, ein Auto mit einem gewöhnlichen Wagenheber zu heben und danach mit dem neuen Modell, verschwand der Widerstand gegen den höheren Preis.

Was wiegt einen höheren Preis auf?

9. *Die Kompensationsmethode.* Stellen Sie alle Gegenwertfaktoren ins helle Rampenlicht, die einen höheren Preis mehr als aufwiegen! Es ist eine gute und oft die einzig mögliche Methode, wenn eine Ware wirklich teuer ist oder eine Auseinandersetzung über den Preis entsteht, die in einer Sackgasse zu enden droht. Kein Verkäufer darf wortlos dastehen, wenn ein Kunde einen hohen Preis bemängelt. Wenn er die Ursachen der Beanstandung richtig geklärt hat, muß er auch alle ausgleichenden Wertvorteile hervorheben können (siehe Argumentationsschema in Kapitel 18).

Preisunterschied bagatellisieren

10. *Die Bagatellisierungsmethode* ist bei verhältnismäßig unbedeutenden Preisunterschieden konkurrierender Waren angebracht. „Was spielen diese 100,– DM bei einer Lieferung von 10000 Broschüren für eine Rolle? – Das ist doch nur ein Pfennig je Exemplar, und dafür bekommen Sie, wie Sie wissen, einen hochwertigen, sauberen Druck, der Ihres Hauses würdig ist und Ihr Ansehen fördert. Zudem liefern wir Ihnen alles, wie immer, termingerecht.“ Dieses Argument hat einem Druckereivertreter geholfen, einen Auftrag zu sichern.

Kostenaufteilung

11. *Die Aufteilungsmethode.* Eine andere brauchbare Methode besteht darin, die Kosten auf die ganze Nutzungszeit zu verteilen. Bei einem Staubsaugerverkauf: „Dieses Modell kostet 360,– DM. Der Staubsauger ist so gut, daß Sie ihn mehr als zehn Jahre benutzen können. Wenn wir aber nur zehn Jahre zugrunde legen, zahlen Sie im Jahr 36,– DM und im Monat 3,– DM –, also nicht einmal 10 Pfennig pro Tag! Zehn Pfennig pro Tag sind doch wohl keine große Ausgabe bei der Arbeit und Zeit, die Sie sparen. Dazu die Annehmlichkeit dieses handlichen Geräts – – –“ usw.

Oder (Kunde): „Das ist viel Geld, 750,– DM für eine solche Maschine." – „Nicht übermäßig, wenn Sie bedenken, daß Sie nur 75 Pfennig täglich dafür bezahlen. Die Maschine macht sich in .. Jahren bezahlt, nach fünf Jahren ist sie amortisiert." – „Das Gerät kostet Sie gar nichts! Es bezahlt sich selbst innerhalb von drei Jahren durch eingesparte Arbeitslöhne", argumentiert eine Baugerätefirma. Und eine Schweizer Reinigungsmittelfabrik: „1600 Teller zaubern Sie mit diesem Paket glänzend sauber."

Die Gleichnismethode

12. *Die Gleichnismethode* ist ein Vergleich mit sich wiederholenden Kleinausgaben. Man vergleicht z. B. den Preis mit einer geringfügigen (aber durch regelmäßige Wiederholung sich häufenden) Ausgabe, die der Kunde im Berufs- oder Privatleben hat. Daß dabei große Summen herausspringen, ist dem Kunden meist nicht bewußt. „Sie bezahlen jeden Tag doch wenigstens 100,– DM für die Säuberung Ihrer Fabrikräume und Büros, nicht wahr? Das sind 2500,– DM im Monat und annähernd 30 000,– DM im Jahr. Im Vergleich dazu ist eine einmalige Ausgabe von 21 000,– DM für eine komplette Lüftungsanlage mit einer jahrzehntelangen Lebensdauer ein bescheidener Betrag, nicht wahr?"

Ein geschickter Radioverkäufer berichtet, daß er viele schwankende Kunden dadurch zum Kauf bewegen kann, daß er nachweist, der Radioapparat koste nicht mehr Geld, als der Kunde für Zigaretten oder Autobusfahrten innerhalb einer bestimmten Zeit ausgibt. Eine schwedische Zeitung annonciert: „1½ Zigaretten – Dagens Nyheter im Briefkasten – der gleiche Preis", und eine schwedische Knäckebrotfabrik: „Was bekommt man für fünf Öre? Kaum einen Knopf, aber eine Scheibe Knäckebrot." Und ein österreichischer Verkäufer von elektrischen Arbeitsgeräten: „x Groschen sind die Stromkosten pro Tag, weniger als eine Schachtel Streichhölzer."

Eine andere Abart: „Gewiß sind 36 000,– DM für eine Anlage viel Geld, es sind jedoch nicht mehr als 300,– DM pro Monat in zehn Jahren. Aber nun wollen wir einmal rechnen, wieviel Geld Sie *verlieren,* wenn Sie die alte Anlage behalten, deren Leistung doch nur 75 % der neuen beträgt. Ich glaube, das wird teuer. So sieht die Kalkulation jedenfalls aus ...“

Jede sachgerechte und psychologisch geschickte Preisargumentation setzt eine gründliche Kenntnis des Angebots voraus. Ebenso eine Kenntnis der Kaufgepflogenheiten oder Einkaufspolitik des Kunden. Bei der Preisbehandlung müssen Sie völlig sattelfest sein; sonst wird Ihnen vielleicht nicht der Preis, sondern Ihre Handhabung der Preisfrage zum Verhängnis.

Es gibt zwar noch mehr Möglichkeiten, Preisprobleme zu klären. Dabei dürfte es sich aber um Kombinationen oder Abwandlungen der hier beschriebenen Methoden handeln. Wenn die Ware, die Sie verkaufen, wirklich einem Bedarf entspricht und konkurrenzfähig ist und Sie die hier aufgezeigten Methoden beherrschen, besteht für Sie kein Anlaß zur Sorge, wenn die Preisfrage aufgeworfen wird.

Und jetzt können Sie wohl die vier einleitenden Fragen beantworten und die fünf Verkaufsprobleme lösen?

Nennen Sie den Preis zum richtigen Zeitpunkt. Setzen Sie ihn immer ins Verhältnis zum Gegenwert, den der Kunde bekommt! Und hüten Sie sich vor Preisempfindlichkeit!

KAPITEL VIII

Muß der Verkäufer an etwas glauben?

KÖNNEN SIE DIESE VIER FRAGEN BEANTWORTEN?

❶ Haben gute Verkäufer Schwächeperioden? Wie kann die Verkaufsleitung dem Verkäufer helfen, eine solche Lage zu überwinden?

❷ Was kann einen Spitzenverkäufer *einer* Branche hindern, auch in einer anderen Erfolg zu haben, selbst wenn er die notwendigen Waren- und Branchenkenntnisse erworben hat?

❸ Wie wirkt sich das Ansehen des Verkäuferberufs auf die Verkaufstätigkeit aus?

❹ Was bedeutet es, den Verkäufer Meier an Herrn Meier, den Verkäufer, „zu verkaufen"?

KÖNNEN SIE DIESE FÜNF PROBLEME LÖSEN?

① *Herr Becker verkauft Farben und Lacke. Er besucht die Großhändler und die größten Einzelhändler nun schon annähernd zehn Jahre. Becker ist der Spitzenverkäufer seiner Firma, der oft bewiesen hat, daß er verkaufstechnisch erfahren ist und seinen Kundenkreis kennt. Um so mehr wundert es den Verkaufsleiter, daß Beckers Verkaufsergebnisse plötzlich nachlassen und der letzte Halbjahresabsatz stark gesunken ist. Becker kann sich diese Entwicklung selbst nicht erklären. Er fühlt sich zwar gesundheitlich nicht so ganz auf der Höhe; aber das ist nichts Neues ... Er meint aber, daß er sich trotzdem oder deshalb mehr anstrengt als bisher ... Allerdings, die Konkurrenz ist wesentlich aktiver geworden ... Welche Ursachen können für das Nachlassen verantwortlich sein? Welche Maßnahmen würden Sie als Verkaufsleiter ergreifen?*

② *„Es gibt nur einen Weg, unseren sinkenden Umsatz zu erhöhen", erklärt der Verkaufsdirektor, „und der ist, die Verkäufer zu zwingen, an Stelle von sechs Kundenbesuchen täglich acht oder neun zu machen. Dann erzielen sie auch entsprechend bessere Umsätze. Verkäufer sind ganz besondere Menschen. Mit schönen Worten an ihr Pflichtgefühl zu appellieren genügt nicht. Verkaufen ist ein hartes Spiel, das harte Methoden erfordert. Wer die Ärmel nicht aufkrempeln kann, sollte sich einen anderen Beruf suchen. Es gibt andere und schönere Beschäftigungen ..."*

Welche Ansicht haben Sie zu dieser Einstellung?

③ *Der neue Verkäufer in der Eisengroßhandlung, Wächter, kommt sehr gut voran. Obwohl nur 23 Jahre alt, hat er sich zum besten Verkäufer der Abteilung für Sport- und Wanderausrüstungen sowie Angelgeräte entwickelt. Eine erstaunliche Leistung, denn er ist Neuling im Warenverkauf. In seiner Freizeit leitet er einen Sportklub. Irgendwelche „Kniffe" beherrscht er nicht, er wirkt sogar in mancher Beziehung noch recht „jung", und dennoch erzielt er gute Erfolge. Und außerdem macht ihm die Arbeit Spaß.*

Wie erklären Sie sich Wächters Erfolge?

④ *Die Firma hat ihren Verkaufsleiter gewechselt. Der neue Mann ist Volkswirtschaftler, sehr bewandert und intelligent. Er versteht mehr von der Branche als sein Vorgänger. In fast jeder Beziehung „liegt er eine Klasse darüber". Aber der Verkauf geht zurück. Die Verkäufer finden zum neuen Chef kein rechtes Verhältnis und sagen, ihm „fehle etwas"; aber dieses „etwas" können sie nicht klar ausdrücken.*

Können Sie es?

⑤ *Heute ist es dem Versicherungsvertreter Weber schlecht ergangen. Er hat damit gerechnet, bei Großschlächter Kandler, bei Oberbuchhalter Queitsch und dem jungverheirateten Ehepaar Geißler je eine Versicherung abschließen zu können. Aber der Großschlächter hat sich schon durch einen Neffen versichern lassen, dem Oberbuchhalter ist ein Todesfall in der Familie dazwischengekommen, der finanziell stark beengt, und Ehepaar Geißler hat gerade eine er-*

schreckende Zahl auf dem Steuerbescheid gesehen. Weber macht dennoch pflichtgetreu drei weitere, aber erfolglose Besuche. Nun stehen noch zwei Besuche auf seinem Arbeitsprogramm. Soll er Witwe Lütge und Oberingenieur Hamann noch aufsuchen? Darüber ist er sehr im Zweifel. Das Pflichtgefühl gebietet zwar, die Arbeit fortzusetzen. Schließlich aber gibt er auf. „Heute ist ein schlechter Tag. Was hat es da für einen Sinn, Besuche zu machen? Es wird doch keiner sagen: ‚Ach wie gut, daß Sie kommen, gerade wollte ich bei Ihnen anläuten!' Heute bringe ich nichts mehr zustande, eher verderbe ich mir meine Aussichten. Ich arbeite lieber meine Kartei auf, die hat es nötig ..."

Was meinen Sie dazu?

„Verkaufs-kanonen" jetzt und früher

In früheren Zeiten herrschte die Auffassung vor, daß eine „Verkaufskanone" ein Mann sei, der mit allen möglichen Zauberkniffen und aggressiver Überrumpelung Erfolg auf Erfolg einheimst. Damals kam man noch nicht auf die Idee, daß der Verkäufer von seiner Sache durchdrungen sein und an sie glauben muß, wenn er Erfolg haben will. Harte Verkaufskanonen waren Trumpf, die nicht gleich die Flinte ins Korn warfen, sondern in der Lage waren, „Kunden abzuschießen". Heute erleben Verkaufsleiter immer wieder, daß neu engagierte Spitzenverkäufer aus anderen Branchen oft weit davon entfernt sind, das zu halten, was man sich von ihnen versprochen hat. In einigen wenigen Fällen fehlen Waren- und Branchenkenntnisse. Was aber kann die Ursache in allen anderen Fällen sein? Es ist eben nicht ohne weiteres so, daß der verkaufstechnisch geschickteste Verkäufer stets auch den größten Erfolg hat. Weshalb auch sollte es so sein? Im Fußballspiel ist der beste Balltechniker ja ebenfalls nicht immer der erfolgreichste Spieler.

Die Voraussetzung, andere überzeugen zu können

Als Verkäufer müssen Sie Ihre Kunden *überzeugen* können! Dafür ist unerläßliche Voraussetzung, *daß Sie selbst von der Sache überzeugt sind, die Sie vertreten.* Deshalb gründet sich jede Verkaufstätigkeit auf eine dreifache Forderung. Der Verkäufer muß glauben: 1. an sein Unternehmen, 2. an sich selbst, den Verkäufer, und 3. an seine Ware. Das ist das sogenannte UVW-Dreieck.

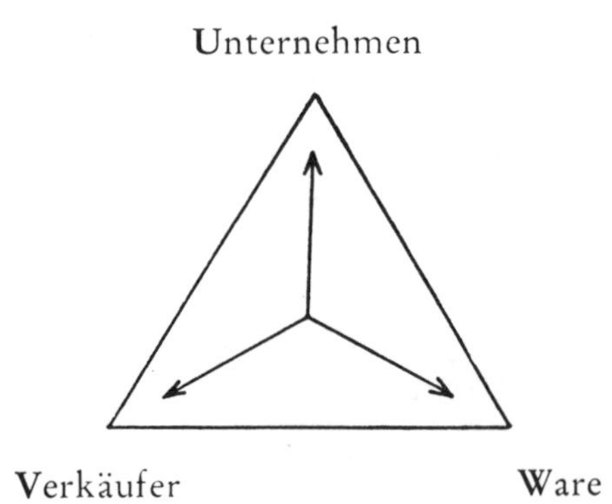

Überzeugung erzeugt Begeisterung, Begeisterung ermöglicht Verkaufserfolge. Mangelnder Glaube an das Unternehmen ist gefährlich genug, mangelnder Glaube an die

Ware verhängnisvoll, und mangelnder Glaube an sich selbst ist Gift für jeden Verkäufer. Eine beinahe selbstverständliche Überlegung, nicht wahr? Und trotzdem wird in den Verkäuferinstruktionen nichts so sehr vernachlässigt wie gerade die Forderung, die Überzeugung in dieser dreifachen Beziehung zu fördern. Wir setzen fälschlicherweise einfach voraus, daß jeder normale Mensch von seiner Aufgabe in jeder Beziehung durchdrungen sei und an sie glaube. Unsere Überlegungen bewegen sich hierbei in materieller Richtung und schenken dem Menschen selbst und den Kraftquellen seiner Arbeitsleistung viel zu wenig Aufmerksamkeit. Besonders verhängnisvoll ist diese Unterlassung bei einem Beruf, wo ein wesentlicher Teil der Arbeitsleistung darin besteht, aus Eigenüberzeugung andere zu überzeugen.

Neu eingestellte Verkäufer werden in Waren- und Marktkenntnissen, in der Auftragsbearbeitung und manchmal auch in Verkaufstechnik unterwiesen. Hier und da kommt es auch vor, daß man kontrolliert, ob diese Erklärungen verstanden worden sind. Aber nur selten kümmert man sich darum, daß der Verkäufer auch von der Ware, von dem Unternehmen und von sich selbst überzeugt und von seiner Aufgabe begeistert sein muß. Das kommt nicht von selbst, bleibt nicht von selbst, verschwindet aber sehr schnell von selbst. Nicht nur bei jungen Verkäufern vernachlässigt man diese dreifache Erziehungsaufgabe. Noch seltener pflegt man die alten Verkäufer mit diesem Gedanken vertraut zu machen.

„Weitermachen wie bisher" – ein zweifelhafter Rat

Auch Herr Becker (Problem 1) ist ein Spitzenverkäufer. Leider gehen seine Umsätze zurück. Anscheinend ist die Ursache in einem neuen Konkurrenten zu suchen, der ihm einige Kunden weggenommen hat. Die Verkaufsabteilung sagt aber: „Kein Grund zur Unruhe. Weitermachen wie bisher und etwas mehr anstrengen!" Doch das hilft dem Mann im Außendienst nicht, der zuerst den Glauben an die Ware, dann an das von ihm vertretene Unternehmen und schließlich an sich selbst verliert. Je mehr ein Verkäufer in seiner Arbeit auf sich selbst gestellt und von seinem Haus isoliert ist (wie z. B. ein Reisender einer norddeutschen

Firma in Oberbayern oder im Ausland), desto schneller lockern sich die Bande des Vertrauens und der Überzeugung von seiner Firma, Ware und Aufgabe. Nicht immer hat ein Unternehmer das gleiche Glück wie der Eisenhändler (in Problem 3), der für den Verkauf von Sport- und Anglerausrüstungen den rechten Mann in einem aktiven Sportler gewonnen hatte, der die natürliche Begeisterung für „seine" Waren mitbrachte.

Die Ware an den Verkäufer verkaufen

Das UVW-Dreieck setzt voraus, daß die Berechtigung dazu sachlich und personell wirklich vorhanden ist. Eine Ware zweifelhafter Qualität, einer Firma, die „Hochdruckverkaufsmethoden" auch nur duldet, die ständig ihr Tätigkeitsfeld und Arbeitsgebiet wechselt und spekulative Anstrengungen mal in der einen, mal in der anderen Richtung macht, kann diese Voraussetzungen nicht erfüllen.

Dem Verkäufer die Überzeugung vom Wert seiner Ware zu geben, ist vor allem eine Aufklärungsaufgabe. Durch genaue Kenntnis von deren Vorteilen, anschaulich vorgeführt, auch im Vergleich zu Wettbewerbserzeugnissen, immer wieder neu aufgefrischt, entsteht das notwendige Wertgefühl. Verstärkt wird es durch laufende Unterrichtung über Einsatzerfolge der Ware auf den verschiedensten Gebieten und Märkten (solche Erfolgsberichte lassen sich auch gut im Verkaufsgespräch verwenden). Wenn möglich, sollte der Verkäufer die Ware selbst als Verbraucher verwenden und dadurch schätzen lernen. Besuche im Unternehmen, Kontakte mit Herstellungsinstanzen, technischer Entwicklung, Anwendungsspezialisten, Tätigkeit in Kundenunternehmen und dergleichen geben weiteren Unterbau für die Überzeugung des Wertes der Ware.

„Den Verkäufer verkaufen"

Die Verkaufsleitung muß in übertragenem Sinne den *„Verkäufer Meier" an ihren Verkäufer Herrn Meier verkaufen* können, um ihm die Grundlagen seines Erfolges beim Verkauf der ihm anvertrauten Waren zu geben. Die Verkaufsleitung muß den Verkäufer davon überzeugen, daß *er* der richtige Mann ist, der sein Haus, deren Ware und seine eigene Tüchtigkeit an den Kunden zu verkaufen weiß – und *verkaufen kann*! Diese Überzeugung gilt es ständig wachzuhalten.

Soweit man sich früher überhaupt mit diesen Verkaufsproblemen beschäftigt hat, ist man im allgemeinen davon ausgegangen, daß es reicht, die Unterschrift oder Zusage des Käufers zu erringen, indem man die Ware dem Vertreter sozusagen anhängte, der dann zusehen mußte, sie an den Mann zu bringen. Das Unternehmen war häufig – nicht immer, denn es gab zu allen Zeiten weitschauende, außerordentlich fähige Kaufleute (in diesem Sinne schon seinerzeit echte „Marketing-Leute“) – eine Einrichtung, deren Entwicklung, Erfolge und Leistung nur dem sogenannten inneren Kreis bekannt waren. Im Regelfalle wurde wenig für eine wirkliche Führung und Information des Verkäuferstabes getan.

„Das Unternehmen verkaufen“

Genießt das Unternehmen Ansehen und Vertrauen, so profitiert auch der Verkäufer davon. Sein Selbstgefühl wird gestärkt und damit seine Sicherheit in der Verkaufsarbeit gefördert. Aber auch Ansehen und Vertrauen wollen täglich neu errungen und gehalten sein, u. a. durch überlegte Führung und Offenheit dem Verkäufer gegenüber. Für den Kunden ist das Prestige eines Lieferanten auch ein Kaufmotiv, und es geschieht laufend, daß ein Kunde, der zwischen zwei Angeboten zu wählen hat, das des ihm wohlbekannten Unternehmens bevorzugt und das andere, vielleicht bessere, einer verhältnismäßig unbekannten Firma unterbewertet.

Die richtige Einstellung fördert man jedoch nicht durch rechthaberische Strenge, Druck oder Einschüchterung seitens der Verkaufsleitung, wie das im zweiten Problem versucht wurde. Solche Methoden schaffen nur Unsicherheit und Komplexe, nie aber einen Verkäufer, der draußen im Bewußtsein seiner guten Aufgabe als gleichberechtigter Partner auftreten kann und geschätzt wird.

Das Erfolgsgefühl

Wie nun entsteht Selbstvertrauen, der Glaube des Verkäufers an sich selbst und seine Fähigkeiten? Selbstvertrauen wird geboren aus dem Bewußtsein des Beherrschens der zu lösenden Aufgaben, und dieses Bewußtsein wiederum wird gespeist durch *Erfolge*! Ein Verkäufer braucht Erfolge, vielleicht noch mehr als andere Menschen, da sein ausgewogenes Selbstvertrauen eine der Grundlagen seiner Beeinflussungsaufgabe bildet. Selbstvertrauen und Ausgeglichenheit gibt ihm ein *unentbehrliches* Abwehrmittel gegen unvermeidliche Rückschläge.

Die Niedergeschlagenheit, die den Versicherungsvertreter im fünften Beispiel befallen hat, wird bei anstrengender Verkaufstätigkeit niemals ständig ausbleiben. Die Aufgabe der Verkaufsleitung – und bei selbständiger Tätigkeit auch die des Verkäufers selbst – ist es, die Arbeit so zu planen, daß sie die innere Leistungsfähigkeit des Verkäufers nicht übersteigt! Dann und wann sollte man dem Verkäufer auch „leichte" Verkäufe in die Hände spielen, die die Nerven entspannen und das Selbstvertrauen stärken. Das gibt dem Erfolgsgefühl neue Impulse! Dann wird er mit größeren Aussichten auch an andere und schwierigere Aufgaben herangehen.

Sinkt die Leistung eines Verkäufers ab, so ist es falsch, ohne weiteres anzunehmen, daß er eine fehlerhafte Verkaufstechnik anwendet. Kann nicht auch seine innere Überzeugung nachgelassen haben? Wer nicht überzeugt ist, kann nicht überzeugen; und so bleibt schließlich nur die verwerfliche Mitleidstour „Sei so nett und kauf mir zuliebe!"

Es besteht ein wesentlicher Unterschied zwischen zwei Verkaufsleitern mit gleichen Fähigkeiten und Kenntnissen, von denen der eine es versteht, seine Mitarbeiter für ihre Aufgaben zu begeistern, während der andere ausschließlich ein Mann „vom Fach" ist, wie im vierten Beispiel. Ein Verkaufsleiter muß Menschenführer sein.

Begeisterungsfähigkeit des Verkäufers

„Ich kann einem Mann in wenigen Minuten ansehen, ob er überhaupt ein guter Verkäufer sein kann oder nicht", erklärt der Verkaufsdirektor eines großen Industrieunternehmens mit dreißigjähriger Erfahrung. „Ich brauche ihn nur über seine Ware, seine Firma und seine Tätigkeit reden zu hören. Klingt es nicht irgendwie durch, daß er von seiner Sache begeistert ist, so kann er unmöglich ein guter Verkäufer sein."

Ohne Begeisterungsfähigkeit ist es auch Ihnen nicht möglich, gut und erfolgreich zu verkaufen. Wenn Sie bei einem Kunden von Anfang an damit rechnen, zu scheitern, sind

Sie schon gescheitert, bevor Sie überhaupt beginnen. Wenn es Ihnen innerlich gleichgültig ist, ob der Kunde kauft oder nicht, wird es der Kunde ebenfalls gleichgültig finden. Wenn Sie von Zweifeln befallen werden über den Sinn Ihrer Arbeit, leistet Ihnen der Kunde dabei fleißig Gesellschaft. Nur wenn Sie sich ganz von Ihrer Aufgabe erfüllt fühlen und im voraus überzeugt sind, daß Sie Ihre Aufgabe meistern werden, wird sie gelingen. Fast alle Veröffentlichungen über Verkaufsfragen betonen, der Verkäufer sollte versuchen, „echte Begeisterung" zu zeigen. Leider kann niemand genau sagen, wie man dies anfängt. Irgendeine Patentmedizin, die auf Kommando Begeisterung hervorzaubern kann, gibt es bedauerlicherweise nicht. Bevor Sie jedoch einem Kunden gegenübertreten, empfiehlt es sich, Ihre Gedanken einige Minuten zu sammeln und sich alle Gründe zurechtzulegen, die den Kunden zu einem „Ja" bewegen müßten. Geben Sie Ihren Gedanken dabei keine Möglichkeit, sich bei früheren Rückschlägen aufzuhalten, sondern konzentrieren Sie sie auf jene Gelegenheiten, bei denen Sie trotz ungünstigster Umstände erfolgreich waren!

Auch das Privatleben

Das Privatleben des Verkäufers beeinflußt sein berufliches Schaffen – leider auch in negativer Richtung: Ein übernächtigter oder dem Alkohol zugetaner Verkäufer kann für seine Arbeit keine Begeisterung aufbringen, und ein zerrüttetes Familienleben, Sorgen oder Krankheit zehren an seinen Nerven und nehmen ihm den inneren Schwung und die Ausgeglichenheit. Wie kann er dann überzeugend wirken?

Der Verkaufsleiter soll kein müdes Verzagen, keine Trägheit des Verkäufers zulassen. Das geschieht aber nicht durch nichtssagende Parolen: „Nur immer ran!" oder aufmunterndes Schulterklopfen, sondern dadurch, daß er die Hintergründe aufdeckt und systematisch den Wettbewerbsinstinkt, den Ehrgeiz und die Überzeugung weckt. Dulden Sie nicht, daß der Verkäufer nach Belieben in seiner Arbeit aussetzt. Der Arbeitsrhythmus, der so wichtig für den Erfolg ist, darf nicht gestört werden, denn nur regelmäßige und häufige Kundenbesuche führen zum Verkaufsresultat. Aber auch in dieser Beziehung darf Ihr Verkäufer nicht

„getrieben", vielmehr muß er durch entsprechende Aufklärung und Anteilnahme an seiner Arbeit überzeugt und geführt werden. Die Verkaufsleitung, die im Sinne dieser Gedankengänge ihre Mannschaft zu leiten und eine rechte Arbeitsgemeinschaft zu bilden versteht, wird nicht nur die Verkaufsergebnisse erhöhen, sondern auch etwas zutage fördern, was vielen Verkäufern fehlt: *Berufsstolz*.

Die gesellschaftliche Stellung des Verkäufers

In Europa wird der Verkäufer in gesellschaftlicher Beziehung nicht so hoch bewertet, wie es in den USA selbstverständlich ist: Dort ist der Beruf hoch anerkannt, und es herrscht keine dünkelhafte und überhebliche Auffassung vor, den Verkäuferberuf nicht als „voll" anzuerkennen. Dort gilt der Mann und seine Leistung, gleich, an welcher Stelle er wirkt – und mit einem ausgesprochenen Plus für den erfolgreichen Verkäufer.

Bei uns werden aus Unverstand und Rückständigkeit oft genug Verkäufer über die Achsel angesehen. Ja, es gibt Studienkameraden von der Universität oder Technischen Hochschule, die sich wundern, wenn ein Kommilitone Vertreter wird. Und die Einstellung: „Na ja, er kann doch ein ordentlicher Kerl sein, obwohl er Verkäufer ist", gilt für sehr viele Kreise. Sogar manche Eltern würden es lieber sehen, wenn ihr Sohn, der erfolgreich und zufrieden als Verkäufer arbeitet, „einen ordentlichen Beruf" gewählt hätte. Bekannte scheuen sich nicht, wenn auch in freundschaftlicher Weise, zu sagen: „Vor dir soll man sich eigentlich ja in acht nehmen! Du bist so geschickt, den Leuten etwas anzudrehen. Wie machst du das eigentlich?" Urteile wie „Er hat es in keinem Beruf zu etwas gebracht, und da ist er eben Vertreter geworden", sind eine andere naive Variante dieser Einstellung.

Verkauf früher, heute und morgen

Der Techniker gilt häufig mehr im Betrieb als der Verkäufer. Auch bei anderen Abteilungen im Unternehmen wird der Verkäufer unterbewertet und nicht genügend unterstützt, obwohl es doch der Verkäufer ist, der Arbeitsplatz und Gehalt anderer sichert. Schließlich werden Löhne und Gehälter von Kunden bezahlt – Kunden, die der Verkäufer zu Käufern macht.

Diese seltsamen Urteile sind bedauerlich. Es ist überhaupt nicht abzusehen, was deutsche und ausländische Kaufleute für ihre Länder und die Welt geleistet haben. Soweit man überhaupt zurückblicken kann, und bis in unsere Zeit ist der Kaufmann Schrittmacher des Fortschritts und der Entwicklung gewesen und wird es auch künftig sein. In allen Zeiten war und ist der rechte Kaufmann „reisender Kaufmann"! Waren die Gründer des Hauses Alfred Krupp, Siemens, Henkel, Thyssen, Bosch usw. und ihre Nachfolger nur Fachleute? Waren sie nicht auch Kaufleute, die selbst von Werkstatt zu Werkstatt, von einem mutmaßlichen Abnehmer zum anderen reisten? Waren sie es nicht sogar in erster Linie, die sich auch später, als sie einem Riesenunternehmen vorstanden, wichtige Absatzfragen vorbehielten, um sie durch persönliche Fühlungnahme mit in- und ausländischen Abnehmern zu behandeln, während alle anderen Verkaufsmaßnahmen durch eine immer größere Zahl von Verkäufern durchgeführt wurden. So ist auch in allen Geschäftszweigen der Verkäufer zum Nachfolger des „reisenden Kaufmanns" geworden; er ist sein persönlicher Repräsentant, sein Vertreter im eigentlichen Sinne des Wortes und nicht der Vertreter einer Sache. Der Vertreter ist es, der immer neue Waren dem Verbrauch zuführt und durch seine Erfolge die Grundlagen zur Massenherstellung schafft und damit wertvolle Bedarfsartikel immer breiteren Schichten zugänglich macht. Der Leiter eines Weltunternehmens, der sich selbst als der erste Verkäufer seines Unternehmens bezeichnete, hatte den Nagel auf den Kopf getroffen. Hoffentlich tut es Ihr Chef auch.

Wie im Kapitel 5 schon erwähnt, wird neuerdings der Verkäufer gesellschaftskritisch unter die Lupe genommen. Diese Kritik ist nicht nur berechtigt, sondern auch erwünscht. Fortschrittliche Unternehmen werden sich ihrer sozialen und sozialpolitischen Rolle zunehmend bewußt und muten ihren Verkäufern keine umweltschädlichen Aufgaben zu. Dieser Sanierungsprozeß sollte weiter um sich greifen, damit gewissenhaft ausgeführte Verkaufstätigkeit sich immer mehr durchsetzt.

Erfahrungsaustausch

Ein Mittel, die Mittel der Eigenüberzeugung zu festigen und Kenntnisse, Fähigkeiten und Einstellungen zu beeinflussen, sind richtig geplante und sachkundig durchgeführte, regelmäßige Verkäuferbesprechungen, Konferenzen und Kurse.

Während einerseits fortschrittliche Unternehmen diese wöchentlich oder monatlich abhalten und echte Erfolge damit erzielen, scheuen andere aus kleinlichen Kostengründen oder kurzsichtiger Bumeranglogik („unsere Verkäufer sollen verkaufen, nicht tagen") davor zurück, ihre Mitarbeiter überhaupt einmal für solche Zwecke zu versammeln.

Lassen Sie Verkäufer stärker am Leben des Unternehmens teilnehmen, lassen Sie sie untereinander Erfahrungen austauschen, lassen Sie sie mit anderen im Unternehmen zusammenkommen, und Sie werden schon hieraus einen merkbaren Auftrieb für erfolgreiche Verkaufsarbeit erzielen.

Wenn zusätzlich noch echte Kenntnisse vermittelt oder die Fähigkeiten verstärkt werden, fühlt der Verkäufer seine Leistungsfähigkeit und Überzeugungskraft wachsen.

Ist der Verkäufer mitschuldig?

Wie aber stellt sich der Verkäufer selbst zum Ehrbegriff seines Berufes? Leider steckt er häufig den Kopf in den Sand. Er könnte weit mehr tun, um dem Ansehen seiner Aufgabe zum Recht zu verhelfen. Er sollte mehr Berufsstolz empfinden und nach außen zeigen.

Verkaufen ist kein Auftrag-Entgegennehmen. Wenn Sie sich als Verkäufer damit begnügen würden, nur die Aufträge mitzubringen, die der Kunde sowieso eingeschickt hätte, wäre Ihre Tätigkeit überflüssig und für das Unternehmen unrentabel. Ziel Ihrer Arbeit ist auch nicht, nachzufragen, ob und was im Augenblick gebraucht wird. Sie würden zwar nicht immer mit leeren Händen zurückkommen, aber nur Zufallsaufträge mitbringen und vom eigentlichen Kern der Verkaufsarbeit noch weit entfernt sein.

Die wirkliche Aufgabe des Verkäufers

Sie müssen davon ausgehen, daß bei Ihren Besuchen vielleicht vier Fünftel aller Kunden an Ihrem Angebot nicht interessiert sind. Sie müssen von Ihnen interessiert werden. Damit beginnt erst Ihre Verkaufsarbeit! Diesen Umstand müssen Sie immer vor Augen haben und zum Ausgangspunkt Ihres Verkaufsgesprächs machen. Dann kann es keinen Anlaß zur Kapitulation geben, nur weil der Kunde von vornherein erklärt, kein Interesse zu haben. Wenn Ihre Kollegen, die als Schrittmacher die ersten Autos, Staubsauger, Versicherungen, Feuerlöschgeräte, Registrierkassen, Waschmaschinen, Transportanlagen, Rasierapparate, EDV-Anlagen usw. verkauft haben, sich mit solchen Ablehnungen begnügt hätten, gäbe es diese Dinge längst nicht mehr oder hätte sie nie gegeben.

Und jetzt können Sie wohl die vier einleitenden Fragen beantworten und die fünf Verkaufsprobleme lösen?

Verkaufen bedeutet, uninteressierte Kunden zu interessieren. Das erfordert größte geistige und nervliche Anspannung. Deshalb muß der Verkäufer die Überzeugung haben, daß er eine wirkliche Aufgabe zu erfüllen hat.

KAPITEL IX

Der Mann, der so viele Diskussionen gewann ...

KÖNNEN SIE DIESE VIER FRAGEN BEANTWORTEN?

❶ Kann eine ganze Verkaufsverhandlung mit der Fragemethode bestritten werden?

❷ Warum wird ein Diskussionserfolg so selten ein Verkaufserfolg?

❸ Inwieweit muß der Verkäufer recht behalten, um verkaufen zu können?

❹ Welche Möglichkeiten gibt es, Ansichten der Kunden zu ändern?

KÖNNEN SIE DIESE FÜNF PROBLEME LÖSEN?

① *„Er" war ein alter routinierter Verkäufer von landwirtschaftlichen Maschinen. Er kannte alle Marken bis in jede Einzelheit und war mit all ihren Vor- und Nachteilen vertraut. Er wußte, daß die Traktoren des von ihm vertretenen Hauses die besten waren; er wußte auch warum und stellte dieses Wissen und diese Tatsache auch nicht unter den Scheffel. Es gibt aber auch Landwirte, die ebenfalls etwas von Traktoren verstehen, und so kam es, daß sich das Verkaufsgespräch zwischen unserem Vertreter und diesen Kunden zu einem Wettstreit darüber entwickelte, wer am besten Bescheid wußte. Kein Wunder, daß unser Vertreter – durch jahrelange Erfahrung – obenauf war; er hatte das letzte Wort, und dabei blieb es. Das waren Zeiten! Aber die sind leider vorüber. Denn trotz seiner überlegenen Sachkenntnis gelang es dem Vertreter nicht, entsprechende Verkaufsabschlüsse zu tätigen.*

Wann und wie würden Sie einem Kunden Ihre Sachkenntnis beweisen?

② *Herr Nagel, Verkäufer von Büroartikeln, vor allem von Ablege- und Archivsystemen, hatte verschiedene Verkaufshandbücher fleißig studiert und erkannte, daß die Art, wie er seine Verkaufsgespräche führte, zu lasch war. Es galt, viel stärker an die Aufmerksamkeit zu appellieren. Der Kunde muß aufgerüttelt werden: „Das Registratursystem Ihres Unternehmens ist überholt. Sie können täglich mehrere Stunden Arbeit sparen, wenn Sie sich unseres neuen Systems bedienen." Viele Kunden reagierten „sauer" auf solche Feststellungen, auch wenn sie richtig waren. Nagel bekam bestenfalls zu hören: „Das glaube ich nicht." Er fand, das schade nichts. Nun sah er eine Chance, dem Kunden zu zeigen, was er alles über rationelles Ablegen und übersichtliche Registratur wußte. „Dann darf ich mir erlauben, diese Behauptung zu beweisen." Weit ist er im allgemeinen damit aber nicht gekommen, denn irgendwie waren die Kunden verärgert, sie bezweifelten seine Ausführungen, hörten nicht recht zu oder lehnten ein echtes Gespräch ab. „Hört auf keine sachlichen Argumente", schrieb Nagel dann in seine Kundenkartei. Viele Kunden erhielten diese schlechte Zensur.*

Herrn Nagels Vorgehen war doch, logisch betrachtet, gar nicht einmal falsch, nicht wahr? Haben Sie daran trotzdem etwas auszusetzen? Können Sie einem Kunden eine Mangellage nachweisen, ohne ihn zu kritisieren? Wie machen Sie das?

③ *Der Verkaufsleiter der Großhandelsfirma bespricht mit seinem Chef die Einstellung von neuen Verkäufern. Der Direktor möchte, daß Leute mit Marktkenntnissen und praktischer Verkaufserfahrung gewonnen werden. Der Verkaufsleiter ist anderer Ansicht: „Nehmen wir Herren, die für andere Firmen tätig waren, dann gibt es Durcheinander und Gegeneinander, ehe sie sich an unsere Arbeitsmethoden gewöhnt haben, wenn sie innerlich überhaupt bereit sind, nach unseren Methoden zu arbeiten. Erfahrene Vertreter schwören meist auf ihre Methoden und sind kaum oder nur sehr schwer davon abzubringen. Wenn sie keine Erfolge haben, sagen sie, ‚unsere Methoden' seien schuld, und auf ‚unsere' Argumente würde kein Kunde hören. Es ist schon besser, es mit geeigneten Nachwuchskräften unter unseren Angestellten zu versuchen, die gewillt sind, sich belehren zu lassen. Wenn wir sie entsprechend vorbereiten und sie bei der Kundschaft richtig einführen, wissen unsere Kunden, daß Mitarbeiter kommen, die unsere Erzeugnisse aus wirklicher Erfahrung kennen und unsere Abnehmer demgemäß auch gut beraten können. Etwaige Schnitzer – ihnen fehlt ja noch die Verkaufsroutine – wird man ihnen nicht übelnehmen." Doch der Direktor hält an seiner Auffassung fest und meint, man müsse eben die fremden Herren nur „richtig schulen".*

Und was meinen Sie zu diesem echten Problem? Hat die Ansicht beider Herren etwas für sich?

④ *Für gewisse Kunden bedeutet es eine nette Abwechslung, neue, unerfahrene Verkäufer zu empfangen und zu sehen, wie „hart im Nehmen" sie sind. So hatte auch der Einkäufer einer Baufirma die Angewohnheit, neue Verkäufer mit abweisender Miene zu empfangen: „Na, was wollen Sie mir denn heute andrehen?" Da verloren zwei von fünf Verkäufern die Fassung und „gingen auf den Leim". Sie seien ganz und gar nicht gekommen, um jemandem etwas anzudrehen, erklärten sie. Sie fügten etwas frostig hinzu, daß sie untadelige Häuser verträten, die nach ehrbaren Grundsätzen handeln, und wollten die Gründe für die spöttische Bemerkung wissen. Der dritte fragte, ob er lieber an einem anderen Tag wiederkommen sollte. Zwei Verkäufer meisterten die Lage und kamen zu einem echten Verkaufsgespräch.*

Wie haben sie sich wohl verhalten?

⑤ *„Ich widerlegte seine Auffassung Punkt für Punkt, mit Zahlen und Untersuchungsmaterial", berichtet ein Verkaufsingenieur dem Verkaufsdirektor. „Ich zeigte ihm, daß seine Einwände unberechtigt waren. Etwa drei Stunden habe ich verhandelt und alle, aber auch alle Argumente vorgebracht. Zum Schluß kam es dem Kunden nur noch darauf an, um jeden Preis recht zu behalten. Beinahe eine ganze Stunde hielten wir uns bei dem Erschütterungswiderstand auf – an und für sich eine Nebensächlichkeit! Dann ging* *ich. Es wäre sinnlos gewesen, länger zu bleiben." – „Mann, Sie hätten schon nach einer Viertelstunde gehen sollen", sagt der Verkaufsdirektor ärgerlich. Der Verkäufer versteht diesen Standpunkt nicht: „Ich kann doch nicht einfach die Flinte ins Korn werfen."*

Wer von beiden hat nach Ihrer Meinung recht?

Kann man durch Diskussion verkaufen?

Nur allzuoft sind Verkäufe deshalb nicht zustande gekommen, weil Kunde und Verkäufer vom Gespräch in eine Auseinandersetzung und schließlich auch noch in Streit geraten sind. Alle kennen wir „ihn“, den Mann, der so manche Diskussion gewinnt – und so wenig verkauft. Alle wissen wir, daß man keine Kunden gewinnt, die man in der Diskussion besiegt. Wir wissen, daß ein mundtot gemachter Kunde kein Verlangen mehr nach der angebotenen Ware empfinden kann und minutenlange Wortklaubereien das Kaufinteresse auch bei kauflustigen Kunden ersticken.

Fast jeder hat einen angeborenen Widerwillen gegen rechthaberische Menschen, von rechthaberischen Verkäufern ganz zu schweigen. Alle fühlen wir eine Abneigung gegen unerbetene Ratschläge (manchmal auch gegen erbetene, sofern sie nicht unsere eigene Meinung bestätigen) von jenen, die es besser wissen wollen. Und dennoch gibt es Verkäufer, die sich geradezu freudig in heftige Diskussionen stürzen und die wichtigste Verhandlungsregel in der Verhandlung vergessen, die besagt, *daß es unmöglich ist, einen Menschen gegen seinen Willen zu überzeugen.* Das gilt auch für die Verkäuferführung (Beispiel 3). Brennt auch Ihnen das Temperament manchmal durch?

Kann man den Standpunkt eines Menschen ändern?

Der Verkäufer, der die Ansicht eines Kunden ändern will, muß zuerst erreichen, daß der Kunde sie ändern *will.* Der Kunde muß indirekt so beeinflußt werden, daß aus ihm selbst der Antrieb kommt, den Standpunkt des anderen anzunehmen und zum eigenen zu machen. Deshalb ist von allen Überzeugungsmethoden die Diskussion die schlechteste. Seien Sie vorsichtig, sobald Sie merken, daß Ihre und die Auffassung des Kunden auseinandergehen. Vermeiden Sie, zu Anfang Punkte zu berühren, in denen Sie nicht mit dem Kunden übereinstimmen, und schaffen Sie erst durch Betonung gleicher Ansichten eine gemeinsame Ausgangslage. Bestätigen Sie dem Kunden, wie recht er in vielem hat und wie sehr Sie seine Ansichten verstehen. Behandeln Sie Meinungsverschiedenheiten als weniger wichtige Momente. Vermeiden Sie es, wenn möglich, überhaupt, Negatives zu berühren. Bevor Sie eine Ansicht des Kunden widerlegen, fragen Sie sich: „Ist es zur Erreichung meines Zieles unbedingt notwendig, daß ich diesen Punkt auf- bzw. angreife?“

Und das Prestige . . .

Je mehr Sie dem Kunden recht geben, desto „sympathischer“ wird er Sie finden und desto günstiger wird die Verhandlungsatmosphäre (das Kontaktklima) sein, die für den Abschluß so wichtig ist. Wenn Sie Gesichtspunkte des Kunden berücksichtigen und Zugeständnisse machen, nehmen Sie den Kunden für den Kaufvorschlag ein. Jede Kompromißlösung verpflichtet und bindet den Partner. Vermeiden Sie Prestigestandpunkte! Ein Verkäufer, der an sein Prestige denkt, hat bald Anlaß, an seine wirtschaftliche Existenz zu denken. Provozieren Sie den Kunden nicht zum Widerspruch! Belehren Sie nicht! Lassen Sie dem Kunden weitestgehend seine Vorurteile, seine Eigenheiten, seine Meinungen. Versuchen Sie nicht, den Kunden zu ändern oder zu „bessern“; auch wenn es angebracht wäre – das haben sicherlich schon andere, ihm näherstehende Personen versucht.

Die Fragemethode

Ein häufiger Anlaß zu Meinungsverschiedenheiten sind oft selbstbewußte Behauptungen des Verkäufers. Hier ist die Schlußfolgerung zwingend: Behaupten Sie nicht, sondern fragen Sie! Fragen Sie den Kunden nach seiner Meinung zur Sache. Behauptungen fordern Kritik heraus, Fragen dagegen kaum. Nagel in Beispiel 2 hätte es vermeiden können, seine Kunden gegen sich aufzubringen, wenn er seine Behauptungen durch folgende Frage z. B. ersetzt haben würde: „*Falls* es sich zeigen sollte, daß die Neueinrichtung Ihrer Registratur eine Einsparung mehrerer Arbeitsstunden pro Woche ergäbe, würden Sie dann Wert darauf legen, nähere Einzelheiten zu erfahren?“ Durch diese Fragestellung würde es leichter zu einem sinnvollen Gespräch gekommen sein: sie reizt den Kunden nicht, sondern lädt ihn zu einem näheren Meinungsaustausch ein. Sollte die Antwort des Kunden verneinend ausfallen, haben Sie noch keine Verkaufschance verloren, sondern können andere Fragen stellen. Eine übertriebene oder fehlerhafte Behauptung Ihrerseits kann der Kunde dagegen immer und leicht zu einem Gegenangriff verwenden. Es fällt Verkäufern nicht leicht, von der eingefahrenen Behauptungsmethode abzukommen und alle Argumente in Frageform vorzubringen. Aber versuchen Sie es! Es lohnt sich.

Gespräch neutralisieren können

Behalten Sie auch in schwierigen Situationen die Fassung, so wie das in Problem 4 geschehen ist. Wenn der Kunde fragt, was Sie ihm „anzudrehen" gedenken, quittieren Sie die Äußerung mit einem freundlichen Lächeln, beispielsweise: „Andrehen? Wie könnte mir das gelingen? Am allerwenigsten bei einem so kritischen Kunden, wie Sie es sind; ganz abgesehen davon, daß ich meinen Kunden ja nicht nur einmal, sondern immer wieder unter die Augen treten muß. Die Verbindung zu Ihnen ist mir in diesem Sinne einfach zu wertvoll."

Es wird nicht ausbleiben, daß man mal in eine verfahrene Verkaufssituation hineingerät, die in Gegensätzen festzufahren droht. Dann muß der Verkäufer es verstehen, das Gespräch zu neutralisieren – oder umzuschalten und in manchen Fällen sogar zu vertagen. Sich aus einem festgefahrenen Gespräch herauslösen können, ist nicht leicht. Können Sie es?

Studieren Sie folgendes praktische Beispiel als Beschreibung von gefährlichen Auseinandersetzungen und Diskussionsfallen. Es ist verkürzt, dadurch etwas vereinfacht und schematisiert wiedergegeben.

Der Automobilverkäufer Vogel führt eine vierzylindrige Limousine vor:

V.: Man sitzt außerordentlich bequem in diesem Wagen. (Der Kunde, Herr Kunz, schweigt.)

V. (merkt seinen Fehler): Bitte, setzen Sie sich mal rein. Sie legen doch gewiß Wert darauf, recht bequem zu sitzen, nicht wahr?

K.: Natürlich.

V.: Nun, Herr Kunz, wie sitzt's sich am Steuerrad? Nicht wahr, recht bequem?

K.: Ja, das schon. Aber der Wagen ist nicht geräumig genug.

V.: Nicht geräumig genug? Das kann man doch wohl kaum behaupten.

K.: Doch, das finde ich.

V.: Aber Herr Kunz! 60 cm Bodenraum ist doch eine ganze Menge.

K.: Mir ist es reichlich knapp.

V. (merkt seinen Fehler und hört auf zu widersprechen): Natürlich ist er nicht so groß wie bei einem Achtzylinder, aber wie Sie sagen, man sitzt bequem. Sie werden sicherlich bemerkt haben, wie ungewöhnlich gut dieser Wagen gepolstert ist. Es geht doch nichts über einen Lederbezug (Behauptung ohne Beweisführung).

K.: Ich weiß nicht, ich finde Lederbezug im heißen Sommer zu warm und im Winter zu kalt. Ich bin nicht davon begeistert.

V. (hätte sich vor seiner Äußerung vergewissern können und müssen, was der Kunde von den verschiedenen Polsterbezügen hält. Zudem handelt es sich ja um eine Einzelheit ohne entscheidende Bedeutung. Also versucht V. darüber hinwegzugleiten):

Ja, das ist oft eine persönliche Geschmacksfrage. Und Sie haben schon recht, Leder ist im Sommer etwas warm, wenn es ganz besonders heiß ist. Aber hier wird es selten so heiß, daß es stört. Und auf jeden Fall ist Leder doch wohl kühler als Kunststoff, oder?

K.: Das mag sein, aber ich will auch mal nach dem Süden fahren.

V. (steht vor der Möglichkeit, dem Kunden beizubringen, daß er doch wohl nicht in die Tropen fahren will und eine Auslandsreise auch nur eine verhältnismäßig kurze Zeit dauert. V. aber fühlt, daß er auf diese Weise in eine unnötige Diskussion gerät): Nun, hiervon einmal abgesehen. Wozu gedenken Sie den Wagen hauptsächlich zu verwenden? (So versucht V. auf den Hauptverwendungszweck des Wagens zurückzukommen und will – mit gebührender Vorsicht – beweisen, daß der Wagen größenmäßig zweckmäßig ist.)

K.: Um zur Arbeit und auch zum Sommerhäuschen zu fahren.

V.: Ist das sehr weit?

K.: Nein, nicht besonders.

V.: Und wie groß ist Ihre Familie?

K.: Wir haben zwei Kinder, die zur Schule gehen.

V.: Und Sie wollen sicher einen Wagen haben, der wenig Benzin verbraucht? (Obwohl V. eine Frage stellt, ist er auf ein gefährliches Gebiet zu sprechen gekommen. Deshalb gleitet er auf ein Nebenthema ab.) Bei den heutigen Benzinpreisen?!

K.: Ja, aber das mit dem Benzinverbrauch, das stimmt niemals. Es wird immer mehr, als im Katalog steht.

V.: Natürlich hängt der Verbrauch davon ab, wie man fährt.

K. (etwas gekränkt): Wieso, wie man fährt?

V.: Wenn man sehr schnell fährt und häufig schaltet, steigt der Verbrauch immer etwas.

K.: Aber das kann doch wohl kaum auf 100 Kilometer 5 Liter ausmachen. Die Katalogangaben sind ganz einfach in vielen Fällen falsch. Ich habe einen guten Freund ... (es folgt eine längere Erzählung).

V. (beherrscht sich, dem Kunden zu sagen, welche falsche Auffassung er sich zu eigen gemacht hat): Wenn Sie wollen, können wir ja während der Fahrt den Benzinverbrauch kontrollieren. Sie können den Wagen selbst fahren. Wollen wir mal, Herr Kunz?

K.: Ja, meinetwegen.

V.: Wird auch Ihre Gattin den Wagen fahren? (Er beabsichtigt, die leichte Steuerung des Wagens als Argument anzuführen und hat damit Glück.)

K.: Ja, ja, sie will Fahrunterricht nehmen.

V. (Versuchsballon): Da kann unsere Fahrschule Ihnen behilflich sein. Soll ich etwas für Ihre Gattin vereinbaren?

K.: Nein, das hat noch Zeit.

V. (ist auf dem Sprung, eine eingeübte Behauptung anzuführen, aber besinnt sich eines Besseren): Auf jeden Fall wird es für Ihre Gattin leichter sein, einen kleineren als einen größeren Wagen zu fahren, nicht wahr?

K.: Ja, das mag sein. (Jetzt kommt ein anderer Kaufwiderstand zum Durchbruch): Muß ein kleiner Wagen wirklich soviel Geld kosten?

V. (Dank dieser Frage braucht der Verkäufer das Gespräch nicht mit einer Diskussion über die geeignete Größe des Wagens aufzuhalten, da dies auch kein entscheidender Punkt zu sein scheint. Wenn er nun andererseits widerspräche und zu beweisen versuchte, daß der Preis nicht hoch ist, müßte es zu einer Diskussion kommen, also wählt er einen Umweg):

Sie sind doch ein erfahrener Autofahrer, Herr Kunz, nicht wahr?

K.: Na, und ob.

V.: Worauf legen Sie denn bei einem Wagen den größten Wert? (Indem er den Kunden „einen erfahrenen Autofahrer" nennt, schafft er sich eine etwas angenehmere Atmosphäre und kann jetzt auch wesentlichere Punkte berühren.)

K.: Na, vor allem auf die Straßenlage, die Geschwindigkeit und Qualität ganz allgemein. Und den Wiederverkaufswert.

V. (versucht vorsichtig zu korrigieren):
Die Wirtschaftlichkeit, nicht wahr?

K.: Ganz recht.

V.: Also Straßenlage, Geschwindigkeit und Wirtschaftlichkeit. Und bei der Geschwindigkeit in erster Linie Spitzengeschwindigkeit oder Beschleunigung, Herr Kunz?

K.: Vor allen Dingen Beschleunigung. Spitzengeschwindigkeiten kann man ja sowieso nirgends ausnutzen.

V. (der nun – zu guter Letzt – herausbekommen hat, woran der Kunde am stärksten interessiert ist): Da haben Sie recht. Diese Eigenschaften sind tatsächlich ausschlaggebend und müssen alle bei der Wertbeurteilung eines Wagens eine entscheidende Rolle spielen. Und für Sie ganz besonders, nicht wahr?

K.: Klar.

V. (ist sich endlich darüber klar, wie er argumentieren und welchen Fragen er ausweichen muß: Er stellt den Wert des Wagens in den drei genannten Gesichtspunkten heraus und begegnet indirekt dem Preiswiderstand. Beim dritten Besuch gelingt es, das Geschäft abzuschließen.)

Und jetzt können Sie wohl die vier einleitenden Fragen beantworten und die fünf Verkaufsprobleme lösen?

Eine Diskussion zu gewinnen, ist keine Kunst. Behauptungen aufzustellen, auch nicht. Einer Diskussion auszuweichen und mit Fragen zu argumentieren, verlangt weit größeres Geschick. Damit versperrt man sich aber auch nicht den Weg zum erfolgreichen Verkauf.

KAPITEL X

Wie Sie Verkaufshindernisse überwinden

KÖNNEN SIE DIESE VIER FRAGEN BEANTWORTEN?

❶ Wie reagiert ein geschickter Verkäufer auf Ausreden?

❷ Warum können Einwände einem guten Verkäufer häufig eher helfen als schaden?

❸ Wieviel Gründe sprechen dafür, Einwänden eines Kunden zuvorzukommen?

❹ Wissen Sie, wie Einwände nach der Bumerangmethode behandelt werden?

KÖNNEN SIE DIESE FÜNF PROBLEME LÖSEN?

① *Zwei Verkäufer sprechen über ihre jüngsten Erfahrungen: „Dieser Schulze ist ein harter Bursche", sagte der eine. „Der hatte an allem, was ich sagte, etwas auszusetzen, immer wieder kam er mit Einwänden." – „Na, bist du damit fertig geworden?" – „Nicht mit allen! Aber wenn ich diesen Besuch noch mal zu machen hätte, dann wüßte ich, was ich zu sagen hätte. Nun kann man ja einen Kunden leider nicht bitten, sich die Sache überlegen zu dürfen und ihm erst später eine Antwort zu geben." – „Aber warum nicht, das kannst du doch." – „Wieso?" – „Nun, so . . ." Kann man das? Wenn ja, wie? Bekommt der Kunde dann nicht leicht den Eindruck, man sei nicht sachkundig?*

② *Ingenieur Meyer, Vertreter eines Eisenwerkes, besucht einen belgischen Kunden. Er legt die Vorteile seiner Erzeugnisse mit gut durchdachtem Beweismaterial dar. Während der ganzen Zeit hört der Kunde aufmerksam zu, antwortet aber nicht und nimmt auch sonst in keiner Weise Stellung. Nach einer guten halben Stunde dankt der Kunde für die*

Aufschlüsse und sagt zur großen Überraschung des Verkäufers, daß er zur Zeit nicht interessiert sei. Zwei weitere Besuche verlaufen ebenfalls ergebnislos. Mehrere Monate später folgt ein neuer Besuch. Meyer entwickelt wiederum alle Gründe, die für sein Produkt sprechen. Wiederum hört der Kunde etwa 20 Minuten zu, ohne etwas zu sagen. Aber dann kommt er plötzlich mit einem Einwand, der gegen einen Kaufentschluß spricht. Meyer, zuerst etwas angeschlagen, wirft dann aber alle Hemmungen über Bord und begegnet dem Einwand. Beim nächsten Besuch glückt es ihm nach zehn Minuten, den Auftrag zu bekommen. Als er nachher den Verlauf des Verkaufsprozesses analysiert, erkennt er selbst, welch schwere Fehlbeurteilung ihm unterlaufen ist. Er hätte diesen Auftrag, den er sich selbst beinahe aus den Händen gespielt hätte, viel früher bekommen können. Was hatte Meyer falsch gemacht? Welche Bedeutung haben solche Fehler für eine Verkaufsverhandlung?

③ *Bei einer Verkäuferbesprechung fordert der Verkaufsleiter einer Datenverarbeitungsfirma seine Verkäufer auf, die Einwände, die gewöhnlich von den Kunden erhoben werden, darzulegen. Ein jüngerer, sehr energischer Verkäufer wartet mit einer ganzen Kollektion auf und sagt, daß er oft bei einem Kunden allen diesen Argumenten begegnet sei. Der Verkaufsleiter wird nachdenklich: Wenn der Verkäufer auf solche massiven Einwände stößt, muß in der Argumentation irgendein Fehler liegen. Er bittet den Verkäufer, sein Verkaufsgespräch einmal vorzutragen, und seine Bedenken werden bestätigt. Der Verkäufer ändert allmählich seine Verkaufstaktik und stellt fest, daß seine Verkaufserfolge besser werden. Sicher haben Sie schon herausgefunden, wieso dieser Verkäufer so vielen Einwänden begegnete ...? Passiert Ihnen das auch?*

④ *Ein Häusermakler bespricht den Kauf einer Villa mit dem Inhaber einer größeren Firma. Sie sehen sich das Haus gemeinsam an, und der Makler merkt, daß der Kunde nicht uninteressiert ist. Der Verkäufer sagt dann: „Ich will gleich darauf hinweisen, daß das Haus einige Mängel hat – die Zentralheizung ist nicht ganz in Ordnung, die Garage muß frisch gestrichen werden, und der Garten hinter dem Hause braucht eine ordentliche Pflege.“ Der Kunde zeigt sich dankbar für die Aufschlüsse, und das Gespräch geht weiter. War die Methode des Häusermaklers richtig, von sich aus die genannten Schwächen in seinem Angebot hervorzuheben?*

⑤ *„Das ist ein Einwand, den ich vorher noch nicht gehört habe“, antwortet spontan Herr Altmann, Verkäufer von Maschinenzubehör. „Ich weiß nicht, was ich darauf antworten soll. Aber darf ich bei unserem Spezialisten, Ingenieur Möller, der selbst in Italien war und die Maschinen gekauft hat, nachfragen, was er dazu zu sagen hat? Ich schreibe Ihnen darüber morgen ein paar Zeilen.“ Und dann setzt er seine Argumentation fort. Ingenieur Möller gibt Herrn Altmann die gewünschten Aufschlüsse, bemerkt aber: „Das hätten Sie auch selbst beantworten können. Es macht nicht gerade einen guten Eindruck, daß unsere Vertreter solche Einwände nicht erledigen können.“ – „Das hätte ich können, das wollte ich aber nicht.“ – „Das verstehe ich nicht.“*

Verstehen Sie es? Was bezweckte die Taktik des Verkäufers?

Der Kunde ohne Einwände

Nur selten kommen Verkäufe zustande, ohne daß der Verkäufer zuvor gezwungen ist, Einwänden des Kunden zu begegnen. Einwände sind zunächst Hindernisse; deshalb hat die Verkaufsarbeit vieles mit einem Hindernisrennen gemeinsam. Will man verkaufen, d. h. also an einem Hindernisrennen teilnehmen, muß man auch entschlossen sein, die Hindernisse zu nehmen. Wer verkaufen will, muß sich darauf einstellen, Einwänden zu begegnen und sie zu überwinden. Ein Kunde, der nur Ja und Amen sagt *und kauft*, ist eine Rarität. *Ein Kunde ohne Einwände ist in der Regel ein Kunde ohne Kauflust.* Meyer in Problem 2 glaubte, daß er nahe daran war, einen Auftrag zu erhalten, nur weil der Kunde keine Einwände machte. Er gab dem Kunden ganz einfach keine Gelegenheit, seine Einwände *auszusprechen.* Dadurch wurden sie aber auch nicht beseitigt.

Einwände gegen ein Angebot gibt es beinahe immer. Auch beim günstigsten Angebot muß er ja etwas opfern oder auf etwas verzichten, um kaufen zu können. Hinzu kommen die eigentlichen Einwände gegen das Angebot selbst. Jedes Angebot ist bekanntlich ein Produkt von Kompromissen, mit Vor- und Nachteilen. Der Verkäufer muß die Einwände des Kunden kennenlernen, wenn er ihn zum Kauf bewegen will. Er erreicht nichts, wenn er die vorhandenen Einwände unterdrückt. Nur eine offene Verhandlungsführung veranlaßt den Kunden, seine Einwände auszusprechen. Nur *eine* Gruppe von Einwänden gefährdet den Verkauf: diejenigen, die nicht zufriedenstellend beantwortet werden können, sei es nun, daß die Mängel an der Ware oder am Verkäufer liegen.

Einwände sind im Grunde also eine *Hilfe* für den Verkäufer. Kein Kunde erhebt Einwände gegen ein Angebot, das ihn *völlig* unberührt läßt. Der erste Einwand des Kunden – sofern es sich nicht um eine kategorische Absage handelt – ist in Wirklichkeit das erste Zeichen dafür, daß er anfängt, interessiert zu werden. Deshalb sind Einwände auch orientierende Wegweiser, die dem Verkäufer die Einstellung des Kunden aufdecken.

Es ist wichtig, folgendes festzustellen:

1. Viele Verkäufer verlieren die Nerven und glauben, ein Verkauf sei verloren, sobald der Kunde einen ernsthaften Einwand erhebt.

2. Andere sind ungenügend vorbereitet, Einwänden richtig zu begegnen.

Eine Voraussetzung, um Einwände beantworten zu können, sind *Kenntnisse* über das eigene Angebot, den Kunden und seine Probleme, Mitbewerber, den Markt.

Einwandtraining

Es gibt eine ausgezeichnete Methode, sich in der Erledigung von Einwänden zu üben; sie ist so einfach, daß nur wenige Verkäufer sich der Mühe unterziehen, sie anzuwenden: Nehmen Sie einen Bogen Papier, teilen Sie ihn in der Längsrichtung und schreiben Sie auf die linke Seite alle Einwände, die Sie mutmaßlich von Ihren Kunden zu hören bekommen. Das können sehr viele sein, aber man kann sie leicht dadurch vermindern, daß man gleichartige Einwände zu einer Gruppe zusammenfaßt. Die Zahl der verschiedenen Einwände gegen ein Angebot ist selten größer als fünf oder sechs. Alle übrigen sind Abarten oder andere Formulierungen. Nun schreiben Sie auf die rechte Seite die nach *Ihrer* Meinung beste Antwort. Und jetzt fragen Sie jeden Ihrer Kollegen, den Verkaufsleiter eingeschlossen, nach *deren* bester Antwort. Auf diese Weise erhalten Sie eine große Anzahl brauchbarer Fingerzeige. Versuchen Sie jetzt gemeinsam, die wirklich besten Antworten auszuwählen, und studieren Sie dann diese Liste, bis Sie alle Argumente beherrschen. Pauken Sie sie zusammen ein, im gespielten Wechselgespräch zwischen einem „Kunden" und einem „Verkäufer" – so lange, bis sie „sitzen."

Sehen Sie aber zu, daß die Liste immer aktuell bleibt. Nehmen Sie neue Einwände und neue Antworten dazu, streichen Sie Entgegnungen, die sich als ungeeignet erwiesen haben, und vervollständigen Sie die Liste unter Berücksichtigung aller Erfahrungen, die Sie nach und nach sammeln. Dann wird es Ihnen so leicht nicht mehr passieren, ohne Antwort dazustehen; im Gegenteil, Sie empfinden eine wohltuende Sicherheit bei Ihren Kundenbesuchen.

Damit Sie den Einwänden richtig begegnen können, müssen Sie wissen: I. *was,* II. *wann* und III. *wie* Sie antworten sollen.

Arten von Einwänden

I. Um auszumachen, *was* man antworten soll, muß man wissen, mit welchen Einwänden in jedem besonderen Fall zu rechnen ist:

a) Die *unausgesprochenen* Einwände – die der Kunde nicht aussprechen kann (weil der Verkäufer ihn nicht läßt), will oder darf und die der Verkäufer erst ans Tageslicht bringen muß, um sie beantworten zu können.

b) *Ausreden* (Scheineinwände) – die am besten beiseite gelassen werden, da sie keine wirklichen Einwände darstellen.

c) *Vorurteile, vorgefaßte Meinungen* – nicht logisch bedingte, sondern stark gefühlsbetonte Einwände, denen mit Vernunft nicht ohne weiteres zu begegnen ist.

d) *Boshafte Einwände* – Störungsversuche des Kunden, die teils auf schlechte Laune zurückzuführen sind oder mit denen beabsichtigt wird, den Verkäufer aus der Fassung zu bringen oder irrezuführen. Mitunter versucht der Kunde hier, auch fremde Gedankengänge anzubringen, die also nicht seine eigene Meinung widerspiegeln.

e) *Informationswünsche* – Einwände, die in der Absicht vorgebracht werden, zusätzliche Aufschlüsse vom Verkäufer zu erhalten.

f) *Einwände aus Geltungsbedürfnis* – sachlich unbegründete Einwände, die hauptsächlich eingeworfen werden, um eine eigene Meinung zu zeigen und dem Verkäufer (oder Zuhörern am Gespräch) zu imponieren.

g) *Subjektive Einwände* – nach dem Motto „Die Ware ist schon gut, aber paßt nicht *für mich*" oder „Unsere Probleme sind ganz speziell" – sie brauchen nicht notwendigerweise eine Kritik des Angebots zu sein.

h) *Objektive Einwände* – Bemerkungen, die gegen die Ware oder das Angebot gerichtet sind. Es ist wichtig, diese von den vorhergehenden zu unterscheiden.

i) *Allgemeiner Kaufwiderstand* – eine ganz allgemeine, nicht näher begründete negative Haltung, die dem Verkäufer zu Beginn des Verkaufsgespräches begegnet.

k) *„Der letzte Versuch"*, der letzte Einwand kurz vor dem Kaufentschluß, oft auch eine Wiederholung. Ton und Dosierung verraten, daß der Kunde kaufreif ist.

Hier einige kurze, aus Raummangel stark schematisierte Hinweise, wie man in diesen zehn Fällen verfahren kann:

Unausgesprochene Einwände

a) Der Verkäufer kann die Anzahl der unausgesprochenen Einwände schon dadurch vermindern, daß er seinen eigenen Wortschwall stark eindämmt, um zu einem wirklichen Gespräch (Frage und Antwort) mit dem Kunden zu gelangen. Je mehr der Kunde ins Reden kommt, um so aufschlußreicher offenbart er seine Gründe für und gegen das Angebot. Manchmal muß der Verkäufer den Kunden auch förmlich dazu zwingen, sich zu äußern. Die Frageargumentation (manchmal sogar provozierender Art) ist hier eine ausgezeichnete Methode (siehe Kapitel 9).

Das Gespräch konzentriert man auf die Situation *des Kunden* und *seine* Probleme anstatt auf das Angebot als solches.

Diese Taktik bietet keine besonderen Schwierigkeiten, sie erfordert nur Selbstdisziplin und Selbstkontrolle, damit der Verkäufer nicht der Versuchung erliegt, selbst zuviel zu reden. Wenn man fühlt, daß der Kunde irgendeinen Einwand auf der Zunge hat, so ist es am besten, den direkten und geraden Weg gegen das Hindernis zu wählen: Fragen Sie ihn, was er nicht versteht, ob er sich irgendeinen Einwand überlegt oder womit er nicht einverstanden ist. In der Regel wird der Kunde freimütig antworten und froh sein, sich aussprechen zu können, ganz besonders, wenn er aus Gründen des Taktes nichts Unvorteilhaftes sagen wollte. Machen Sie es deshalb dem Kunden leicht, seine Einwände zu äußern. Manchmal müssen Sie den Einwand auch selbst aussprechen, wenn der Kunde es nicht darf oder sich geniert. Erst wenn ein Einwand ausgesprochen ist, kann man ihn entkräften.

Ausreden

b) Bei Ausreden soll man nicht allzuviel Zeit verschwenden. Sie stellen ja keine wirklichen Einwände dar. Auch *wenn* man sie beantworten könnte, wäre man damit dem Verkaufsziel nicht wesentlich näher gekommen. Hinzu kommt noch das Risiko, daß der Kunde sich veranlaßt fühlt, die Ausrede als ernsten Einwand verteidigen zu müssen. Außerdem würde man dabei unnötig Verärgerung riskieren. Ausreden erkennt man in der Regel daran, daß sie in keinem Zusammenhang mit der übrigen Argumentation des Kunden stehen.

Es gibt verschiedene Methoden, mit Ausreden schnell fertig zu werden: Man kann sie überhören. Man kann den Kunden bitten, etwas später auf das Thema zurückkommen zu dürfen, in der Hoffnung, daß er unter dem Eindruck des weiteren Gesprächs von der kritischen Bemerkung Abstand nimmt. Manchmal können Ausreden auch mit einigen wenigen Worten abgefertigt werden. Und endlich können Sie dem Kunden recht geben und weiter verkaufen.

Vorurteile

c) Vorurteile und vorgefaßte Meinungen sind unangenehm. Selbst wenn die Ansicht des Kunden vollkommen falsch ist, hilft kein Gegenbeweis. Ist ein Kunde der Meinung, daß die Einführung der automatischen Zeitkontrolle in seinem Büro Unzufriedenheit schaffen muß, daß ein Auto für ihn unbedingt Vorderradantrieb haben muß, daß grün angestrichene Schreibmaschinen häßlich sind, daß alle französischen Parfüms besser sind als deutsche und daß Handel durch Zwischenhände ein Übel ist, so ist es sehr schwer, dagegen erfolgreich zu *argumentieren*. Die Ansicht des Kunden ist in solchen Fällen gefühlsmäßig bedingt, und logische Argumente prallen einfach ab. Wenn Sie, ohne den Verkauf zu gefährden, es vermeiden können, darauf einzugehen, tun Sie es! Lassen Sie den Kunden bei der Ansicht, daß Grün nicht die schönste Farbe für Schreibmaschinen ist, wenn das Aussehen von untergeordneter Bedeutung ist. Geben Sie zu, daß Vorderradantrieb etwas für sich hat: aber gehen Sie dann ruhig auf die Vorteile Ihres Fabrikates für die deutschen Straßenverhältnisse ein. Mit dem Parfüm verfahren Sie ähnlich, d. h. lenken Sie von der Frage des Ursprungs ab. Überhören Sie die Bemerkung über den

Zwischenhandel, konzentrieren Sie das Gespräch auf das Angebot und den für den Kunden günstigen Umstand, Lagerware kaufen zu können und mit Einfuhrformalitäten und Finanzierung nichts zu tun haben zu müssen.

Die Frage der automatischen Zeitkontrolle ist vielleicht nicht so einfach, da das Vorurteil des Kunden einen zentralen Punkt Ihres Angebots berührt, wodurch das Geschäft in Frage gestellt wird. Geben Sie zu, daß der betreffende Gedankengang naheliegt, zeigen Sie dann (an Hand von Originalaussagen ähnlicher Unternehmen), welche Erfahrungen andere in einer ähnlichen Situation gemacht haben. Ziehen Sie Vergleiche mit anderen technischen Maßnahmen für Leistungssteigerung, die der Kunde schon selbst vorgenommen hat (solche Beispiele sind besonders wirkungsvoll). Schlagen Sie dem Kunden Ihre Unterstützung bei der Einführung des neuen Systems vor, um eine positive Einstellung des Personals zu erreichen usw.

Boshafte Einwände

d) Übereilen Sie sich vor allen Dingen nicht und lassen Sie sich nicht hinreißen, „einzuschnappen". Können Sie den Einwand überhören, tun Sie es. Die schlechte Laune des Kunden braucht nicht unbedingt vom Verkäufer hervorgerufen zu sein. Vielleicht will er auch nur das geistige Stehvermögen des Verkäufers prüfen. Zu solchen Einwänden gehören auch Gerüchte, die der Kunde irgendwo aufgeschnappt hat (Preisfall, Einfuhrverbot usw.). Man kann sie unschwer auf ihre wirkliche Bedeutung zurücklenken. Im übrigen sind boshafte Einwände mit Ausreden weitläufig verwandt und können manchmal ähnlich behandelt werden.

Informationswünsche

e) Ein Einwand, der zu genauerer Auskunft über das Verkaufsobjekt auffordert, ist natürlich vom Verkaufsstandpunkt aus sehr positiv zu werten. Er ist ein Beweis für ein wirklich vorhandenes Interesse und weist den Verkäufer auf Mängel in seiner Argumentation hin, wobei er sofort Gelegenheit hat, diese zu reparieren.

Lernen Sie Einwände dieser Art schnellstens erkennen! Sie haben meistens einen fragenden (nicht behauptenden) Charakter, wenn nicht in der Formulierung, so doch im Ton. Zum Beispiel: „Kaltgepreßte Nieten können ja doch wohl nicht gedrehte ersetzen?!“ oder „Dieser Stoff kann doch wohl nicht von der gleichen Güte sein wie der andere, teurere!“ oder: „Das hört sich ja alles ganz gut an, aber wir können ja doch nicht unsere ganze Waschmittelherstellung auf den Kopf stellen nur auf Grund einer *Möglichkeit*, die Qualität zu erhöhen, nicht wahr?“ Der Kunde benötigt eine sachlich überzeugende Erklärung oder Beweisführung.

Der Verkäufer sollte sich daran gewöhnen, die meisten Einwände als eine Aufforderung zu weiterer und besserer Information anzusehen (auch wenn er glaubt, sie gehörten der Kategorie d oder f an). Dann werden seine Antworten nicht nur positiver, sondern auch ruhiger, bestimmter und überzeugender.

Geltungs-bedürfnis-einwände

f) Viele Einwände lassen sich auf das Bedürfnis des Kunden zurückführen, eine eigene Meinung herauszustellen. Er will zeigen, daß er nicht zu beeinflussen ist oder daß seine Stellung ihn von Lieferanten unabhängig macht. Einwände aus Eigensinn oder Geltungsbedürfnis stehen erstaunlich oft im umgekehrten Verhältnis zu den Vorteilen des Angebots – je günstiger das Angebot, desto mehr hat der Kunde das Bedürfnis, eine abweichende Meinung herauszustellen. Bei einiger Menschenkenntnis findet man eine solche Einstellung durchaus verständlich. Oft fühlt sich der Kunde durch allzu sichere Argumentation und allzu selbstzufriedenes Auftreten des Verkäufers zu dieser Haltung herausgefordert. Benutzen Sie deshalb keine überschwenglichen Argumente, treten Sie nicht zu sicher auf und behaupten Sie nicht, sondern fragen Sie. Geben Sie sich dem Kunden gegenüber nicht den Anschein, daß Sie alle echten Geistesblitze für sich gepachtet haben. Steuern Sie das Gespräch so, daß der Kunde seine eigenen Ideen in Ihren Gedankengängen bestätigt findet. Lassen Sie ihn selbst an der Ausarbeitung des Vorschlags teilnehmen! Bitten Sie um Aufschlüsse und Ratschläge, machen Sie ihn zum „Mitarbeiter“! Manchmal ist es notwendig, Einwände in Ihrem Vorschlag zu berücksichtigen und dadurch eine Kompromißlösung anzustreben – die natürlich den Kunden irgendwie verpflichtet. Solche Kompromisse, die ein gewisses Nachgeben des Verkäufers bedeuten, sind einer Einigung meist außerordentlich förderlich.

Subjektive Einwände

g) Jeder Verkäufer muß lernen, zwischen subjektiven und objektiven Beanstandungen zu unterscheiden. Die Vortrefflichkeit einer Ware zu beweisen, hilft dem Verkäufer noch lange nicht, den Kaufwiderstand eines Kunden zu überwinden, dem die Ware für seine Zwecke nicht gefällt (vergleichen Sie auch das Verhältnis zwischen Qualität und Zweckmäßigkeit des Angebots in Kapitel 6). Dort steht u. a., daß Qualität nicht unbedingt Kaufverlangen auslöst. Zu allen Zeiten gab es Menschen, die glaubten, ihre Probleme seien ganz besonderer Art, ihre Arbeitsaufgaben könnten nicht mit denen anderer verglichen werden, und die Erfahrungen anderer seien auf sie nicht anzuwenden, oder die grundsätzlich alles anders machen und eigene Wege gehen wollen. Jedesmal, wenn ein Verkäufer solchen subjektiven Einwänden begegnet, kann er annehmen, daß seine Argumentation zu sehr auf die Ware anstatt auf den Kunden und dessen Probleme ausgerichtet ist.

Wenn der Verkäufer Referenzen und Empfehlungsschreiben benutzt, was sehr zu begrüßen ist, muß er bei der Auswahl vorsichtig sein. Es empfiehlt sich, Äußerungen von Unternehmen und Kunden zu wählen, die nach ihrer Bedeutung und Aufgabenstellung dem zu besuchenden Kunden entsprechen. Der Verkäufer muß sich eine möglichst eingehende Kenntnis über den Kunden und seine Arbeitsprobleme verschaffen, was in vielen Fällen nur durch Untersuchungen am Ort selbst möglich ist. Auch Probeangebote, Versuche, Probeeinbau, Garantien, Rückgaberecht und ähnliche Hilfen der Angebotstechnik können dazu beitragen, Zweifel des Kunden zu überwinden. Die Erfahrung zeigt, daß der Kunde auch subjektive Einwände fallen läßt, wenn er sich davon überzeugt hat, daß der Verkäufer wirklich ein Fachmann ist, der sich mit seinen besonderen Problemen vertraut gemacht hat (oder bereit ist, dies zu tun). Je persönlicher der Verkäufer argumentieren kann, desto größer sind seine Aussichten, schwierigen subjektiven Einwänden zu entgehen.

Ein Wort nebenbei: Subjektive Einwände sind wahrscheinlich die schwierigsten. Patentrezepte dagegen gibt es ebensowenig wie gegen andere Einwände, sondern nur Hinweise, wie Sie sie hier verzeichnet finden. In einigen Fällen hat der Kunde ganz einfach recht, in anderen gibt es nichts, was ihn überzeugen kann. Kein Verkäufer ist imstande, mit allen mutmaßlichen Kunden fertig zu werden.

Objektive Einwände

h) Hier sollte sich der Verkäufer „zu Hause" fühlen! Er ist es in der Regel auch – manchmal vielleicht zu sehr. Bevor Sie eine fehlerhafte Auffassung des Kunden berichtigen, lassen Sie ihn fühlen, daß Sie seine Ansicht verstehen und diese an seiner Stelle vielleicht auch gehabt hätten, z. B.: „Diese Leistungsdaten klingen tatsächlich fast unwahrscheinlich, wenn man sie das erste Mal hört. Tatsache ist, daß auch wir ziemlich skeptisch waren, als wir vor diesen Verbesserungen standen. Wir haben deshalb Versuche angestellt, deren Ergebnisse ich hier habe."

Allgemeiner Kaufwiderstand

i) In diesem Falle handelt es sich nicht um Einwände in der eigentlichen Bedeutung des Wortes, da die Einwände des Kunden in der Regel bei Beginn des Verkaufskontaktes nicht konkret sind und auch nicht sein können. Darauf einzugehen, wäre verfrüht. Das Verkaufsgespräch würde sich leicht in Gegensätzen festfahren. Bei keiner Gelegenheit ist die Gefahr eines Wortstreites, der den Kontakt direkt abschneiden kann, so groß wie zu Beginn des Gesprächs. Um dieser Art von Kaufwiderstand einigermaßen zu entgehen, sollte man den Hinweisen über das Aufmerksamkeitsmoment im Verkaufsvorgang (Kapitel 13 und 17) folgen. Zeigt sich laufend ein starker Kaufwiderstand zu Beginn von Besuchen, so sind Verkaufstaktik oder Angebot fehlerhaft.

„Letzter Versuch"

k) Dieser Einwand – „kurz vor Toresschluß" – ist selten ernst gemeint. Jedem Kaufentschluß, wie jedem anderen Entschluß, geht ein unbehagliches Gefühl der Endgültigkeit einer Entscheidung voraus. Der Gedanke an die Ausgabe, an die Folgen des Kaufes, an die Schwierigkeiten, die mit dem Kauf und der Anwendung verbunden sind, die Angst, sich übereilt oder keinen vorteilhaften Kauf gemacht zu haben, sind ganz normale Gedanken und Gefühle, die sich in Letzten-Augenblick-Einwänden ausdrükken. Oft sind sie nur Wiederholungen eines Einwandes, den der Kunde früher schon gemacht hat, was die Widerlegung erleichtert.

Die Wiederholung eines Einwandes kann auch eine Warnung sein: Sie ist manchmal ein Zeichen dafür, daß der Verkäufer den Einwand nicht zufriedenstellend beantwortet hat, als er zum ersten Mal aufkam. Hier macht sich das Vertrauen, das der Verkäufer während des Gespräches bei seinen Kunden gewonnen hat, bezahlt. Ein beruhigender Hinweis kann dann genügen.

Nicht selten aber ist ein Einwand dieser Art nur Schein und deutet den bevorstehenden Kaufentschluß an. Anstatt einen derartigen Einwand direkt zu beantworten, kann man oft eine indirekte Aufforderung zum Kauf anbringen und dadurch schnell zum Abschluß kommen. Beispiel: Kunde: „Die Maschine ist trotz allem reichlich groß für die wenige Wäsche in unserem Haushalt." Verkäufer: „Sollen wir sie Ihnen morgen ins Haus schicken, damit Ihre Gattin sie probieren kann?"

II. Den richtigen Zeitpunkt für die Antwort zu wählen, ist viel wichtiger, als allgemein angenommen wird, und oft ebenso wichtig wie die Antwort selbst.

Man kann antworten,

a) *bevor* der Einwand ausgesprochen wurde,

b) *sofort,*

c) *später* und

d) *niemals.*

Für jede dieser 4 Möglichkeiten gibt es eine Vielzahl guter Gründe.

Vorher

a) Wenn man merkt, daß der Kunde sowieso einen bestimmten Einwand machen wird, kann es ratsam sein, ihm zuvorzukommen und ihn selbst aufzugreifen. Auf diese Weise braucht der Verkäufer nicht zu widersprechen. Das Risiko eines Wortstreits wird vermindert. Als Verkäufer haben Sie außerdem den Vorteil, die Formulierung des Vorwandes selbst zu wählen. Sie greifen dabei den Einwand zu einem Zeitpunkt auf, den Sie selbst bestimmen, und der Kunde merkt, daß Sie nicht versuchen, etwaige Nachteile zu vertuschen, sondern freimütig alles Für und Wider klarlegen. So schaffen Sie sich von Anfang an eine Vertrauensgrundlage. Außerdem verliert der vorweggenommene Einwand an „Gewicht", denn Sie und nicht der Kunde haben ihn zuerst aufgegriffen.

Außerdem gewinnen Sie noch eine Menge Zeit, wenn Sie einen Einwand selbst aufgreifen und behandeln. Der Kunde fühlt, daß Sie sich in ihn und seine Reaktionen hineindenken können. Manchmal werden Sie diese Taktik auch benutzen, um Widerstände und Ansichten des Kunden hervorzulocken, die er sonst nicht äußern würde.

Ein geschickter Verkäufer lernt in kurzer Zeit die „üblichen" Einwände gegen sein Angebot kennen, und seine Kundenkenntnis sagt ihm rasch, welche Einwände er bei der Denkweise des Kunden zu erwarten hat. Damit dürfte auch die Frage beantwortet sein, ob der Verkäufer in Problem 4 richtig gehandelt hat. Je mehr Einwände Sie voraussehen und in ihre Darstellung „hineinpacken" können, desto besser. Haben Sie mitgezählt, wieviel Vorteile Ihnen die „Vorgreif"methode gibt?

Sofort

b) Sicherlich ist dies der gewöhnlichste Zeitpunkt; er sollte in allen Normalfällen angewendet werden.

Nachher

c) Die Antwort aufzuschieben, ist in sieben Fällen die richtige Methode:

1. Wenn man den Einwand nicht zufriedenstellend beantworten kann. Altmann in Problem 5 handelte doch wohl richtig, indem er die Antwort aufschob; die Antwort des technischen Sachverständigen hat ein stärkeres Gewicht als die des Verkäufers. Der Verkäufer zeigt mit dieser Methode, daß er die Einwände nicht leichtfertig behandelt und erzielt ein Vertrauensplus.

2. Wenn eine unmittelbare Antwort den Verkaufsvorgang ungünstig beeinflussen könnte, d. h. den richtigen Aufbau des Verkaufsprozesses stören würde. Der Verkäufer muß

sich das Recht vorbehalten, *den Zeitpunkt* seiner Antwort selbst zu bestimmen. Die Initiative dem Kunden zu überlassen, hieße sich einem Verhör auszusetzen.

3. Wenn man nicht unmittelbar widersprechen will, sei es, um den Kunden nicht zu verärgern, sei es, um nicht den Eindruck eines „Widerlegungsroboters“ zu machen, sei es, um einen taktisch oder psychologisch günstigeren Augenblick abzuwarten.

4. Ein Einwand verliert an Bedeutung, je länger die Verhandlung fortschreitet.

5. Wenn man durch den Aufschub erhoffen darf, der Notwendigkeit einer Antwort entgehen zu können. Einige Einwände beantworten sich auch selbst nach einiger Zeit.

Ausreden aus Geltungsbedürfnis oder schlechter Laune können oft vom Kunden selbst im Laufe der Unterhaltung als unbegründet oder unwesentlich empfunden werden, so daß er eine Antwort nicht mehr erwartet, wenn der Verkäufer es versteht, den Zeitpunkt der Entgegnung etwas aufzuschieben.

6. Ständig kommt es vor, daß Verkäufer „ihr Gesicht verlieren“ beim Versuch, eine Antwort auf einen Einwand zu geben, den sie im Augenblick nicht beantworten können. Eine übereilte, schlechte Antwort gefährdet den ganzen Verkauf, besonders wenn sie durch einen ernsthaften Einwand hervorgerufen wurde. Unkenntnis eingestehen, kann manchmal womöglich den Verkauf verzögern (aber nicht immer), erzeugt in der Regel aber Respekt vor der Zuverlässigkeit des Verkäufers. Das Risiko eines Mißerfolges im Verkauf ist dabei geringer als bei einer schlecht durchdachten Antwort.

7. Wenn der Einwand des Kunden ganz aus dem Rahmen des Gesprächs fällt, einer Erklärung vorgreift, die der Verkäufer etwas später zu geben gedachte, oder der Kunde abseits liegende Gedankengänge anführt, ist es ratsam, die Antwort aufzuschieben. Es gibt Einwände, die überhaupt nicht richtig beantwortet werden können, bevor das Gespräch eine gewisse Entwicklungsstufe erreicht hat.

Waren dies nun sieben oder mehr Vorteile?

Niemals

d) Es ist schon erwähnt worden, daß Ausreden, übellaunige Einwände und vor allem der allgemeine Kaufwiderstand zu Beginn des Besuches tunlichst übergangen werden. Das gleiche gilt für Ablenkungsmanöver, Fallen und Bemerkungen, die nicht den Kern der Verhandlung berühren. Kommentare über Konkurrenten oder Geschäftsgeheimnisse läßt man sich auch nicht entlocken. Auch dort, wo der Kunde unbeschadet recht behalten kann, wird man einem Einwand nichts entgegnen.

12 taktische Ratschläge

III. Allgemeine taktische Ratschläge, *wie* Einwände beantwortet werden sollen:

Lokalisierung

a) Lokalisieren Sie den Einwand genau, bevor Sie antworten. Der wirkliche Einwand kann hinter einem Vorwand versteckt liegen. Auch ernsthaft vorgetragene Einwände können irreführend sein und den wirklichen Kaufwiderstand verbergen, den der Kunde nicht nennen will oder dessen er sich selbst nur dunkel bewußt ist. Wenige Kunden sprechen z. B. gern davon, daß sie nicht zu kaufen wagen, ohne die Zustimmung anderer Personen eingeholt zu haben, deshalb schieben sie andere Gründe für ihre Unentschlossenheit vor. Man gibt auch nicht gern zu, daß man es sich zur Zeit nicht leisten kann, eine bestimmte Ware zu kaufen, oder daß die Geschäfte schlecht gehen. Statt dessen sucht der Käufer mit der Lupe nach Mängeln oder Fehlern, um andere Einwände vorschieben zu können. Ein Einkäufer sagt auch nicht gern, daß er nicht befugt ist, eigenmächtig zu kaufen; statt dessen bemängelt er das Angebot. Ein anderer begründet seine Weigerung, beispielsweise eine Frankiermaschine zu kaufen, damit, daß er eine billigere anderweitig zu kaufen gedenke, statt zuzugeben, daß seine tägliche Post nicht den Umfang hat, der einen solchen Einkauf rechtfertigt.

Warum?

Man ist also oft gezwungen, einen Einwand genau zu erforschen, bevor man antwortet. Einige Verkaufssachverständige behaupten, wahrscheinlich mit Recht, daß beinahe jeder Einwand nur eine Tarnung für einen anderen Einwand ist. Die einfachste Art, den wirklichen Einwand zu lokalisieren und überhaupt Aufschlüsse über die Hintergründe der Äußerungen und Reaktionen des Kunden zu bekommen, ist, eine einfache Frage zu stellen: „Warum?“ (z. B.: „Warum finden Sie, daß es sich so verhält?“), wenn man das ohne Gefahr einer Auseinandersetzung tun kann. Je weniger wirkliche Gründe der Kunde für seine Ansicht hat, desto schwerer fällt ihm die Antwort. Je mehr Aufschlüsse er Ihnen gibt, desto richtiger wird Ihre Erwiderung. *Gegenfragen* helfen Ihnen immer, mehr über die Hintergründe von Einwänden zu erfahren. Es gibt geschickte Verkäufer, die eine Einwandfrage prinzipiell erst mit einer Gegenfrage beantworten. Sie gewinnen Zeit zur Überlegung und größere Sicherheit für eine Entgegnung.

b) Antworten Sie immer ruhig und freundlich! Gereizte Antworten sagen dem Kunden, daß der Einwand Sie belastet, und schon wird es schwieriger, ihn zu überzeugen. Eine unbeschwerte Art, eine entspannte Haltung, ein Lächeln, eine klare und überzeugende Stimme haben gerade bei schwierigen Einwänden eine stark beeinflussende Wirkung.

c) Widersprechen Sie einem Kunden niemals direkt! Auch wenn er noch so unrecht hat – durch Ihren Widerspruch wird er bestimmt nicht überzeugt. Versuchen Sie deshalb, seinen Einwand „aufzufangen“!

d) Respektieren Sie die Ansichten des Kunden, auch wenn sie „falsch“ sind und von Ihnen nicht geteilt werden.

e) Viele Einwände entspringen dem Geltungsbedürfnis und dienen der Stärkung des Prestiges des Kunden. Geben Sie dem Kunden deshalb häufiger recht.

f) Seien Sie zurückhaltend mit persönlichen Urteilen („*Ich* würde an Ihrer Stelle ...“, „*Ich* verwende das selbst“), wenn der Kunde sie nicht verlangt oder Sie nicht offen als für ihn maßgeblichen Ratgeber und Fachmann anerkennt.

g) Bringen Sie Ihre Erwiderung in konzentrierter Form vor! Zerreden Sie Ihre Ansichten nicht. Der Kunde wird leicht durch eine allzu ausgedehnte und umständliche Entgegnung zum Widerspruch gereizt. Je weiter Sie ausholen, desto mehr Blößen geben Sie sich.

Wirkung kontrollieren

h) Kontrollieren Sie, z. B. durch vorsichtige Fragen, ob der Kunde Ihre Antwort anerkennt. Geben Sie nicht nach, bevor Sie sicher sind, daß es Ihnen wirklich geglückt ist, seinem Einwand zu begegnen. Gehen Sie auch nicht wie die Katze um den heißen Brei herum. Fragen Sie im geeigneten Fall ruhig geradeheraus, ob der Kunde mit Ihrer Antwort zufrieden ist. Dann haben Sie eine Garantie dafür, daß Ihre Erwiderung ihren Zweck erfüllt hat.

i) Verweilen Sie nicht länger beim Einwand, als Punkt g) erfordert. Wechseln Sie den Gesprächsstoff, und treiben Sie die Verhandlung vorwärts!

k) Lernen Sie Ihre Ware und deren Einsatz (noch) besser kennen.

l) Lernen Sie Ihre Kunden (noch) besser kennen.

m) Bereiten Sie sich (noch) eingehender auf alle erdenklichen Einwände vor.

Wie soll Einwänden darstellungstechnisch begegnet werden?

16 darstellungstechnische Methoden

Die Präventivmethode

1. *Die Präventivmethode oder vorbeugende Darstellung.* Sie bedeutet, daß Sie Ihr Gespräch so aufbauen, daß der Kunde überhaupt nicht zu Einwänden kommt, weil ihm kein Anlaß dazu gegeben wird. Besonders aggressive Verkäufer sind in ihrer Argumentation zu scharf und reizen den Kunden zum Widerspruch. Viele Einwände kann man erstikken, indem man *ein* Verkaufsargument in eine Vielzahl von Teilargumenten aufteilt und sie außerdem in Frageform vorträgt. Nach jedem Punkt vergewissert man sich, ob der Kunde ihn akzeptiert hat. Man „dosiert“ die Argumentation. Setzen Sie eher zuwenig als zuviel als selbstverständlich in bezug auf positive Einstellung und Sachkenntnis voraus.

Viele für Sie selbstverständliche Tatsachen sind für den Kunden lose Behauptungen, wenn Sie den Kunden nicht langsam und vorsichtig in Ihren Gedankengang einführen und Ihre Argumente beweisen. Auch das Tempo der Darstellung hat seine Bedeutung und Ihre Art, die Ausführungen niveaumäßig dem Aufnahmevermögen des Kunden anzupassen.

Es ist klar, daß der Verkaufsleiter in Problem 3 den bewußten Verkäufer vor allem in der vorbeugenden Methode unterwies, um die ungewöhnlich hohe Zahl von Einwänden zu vermindern.

Die Ja-und-Methode

2. *Die „Ja, ... und-Methode"*. Man stimmt zuerst dem Kunden zu. Damit wird das Widerspruchsbedürfnis des Kunden entwaffnet, und er wird für die Gegenargumente aufnahmebereiter. Beispiel: „Sie haben völlig recht, daß ein leichtes Gewicht den Erschütterungswiderstand vermindert, ..." Durch allzu häufigen Gebrauch fängt andererseits die bisher gebräuchliche „Ja – aber"-Methode an, unwirksam zu werden. Das Wort „Aber", wird ein Warnungssignal für den Kunden („aha, *jetzt* kommt das, was der Verkäufer wirklich sagen will"). Vermeiden Sie es. Die Antwort wird dadurch wirkungsvoller. Beispiel: „Es ist völlig richtig, daß ein leichtes Gewicht den Erschütterungswiderstand vermindert. Und deshalb ist die Frage, um wieviel? Und außerdem – wie wirkt sich diese Verminderung auf die Stabilität aus? Hier liegen die Ergebnisse sehr kritischer Untersuchungen aus der Praxis vor, die vorher auch vom ... Institut der Technischen Hochschule in ... gemacht worden sind." Also Änderung von „aber" in „und". Das Kundenargument wird akzeptiert und weiterentwickelt.

Die Bumerangmethode

3. *Die Bumerangmethode.* Viele Einwände sind im Gegensatz zu der Annahme des Kunden direkt oder indirekt ein Vorteil für das Angebot und können Ausgangspunkt einer Beweisführung in diesem Sinne sein. Geben Sie dem Gesprächspartner einen solchen Einwand unmittelbar zurück: „Es ist doch unnötig, eine Vollkaskoversicherung für das Auto abzuschließen. Ich fahre so wenig, daß mir kaum etwas passiert." – „Gut, daß Sie das erwähnen. *Gerade deshalb wollte ich Ihnen eine Vollkaskoversicherung vorschlagen.* Die Prämie vermindert sich um 10% für jedes schadenfreie Jahr. Je vorsichtiger man fährt, desto mehr lohnt sich eine solche Versicherung, die Sie gegen empfindliche Reparaturkosten schützt, falls der Wagen einen größeren Schaden bekommen sollte. Und ein Schaden kann ja ohne eigenes Verschulden eintreten, nicht wahr?" – „Ja, das ist

klar. Aber wenn der Wagen draufgeht, reicht doch die gewöhnliche Versicherung aus." – „Gewiß, doch *auch dieser Gesichtspunkt spricht für eine Vollkaskoversicherung*, denn es passiert ja glücklicherweise sehr selten, daß ein Wagen bei einem Zusammenstoß oder beim Abrutschen auf vereister Straße vollständig zerstört wird. Bei einer Vollkaskoversicherung werden eben alle entstehenden Kosten bezahlt."

Verzögerungsmethode

4. *Die Verzögerungsmethode.* Hierbei verschiebt der Verkäufer seine Antwort auf einen geeigneten Zeitpunkt, um eine treffendere Antwort geben zu können. Schon ein paar Sekunden oder Minuten Zeitgewinn können wertvoll sein. Der Verkäufer kann wiederholen, was der Kunde gesagt hat, und sich vergewissern, daß er den Einwand richtig aufgefaßt hat. Auch kann er den Kunden bitten, deutlicher zu werden, Beispiele anzuführen, seinen Einwand näher zu begründen. Weiterhin kann der Verkäufer den Einwand in seine verschiedenen Bestandteile zerlegen und mit dem Kunden darüber reden. Wenn der Kunde auf diese Weise veranlaßt wird, seinen Einwand konkret zu durchdenken, wird ihm vielleicht klar, daß er unberechtigt war und zieht seine Bedenken zurück. Schließlich kann der Verkäufer sich auch ein paar Minuten Bedenkzeit auserbitten.

Zustimmung plus Ausgleich

5. *Zustimmung plus Ausgleich.* Die Richtigkeit völlig berechtigter Einwände zu bestreiten, ist kurzsichtig und ausgeprägter „Hochdruckverkauf". Der Verkäufer gewinnt mehr dadurch, dem Kunden recht zu geben, gegebenenfalls die praktische Bedeutung des Nachteils einzuschränken oder ausgleichende Vorteile herauszustellen. Wichtig ist nur, daß der Verkäufer nicht „sprachlos" dasteht.

Einwände „dämpfen"

6. *Die Wiederholungs- und Milderungstaktik* (auch Umformulierungsmethode). Es ist schwer, einer unsachlichen und übertriebenen Behauptung zu begegnen. Man kann diese Schwierigkeit vermindern, wenn man den Einwand in gemilderter Form wiederholt und ihn dann beantwortet oder vielleicht nur umformuliert. Beispiel: „Haben Sie die Preise schon wieder erhöht? Es ist unglaublich, wie teuer Ihre Sachen geworden sind." – „Ja, Sie haben schon recht, der

Preis liegt höher als vor einem Jahr, und darüber Sind Sie nicht gerade erbaut ...“ – „Nein, bestimmt nicht!“ Danach dürfte es leichter sein, den Einwand in der neuen Fassung zu beantworten. Allein die Umformulierung eines Einwandes „Die sind mir viel zu teuer!“, z. B. in „Sie meinen, daß die Werkzeuge nicht gerade billig sind?“, vom Kunden als zutreffend bestätigt, erleichtert die Entgegnung.

Ein sehr geschickter Verkäufer von Dienstleistungen formuliert konsequent jeden Einwand um in „Sie fragen sich, ob wirklich ...?“ und nach Bestätigung seitens des Kunden beantwortet er den in eine Frage verwandelten Einwand.

Bedingte Zustimmung

7. *Bedingte Zustimmung.* Z. B. Kunde und Anzeigenvertreter Werner: „Ich halte nichts von Werbung“ – „In gewissem Sinne tue ich das auch nicht, denn sie ist alles andere als eine Patentmedizin. Und Sie haben ganz recht mit Ihrer Skepsis. Für die Werbung ist schon viel falsche Werbung gemacht worden. Nur bei einer nüchternen Planung, die drei wesentliche Unsicherheitsfaktoren soweit wie möglich ausschaltet, kann sie eine Umsatzsteigerung bringen, nämlich ...“

   Diese Antwort hat eine größere Chance, Kontakt mit dem Kunden herzustellen, als die sonst naheliegende Entgegnung: „Das kann man doch wohl nicht behaupten. Die Werbung hat doch schon sehr viel zuwege gebracht“ – eine Antwort, die bestenfalls zu weiteren subjektiven Einwänden führt („jedenfalls ist sie für mich wertlos“). Hingegen ist die zitierte Antwort entwaffnend und dürfte auch die Neugier des Kunden fördern, denn – daß ein Anzeigenvertreter die begrenzten Möglichkeiten der Werbung zugibt, dürfte der Kunde nicht erwartet haben. Außerdem wird es ihn wohl interessieren, zu erfahren, welche drei Unsicherheitsfaktoren der Verkäufer meint.

   Manchmal können Sie noch weitergehen und dem Kunden endgültig oder vorübergehend einfach recht geben, besonders in einer untergeordneten Frage.

Die vorwegnehmende Methode

8. *Die vorwegnehmende Methode.* Die Nützlichkeit dieser Methode ist schon früher angedeutet worden. Ein Einwand, dessen Anwendung durch den Kunden man mit Sicherheit

voraussehen kann, wird entscheidend dadurch abgeschwächt, daß der Verkäufer ihn von sich aus aufgreift und in die Kette seiner Darstellung einfügt.

Z. B. sagt der Verkäufer nach einer Beschreibung der Ware: „Nun könnte man natürlich glauben, daß der Druck, der sich in einem Druckkocher ansammelt, ein gewisses Risiko darstellt, aber durch dieses Sicherheitsventil ...“ Der Verkäufer weiß, daß viele Leute diese Explosionsgefahr fürchten, und findet es deshalb zweckmäßig, diesem Einwand zuvorzukommen. Gewiß soll man keine Befürchtungen erwecken, die gar nicht existieren. Aber, auch wenn der Kunde sie nicht empfinden sollte – vielleicht wird seine Umgebung sie ihm eingeben.

Ein anderes Beispiel: „Ich weiß, daß Sie während der letzten Jahre immer mit dem Material X gearbeitet haben (bevor der Kunde dies zum Haupteinwand machen kann), deshalb geht mein Vorschlag darauf aus ... Diese Verbindung konnte bisher nicht zum Schmelzen verwendet werden. Sie werden sich fragen, wie wir es fertigbringen. Es ist inzwischen gelungen, durch den Zusatz von ...“

Zusammenfassung

9. *Zusammenfassung mehrerer Einwände.* Die Wirkung mehrerer Einwände wird abgeschwächt, wenn diese „in einem Schwung“ behandelt werden, d. h. wenn man sie in einem Satz zusammenfaßt. Der Verkäufer in Problem 4 hatte diese und die achte Methode angewendet und beim Kunden Vertrauen gewonnen.

Unsinnigkeitsbeweis

10. *Der Unsinnigkeitsbeweis.* Wenn man alle Folgen eines Einwandes in ihrer ganzen Reichweite aufzeigt, kann man den Kunden dazu bewegen, die Unsinnigkeit des Einwandes einzusehen. Beispiel: „Sie finden es schwierig“, sagte der Verkäufer zu einem Einzelhändler, „Ihren Kunden eine wirkliche Qualitätsware zu verkaufen. Das würde bedeuten, daß die Kunden in einem Geschäft, das zu den ersten der Stadt gehört, eher eine weniger gute Ware angeboten bekämen als eine, deren Haltbarkeit erwiesenermaßen bedeutend größer ist. Und so würden Ihre Kunden in ein zweitrangiges Geschäft gehen müssen, um eine erstrangige Ware zu bekommen.“

11. *Annahme der Voraussetzung.* Besonders bei subjektiven Einwänden, die schwer zu erwidern sind, kann es vorteilhaft sein, auf eine Erwiderung zu verzichten und den Einwand des Kunden als eine gegebene Voraussetzung zu akzeptieren, wenn hierdurch die Vorteilhaftigkeit des Angebots nicht ernstlich verändert wird. Beispiel: „Angenommen, Ihre Befürchtungen würden zutreffen, so ist diese Maschine trotzdem das Geld, das sie kostet, wert, da sie ..." Ein bekannter französischer Anzeigenvertreter und Verkaufsfachmann benutzt folgende Version: „Nehmen wir einmal an, dieses Problem sei zu lösen ..." – er ersucht also den Kunden um die Annahme seiner Voraussetzung!

Die angenommene Voraussetzung

12. *Die Analogiemethode.* Einem Einwand kann man oft besser begegnen, wenn man einen Vergleich zieht, anstatt direkt zu erwidern. Man kann Vergleiche aus Gebieten, die man Kunden vertraut sind, heranziehen oder Parallelfälle anführen, die aus dem eigenen Erfahrungskreis des Kunden stammen. Z. B. beim Kauf von Diktiergeräten: „Als Sie daran dachten, sich diese Haustelefonanlage (die auf dem Schreibtisch des Kunden steht) anzuschaffen, fanden Sie zuerst sicher auch, daß Sie sich das nicht leisten könnten."

Vergleich

Man kann auch Fälle aus der eigenen Verkaufserfahrung anführen, die den Problemen des Kunden entsprechen. Beispiel: „Genau die gleichen Bedenken hatte die Firma X, als sie die Installation der Leuchtröhren in ihrem Zeichenbüro erwog. Sie bedachten dann ..."

13. *„Hinhaltende Verteidigung."* Wenn der Kunde den Verkäufer mit einer Reihe von Einwänden in gereiztem und abweisendem Ton förmlich bombardiert, ist es meist besser, nicht direkt zu antworten, sondern nur darauf bedacht zu sein, das Gespräch in Gang zu halten. Wenn der Kunde später auf seine Einwände zurückkommt, haben Sie sicherlich an Zahl und Stärke verloren.

Hinhaltende Verteidigung

14. *Die Fragemethode* birgt das geringste Risiko für eine unangenehme Diskussion. Diese Methode geht darauf aus, daß der Verkäufer nicht antwortet, sondern Fragen an den Kunden richtet, damit dieser seine eigenen Einwände selbst beantwortet. Ein Kunde für Lastkraftwagen z. B. sagt: „Ich

Die Fragemethode

brauche keinen so großen Wagen. Das kleine Modell der Firma X reicht durchaus.“ Das Übliche wäre, wenn der *Verkäufer* in dieser Situation dem Kunden zu beweisen versuchte, daß er doch den größeren Wagen braucht. Die Fragemethode entwickelt die Situation (vereinfacht und zusammengedrängt) folgendermaßen: „Wie groß ist Ihre durchschnittlich zu transportierende Last?“

„Schwer zu sagen, aber ungefähr zwei Tonnen.“

„Manchmal mehr und manchmal weniger, nicht wahr?“

„Jawohl.“

„Die Beanspruchung des Wagens ist teils abhängig von der Last, teils von der Straßenbeschaffenheit und dem Gelände?“

„Sicher, aber immerhin ...“

„Wird die Belastung des Wagens nicht in bergiger Landschaft und im Winter größer als unter guten Bedingungen?“

„Ja, schon.“

„Haben Sie mehr Fahrten im Winterhalbjahr als in den Sommermonaten?“

„Viel mehr; im Sommer ist das Geschäft ziemlich ruhig.“

„Kann man sagen, daß Ihr Fahrzeug mit einer Durchschnittslast von zwei Tonnen, die auch manchmal mehr werden kann, unter solchen Verhältnissen eigentlich mehr beansprucht wird?“

„Ja, das ist richtig.“

„Und das also während der Hauptbelastungszeit, nicht wahr?“

„Ja, im Winter.“

„Müßten Sie dann nicht der Wagenstärke etwas Spielraum geben?“

„Wieso?“

„Was entscheidet den Wert eines Lastkraftwagens auf längere Sicht?“

„Wie lange er hält, natürlich.“

„Von welchem Fahrzeug kann man erwarten, daß es länger hält, von einem mit Kraftüberschuß, also einem, das niemals überbeansprucht zu werden braucht, oder einem, das ständig mit Höchstbelastung fahren muß und bei dem man immer die Höchstleistungen des Motors ausnützen muß?"

„Von dem größeren."

„Ist die Entscheidung, die Sie zu treffen haben, nicht vor allem eine Frage der Lebensdauer?"

„Ja, Lebensdauer im Verhältnis zum Kaufpreis."

„Wie hoch der sich stellt, können Sie selbst mit Hilfe dieser Untersuchung ausrechnen, nicht wahr?"

„Das können wir ja mal versuchen."

„Also, zu welchem Ergebnis kommen Sie?"

Der Kunde rechnet und bespricht die Zahlen mit dem Verkäufer, der ganz darauf verzichtet, Einwänden zu begegnen, es sei denn mit der Fragemethode. Das Ende der Unterhaltung ist: „Welche Folgerungen können Sie aus dieser Berechnung ziehen?" – *„Daß ich für einen Mehraufwand von 2800 DM eine erhöhte Lebensdauer von 2 Jahren bekommen würde."*

Der Verkäufer hat durchweg den *Kunden selbst* seine eigenen Einwände beantworten lassen (siehe auch Kapitel 18).

Zeugenaussagen

15. *Zeugenaussagen.* Der Kunde vertraut am meisten seinem eigenen Urteil. Nach sich selbst traut er am meisten einem ihm bekannten, urteilsfähigen Dritten. Derjenige, dem er am wenigsten glaubt, unter Berücksichtigung der Subjektivität des Betreffenden – ist der Verkäufer! Sie haben gesehen, wie der Verkäufer den Kunden selbst auf seine eigenen Einwände antworten lassen kann. Die nächstbeste Methode ist oft, das Zeugnis anderer anzuführen. Wenn vom Kunden ein Einwand kommt, kann der Verkäufer antworten: „Ist Ihnen die Firma X bekannt? Kennen Sie Herrn Direktor Müller oder den leitenden Ingenieur der Fabrik?

Würde Sie deren Urteil interessieren? (Nach Erhalt einer bestätigenden Antwort) Herr Direktor! Im vorigen Jahr war die Firma X in einer gleichartigen Situation. Herr Müller erklärte damals ... Vielleicht ziehen Sie es vor, mit ihm selbst zu sprechen?"

Bei einer solchen Darstellung kann es zu keiner Auseinandersetzung zwischen dem Verkäufer und dem Kunden kommen. Der Verkäufer berichtet nur, was andere sagen. *Das A und O dieser Methode ist die Auswahl der Zeugen.* Bevor also der Verkäufer schildert, was ein anderes Unternehmen gesagt oder getan hat, sollte er sich zweckmäßigerweise durch ein paar Fragen darüber unterrichten, wen der Kunde als Zeugen anerkennt. Eine andere Bedingung ist unbedingte Ehrlichkeit. Eine dritte, die Wahrung von Geschäftsgeheimnissen und allgemeiner Verschwiegenheit. *Der Verkäufer soll den Kunden zur Kontrolle seiner Angaben auffordern* und möglichst auch den Kontakt mit der Referenz vermitteln. Hierdurch bekommt der Kunde den Eindruck unbedingter Zuverlässigkeit, und dem Verkäufer ist es möglich, die Initiative im Verkaufsgespräch zu behalten und weiter zu verhandeln.

Jede weitsichtige Verkaufsorganisation wird ihren Verkäufern wertvolle Kundenäußerungen zukommen lassen bzw. sie anfordern. Jeder weitsichtige Verkäufer wird seinerseits Kundenaussagen sammeln und zu einer Referenzliste zusammenstellen. Weshalb sollte er auf eine Erleichterung seiner Arbeit verzichten?

Die qualifizierte Gegenfrage: „Was würden Sie ...?"

16. *Die qualifizierte Gegenfrage.* Manchmal nützen keine, auch noch so gute, Entgegnungen. Der Kunde will nicht überzeugt werden. Oder man redet aneinander vorbei. Das Gesprächsklima kann ungünstig (geworden) sein. Da hilft häufig die qualifizierte Gegenfrage: „Was würde Sie denn überzeugen?" Oder auch: „Was würden Sie selbst darauf antworten?" Hierdurch wird der Verkäufer auch von der dauernden Last der Verteidigung befreit.

Wenn Sie einen Einwand erledigt haben, verweilen Sie nicht dabei. Das kann zu weiteren Gegenäußerungen reizen. Und außerdem wollen Sie ja nach dem Hindernis so schnell wie möglich auf das Verkaufsziel los.

Und jetzt können Sie wohl die vier einleitenden Fragen beantworten und die fünf Verkaufsprobleme lösen?

Verkauf ohne Einwände gibt es nicht. Wiegen Sie sich nicht in falscher Sicherheit, wenn der Kunde keine Einwände macht! Wenn Sie wissen, wann, was und wie Sie am besten antworten, können Sie die Hindernisse auf dem Weg zum Verkauf nehmen. Aber nur, wenn Sie sie „im Schlaf" beherrschen. Das erfordert echtes Training.

KAPITEL XI

Aller Anfang ist schwer – Wie man sich Zutritt verschafft

KÖNNEN SIE DIESE VIER FRAGEN BEANTWORTEN?

❶ In welchen Fällen sollten Sie ihren Besuch vorher anmelden, und wann können Sie Kunden unangemeldet besuchen?

❷ Was bedeutet die Alternativtechnik bei der Verabredung einer geeigneten Besuchszeit?

❸ Wie können Sie vermeiden, im Korridor empfangen zu werden?

❹ Wen soll der Verkäufer bei einem Erstbesuch aufsuchen, den namentlichen oder den wirklichen Einkäufer?

KÖNNEN SIE DIESE FÜNF PROBLEME LÖSEN?

① *Herr Linke, ehemaliger Angestellter im Hauptbüro einer Chemikalienfabrik, ist Verkäufer geworden und besucht nun den Großhandel. Linke hat früher viel Verständnis für den Verkauf gezeigt, er besitzt ausgezeichnete Warenkenntnisse, und jedesmal, wenn ihn der Chef zu Kundenbesuchen mitgenommen hat, hat er ein wendiges Auftreten an den Tag gelegt. Immer mehr ist es Linke gelungen, Verkaufsaufgaben bei diesen Besuchen zu lösen, so daß man ihn schließlich auch allein reisen läßt. Um so größer ist die Verwunderung, als Linke nach einigen Wochen selbständiger Verkaufstätigkeit noch keine Ergebnisse erzielt hat. Daraufhin entschließt sich der Chef, Linke bei einigen Besuchen zu begleiten, um die Gründe für das Versagen zu erfahren. Sofort aber werden wieder gute Abschlüsse ge-*

macht. Doch danach beginnt die Strähne der Mißerfolge von neuem ...

Was kann hier vorliegen? Weshalb dieser Unterschied in den Ergebnissen?

② *Als Verkaufsingenieur bemüht sich Köhler um den Absatz von Dieselmotoren. In einer Provinzstadt besucht er sechs Industriefirmen, von denen vier klar heraus sagen, daß sie nicht interessiert sind, bevor Köhler überhaupt Gelegenheit hatte, sein eigentliches Verkaufsgespräch zu beginnen. Er schreibt sie als mögliche Kunden ab und konzentriert seine Tätigkeit auf die beiden anderen Herren, die ihm Gelegenheit geben, sein Angebot anzubringen und zu erläutern. In der Verkäuferbesprechung behandelt der Verkaufsdirektor diese beiden Fälle und bemängelt, daß Köhler die vier anderen Möglichkeiten allzu leichtfertig aufgegeben hat.*

Mit Recht? Hätten Sie auch so gehandelt?

③ *Versicherungsinspektor Klein hat mit seinen Besuchen bei der Aktiengesellschaft X großes Pech. Stets ist der Verwaltungsdirektor entweder außer Haus oder in einer Konferenz. Sechs Besuche hat er deshalb schon vergeblich gemacht. Klein aber ist hartnäckig entschlossen, seine Besuche so lange zu wiederholen, bis er Glück hat. Seinen Besuch schriftlich oder telefonisch anzumelden, hält Klein nicht für richtig, da er Absagen befürchtet.*

Sie auch nicht? Welche Lösung hätten Sie Klein sonst vorzuschlagen?

④ *In der Verkäuferbesprechung berichtet einer der Vertreter der Lebensmittelfabrik Y, daß er dann und wann auf Kunden stößt, die ihn im Korridor empfangen, ihn fragen, worum es sich handle und ihm nicht die Möglichkeit geben, die Unterhaltung im Büro fortzusetzen. Natürlich möchte er gern dort eintreten, doch der Kunde sagt dann häufig, er habe keine Zeit, und bittet, den nächsten Besuch vorher telefonisch zu vereinbaren. Deshalb fragt sich der Vertreter, ob er darauf bestehen sollte, sein Anliegen im Bürozimmer vorzubringen, ob er im Korridor, sozusagen zwischen Tür und Angel, sein Angebot unterbreiten oder ob er wiederkommen soll.*

Haben Sie irgendeine Methode, um nicht zwischen Tür und Angel empfangen zu werden?

⑤ *Ich weiß nicht recht, was ich machen soll, erklärt Vertreter Baumgarten, denn gelegentlich passiert es mir, daß ich, bevor ich richtig begonnen habe, vom Kunden zu hören bekomme: „Machen Sie mir ein schriftliches Angebot, ich werde es mir ansehen." Baumgarten verkauft Baumaterial an große Bauunternehmer.*

Schaltet die Antwort des Kunden nicht eine Verkäufertätigkeit weitgehend aus? Würden Sie ihm zuvorkommen, oder wissen Sie eine andere Lösung?

Wenn der Verkäufer bei seinen Besuchen nur geöffneten Türen, einem einladenden Empfang und bereitgehaltenen Füllfederhaltern zum Unterschreiben des Auftrages begegnen würde, wäre der Beruf wirklich so leicht und lohnend, wie sich das Außenstehende gelegentlich vorstellen. Normalerweise beginnt das Verkaufsgespräch aber erst, wenn der Kunde schon einmal „nein" gesagt hat. Und manchmal geschieht dies schon an der Tür. Die meisten Kunden sind bei der ersten Fühlungnahme am Angebot gar nicht interessiert, müssen also erst interessiert werden. (Vergleiche auch Kapitel 8.)

Wenn der Kunde nicht interessiert ist

Der Verkaufsingenieur in Problem 2 kann nicht mit Erfolgen rechnen, wenn er alle Kunden abschreibt, die sagen, sie seien uninteressiert. In manchen Branchen wird der Verkäufer in beinahe jedem Falle mit einem solchen Bescheid empfangen (ebenso wie es in manchen anderen Wirtschaftszweigen kaum Schwierigkeiten für den Verkäufer gibt, sein Anliegen vorzubringen). Wenn der Kunde sich desinteressiert erklärt oder der Verkäufer nicht vorgelassen wird, beginnt erst seine eigentliche Arbeit. Der Kunde wäre ja sonst von selbst an den Verkäufer herangetreten oder hätte aus eigenem Antrieb eine Bestellung aufgegeben. Mangelndes Interesse zu Beginn eines Verkaufsgespräches darf den Verkäufer nicht veranlassen, die Flinte ins Korn zu werfen.

Ein Kollege des Verkaufsingenieurs wies daher auch darauf hin, daß Köhler entweder diesen Einwand des Kunden überhören oder einfach antworten könne: „Das habe ich auch nicht erwartet. Weshalb sollten Sie auch? Ich habe hier aber einige Aufzeichnungen, die Ihnen in wenigen Minuten Gelegenheit geben, festzustellen, was Ihnen der Einbau der Motoren einbringen wird." Mit diesen Worten wird ein ernster, unausgesprochener Einwand dem Kunden vorweggenommen: Zeitmangel! Kunden sind oft gehetzte Menschen, und es wird ihnen von redseligen Verkäufern viel Zeit gestohlen. Deshalb ist es vielfach schwierig, vorgelassen und angehört zu werden. Wenn es gelingt, den Kunden zu überzeugen, daß das Anliegen kurz ist oder zumindest, daß der Kunde in wenigen Minuten feststellen kann, ob das Angebot ihn interessiert, kommt man einen großen Schritt vorwärts.

Wie man die Verkaufsleistung steigert

Die Fähigkeit, sich Zutritt zu verschaffen, ist eine Voraussetzung für erfolgreiche Verkäufertätigkeit. Streng genommen gibt es für einen geschickten Verkäufer mit einer verkäuflichen Ware nur zwei Möglichkeiten, den Umsatz zu erhöhen:

Mehr Kunden oder Kunden häufiger besuchen!

Um das zu ermöglichen, muß die Verkaufsorganisation den Verkäufer weitgehend von auszufüllenden Formularen, Berichten und ähnlichem „Papierkrieg" während der Kundenbesuchszeit befreien, damit er die Arbeitszeit wirklich ausnützen kann. Der Verkäufer selbst sollte unbedingt darauf achten, jede „unproduktive" Tätigkeit nur außerhalb der Kundenbesuchszeit durchzuführen. Der erste Schritt für eine erfolgreiche Verkaufstätigkeit ist, die Verkaufszeit maximal auszunützen. Selten mehr als ein Fünftel der etwa 220 Tage oder 1760 Arbeitsstunden, die pro Jahr zur Verfügung stehen, kann als durchschnittliche aktive Verkaufszeit, d. h. Zeit von wirklichen Kundenverhandlungen, angesehen werden. Diese Zeit zu erweitern (mehr *aktive Verkaufszeit)* und sie wirkungsvoll auszunützen *(produktive Verkaufszeit),* ist eine vorrangige Planungsaufgabe.

Der zweite Schritt ist, eine geeignete Technik zu entwickeln, um bei mehr Kunden vorgelassen zu werden.

Aktive Verkaufszeit

Ein Ziel des Verkäufers sollte sein, die Zeit für den einzelnen Kundenbesuch zu verkürzen. Verkäufer der verschiedensten Branchen haben bestätigt, daß es durchaus möglich ist, die Besuchszeit pro Kunde zu verkürzen, ohne daß die Ergebnisse schlechter werden; im Gegenteil, durch die stärkere Konzentration werden sie besser. Die Zeit ist vorbei, in der Hin- und Hergerede ein „Hilfsmittel" des Verkäufers war. Beschäftigte Kunden – und wer gehört nicht dazu? – sind dankbar, Verkäufern zu begegnen, die sich kurz fassen. Alles in allem: Mehr Zeit für wirkliche

Besuchsarbeit, weniger unproduktive Arbeit und Verkürzung der Besuchszeit pro Kunde ermöglichen mehr Kundenbesuche und damit in der Regel bessere Geschäfte – *oft ohne Erhöhung des Arbeitseinsatzes.*

Fünf Gebote

Bei einem Kundenbesuch ist Ihr wichtigstes Problem, wie Sie dem Kunden schnellstens zu verstehen geben können:

1. daß Sie ein wichtiges Anliegen haben,

2. daß Sie sich zum richtigen Zeitpunkt an die richtige Person wenden,

3. daß Ihr Besuch kurz sein wird,

4. daß er keinerlei Verpflichtungen für den Kunden bedeutet und

5. daß Sie kein „Hochdruckverkäufer" sind.

Linke in Problem 1 gelang es bei Alleinbesuchen nicht, vorgelassen zu werden, daher konnte er nur verkaufen, wenn sein Chef ihm Einlaß beim Kunden verschaffte.

Die eigene Überzeugung

Erste Voraussetzung ist: Wenn Sie den Kunden von der Wichtigkeit Ihres Anliegens überzeugen wollen, müssen Sie selbst vom Wert Ihres Angebotes überzeugt sein! Sie selbst müssen fühlen und wissen, daß Sie dem Kunden durch Ihren Besuch einen Dienst erweisen, und nicht erwarten, daß er Sie irgendwie begünstigen oder bevorzugen soll. Können Sie das nicht, so stimmt etwas nicht: entweder das Angebot, die Wahl des Kunden oder Ihre Verkaufsmethode. Und weiter: Gewöhnen Sie sich daran, die Dinge immer mit den Augen des Kunden zu sehen. Fragen Sie sich: „Wie muß das Angebot sein und wie muß es vorgetragen werden, damit es mich als Kunden interessieren könnte?" Die Antwort auf diese Frage wird dazu beitragen, Schwierigkeiten zu überwinden, vorgelassen zu werden.

Es ist kein „Hochdruckverkauf", wenn Sie mit Nachdruck bei einem uninteressierten Kunden versuchen, vorgelassen zu werden – solange Sie davon überzeugt sind, daß Ihr Besuch wirklich den Interessen des Kunden förderlich ist. Lassen Sie sich nicht durch einen unfreundlichen Empfang verstimmen, und denken Sie daran, daß viele Ihrer Kunden überhaupt nicht mehr zur eigentlichen Arbeit kämen, würden sie alle Verkäufer, die sie aufsuchen, empfangen und anhören. Es gibt zahllose Beispiele lohnender Geschäftsverbindungen, die erst zustande kamen, nachdem der Verkäufer sich längere Zeit anstrengen mußte, auch nur zu einem Gespräch mit dem Kunden zu kommen.

Soll ich unangemeldet kommen?

Die große Frage vor einem Kundenbesuch ist oft: Soll ich meinen Besuch vorher ankündigen oder unangemeldet kommen? Allgemeine Regeln sind schwer aufzustellen. Eines ist jedoch klar: Falls Sie Ihren Besuch anmelden können, ohne das Risiko zu erhöhen, nicht empfangen zu werden oder beim Besuch einem genau durchdachten Kaufwiderstand zu begegnen, so tun Sie es! Am einfachsten beantworten Sie sich selbst folgende Fragestellung: *Muß ich meinen Kunden überraschen, um zu einem günstigen Gespräch zu kommen?*

Allzuviel Zeit wird in Wartezimmern, Korridoren und unterwegs vergeudet. Wenn Sie Zeit und Energie durch die vorherige Anmeldung sparen, haben Sie gleichzeitig den Vorteil, den Kunden zu einem ihm passenden Zeitpunkt anzutreffen, was natürlich eine günstige Ausgangsstellung für den persönlichen Kontakt bedeutet und Ihrem Anliegen ein ganz anderes Gewicht auch in den Augen des Kunden gibt, als wenn Sie „nur vorbeikommen“. Leider gibt es keine allgemeingültige Statistik über die Anzahl von Kundenbesuchen, die hauptsächlich deshalb mißglückten, weil sie zu einem für den Kunden ungeeigneten Zeitpunkt erfolgten – die Zahl würde wahrscheinlich außerordentlich hoch sein.

Wissen Sie schon vorher, daß ein Kunde keine unangemeldeten Besuche empfängt, werden Sie nicht unangemeldet kommen (es sei denn, Sie wollen alles auf eine Karte setzen). Vor Täuschungsmanövern sei ausdrücklich gewarnt! Durch Bluff, zu deutsch also Täuschung, zu einem Gespräch zu kommen („ich habe eine wichtige private Mitteilung“

oder „ich bin ein persönlicher Bekannter Ihres Chefs" oder „wir haben das vereinbart" usw.), ist nicht seriös und zudem unklug, denn das Manöver wird meistens erkannt und führt nicht nur zu einer entsprechenden Bewertung des Bluffers, sondern auch seines Angebots. Ein zweites Mal „glückt" dann kein Versuch mehr, denn längst hat das Vorzimmer Anweisung, den Besucher abzuweisen.

Schriftliche oder telefonische Anmeldung?

Soll der Besuch schriftlich oder telefonisch angemeldet werden? Wenn Sie, Ihr Unternehmen oder Ihre Ware dem Kunden nicht bekannt sind, kann eine briefliche Einführung (der ein telefonischer Anruf folgen sollte) angebracht sein. Ein Brief ist vorzuziehen, wenn Sie nicht damit rechnen können, daß Ihr Anruf die Möglichkeit gibt, Ihr Anliegen so erklären zu können, daß der Kunde Sie sprechen will. Natürlich darf ein Brief nicht enden: „Es würde mich freuen zu erfahren, wann mein Besuch Ihnen passen würde." Ein geeigneter Abschluß ist dagegen: „Ich werde mir erlauben, mich telefonisch zu erkundigen, wann Ihnen mein Besuch angenehm ist" (oder „. . . ob Ihnen mein Besuch am Mittwoch vormittag paßt").

Rechnet man bei einem Anruf mit der Möglichkeit einer Absage, so kann der Briefschluß auch so formuliert werden: „Ich werde mir erlauben, Ihnen am Freitag nachmittag gegen 15.30 Uhr einen kurzen Besuch abzustatten. Sollte Ihnen der Zeitpunkt nicht genehm sein, so bitte ich Sie um die Freundlichkeit, mir durch Ihre Sekretärin einen geeigneteren Zeitpunkt mitteilen zu lassen." Zwar können Sie nicht *sicher* damit rechnen, empfangen zu werden, wenn der Kunde nicht antwortet, aber die Aussichten sind günstig, vorausgesetzt, daß Ihr Anliegen dem Kunden interessant genug erscheint, um es nicht völlig unbeachtet zu lassen. Gedruckte oder auf andere Weise vervielfältigte unpersönliche Einführungsschreiben dürften im allgemeinen ihren Zweck verfehlen.

Soll man sich einführen lassen?

Einführungen vom Chef oder Verkaufsleiter Ihres Hauses sollten, falls der Betreffende beim Kunden Ansehen genießt oder mit ihm bekannt ist, häufiger angewendet werden. Hierzu ein einfaches aber zweckmäßiges Beispiel: „Lieber Herr Kehl! Es ist möglich, daß wir Ihnen behilflich sein können, ein Organisationsproblem zu lösen, das für alle Großunternehmen gleich schwierig ist. Hätten Sie in der nächsten Woche Zeit, Herrn Schulze für einen Zehn-Minuten-Besuch zu empfangen? Länger dauert es nicht, und Sie könnten sich selbst ein Bild von dem Nutzen machen, den Sie aus unseren Erfahrungen ziehen können. Ich würde mich sehr freuen, wenn wir Ihnen dienlich sein können."

Es lohnt sich, viel Sorgfalt auf Formulierung und Aussehen schriftlicher Anmeldungen oder Einführungen zu legen.

Am Telefon

Bei telefonischer Anmeldung ist es in der Regel am besten, sich kurz und sachlich auszudrücken, wie z. B.: „Hier spricht Ingenieur Scharf. Ich möchte Ihnen gern einen Besuch von höchstens acht Minuten machen. Paßt es Ihnen morgen um $^3/_4$11? Oder ist Ihnen übermorgen nachmittag lieber?"

Fragt der Kunde, welche Firma man vertritt oder worum es sich handelt, muß der Verkäufer darauf natürlich eingehen. Wenn der Firmenname Ihres Unternehmens die Aussichten auf eine Besuchsvereinbarung erhöht, sollten Sie ihn unaufgefordert nennen. Die Frage des Anliegens kann jedoch auch ein schwieriges Problem darstellen, weil ein Telefongespräch keine ausführliche Schilderung des Anliegens zuläßt, und der Verkäufer ist meist froh, wenn er nicht direkt zu antworten braucht. *Er muß jedoch auch auf diese Frage nach Einzelheiten vorbereitet sein* und mit einer Andeutung über die *Idee* des Angebots antworten können, so daß der Kunde neugierig wird, mehr darüber zu erfahren. Ein typischer Anfängerfehler ist es, zu antworten: „Ich möchte Sie gerne für unsere Schreibmaschinen interessieren" oder „Ich möchte hören, ob Sie eine Lautsprecheranlage in Ihrer Fabrik brauchen." Ein anderer Fehler ist es, dem Kunden so viel am Telefon zu sagen, daß sich der Besuch erübrigt.

Ein italienischer Büromaschinenverkäufer sagt einem Kunden, der die Angelegenheit gern telefonisch erledigen möchte: „Das würde ich gern tun, aber ich muß Ihnen etwas zeigen ...!“ Genial und einfach, nicht wahr? Man muß eben nur drauf kommen.

Wie beginnt man am besten das Gespräch?

Vermeiden Sie, beim Kunden den Eindruck zu erwecken, daß Sie nur darauf aus sind, ihm etwas zu verkaufen, denn Sie verbinden damit für ihn ein Risiko, Sie zu empfangen. Es ist besser, dem Kunden vorzuschlagen, eines seiner beruflichen oder betrieblichen Probleme zu besprechen oder zu untersuchen. Deuten Sie dem Kunden an, daß Sie *vielleicht* eine Lösung haben, daß Sie ihm *vielleicht* – lassen Sie dieses Wort nicht aus – helfen können, Geld zu verdienen oder zu sparen (ohne ihm den Eindruck zu geben, daß Sie sein Unternehmen, seine Lebensführung oder Weltanschauung auf den Kopf stellen wollen). Beginnen Sie damit, über das zu sprechen, was ER, der Kunde, will – nicht was Sie, der Verkäufer, wollen. Also nicht: „*Ich* möchte gern hören ...“, sondern: „*Sie,* Herr Direktor, sind doch an allen rationellen Maßnahmen interessiert, die Ihre Produktion erhöhen können? – Ja, natürlich. – Wenn Sie mir höchstens 15 Minuten widmen wollen, können Sie sich eine Auffassung darüber bilden, inwieweit mein Vorschlag Ihrer Produktion nützlich sein kann. Paßt es Ihnen, wenn ich am ... um ... zu Ihnen komme?“ oder: „Gratuliere zum Einzug in die neuen Räume. Es muß schön sein, soviel Platz zu haben. – Ja, das kann man wohl sagen. – Darf ich irgendwann einmal vorbeikommen, um zu sehen, wie es jetzt bei Ihnen aussieht? Gleichzeitig kann ich Ihnen dann einige Ergebnisse einer englischen Untersuchung über Unkostenersparnis für Versandunternehmen Ihrer Art zeigen. Sind Sie morgen nachmittag im Büro ...?“

In gewissen Fällen kann sich der Verkäufer natürlich weigern, irgend etwas über sein Anliegen zu äußern und sich auf das schon Angedeutete beschränken: „Mein Anliegen nimmt höchstens x Minuten Ihrer Zeit in Anspruch. Schon nach drei Minuten (dies beruhigt den Kunden) können Sie entscheiden, ob es Sie interessiert oder nicht. Darf ich Sie dann und dann besuchen, oder paßt es Ihnen besser ...?“

Wenn der Kunde Aufschub verlangt

Es kommt häufig vor, daß der Kunde um Aufschub des Besuches bittet. „Ich kann in dieser Woche nicht, läuten Sie bitte später einmal an." Versuchen Sie trotzdem, einen Termin zu erhalten.

„Kann ich im Sonnabend vielleicht noch einmal anläuten, um zu hören, ob es Ihnen möglich ist, mich am Montag nachmittag zu empfangen?" Oder, falls der Kunde den Verkäufer bittet, am Freitag anzurufen, um zu hören, ob er dann Zeit habe: „Können wir nicht vorerst Freitag, z. B. um 3/412 Uhr, festhalten? Falls Ihnen etwas dazwischenkommt, lassen Sie es mich wissen. So brauche ich Sie nicht noch einmal telefonisch zu bemühen."

Eine goldene Regel beim Verkauf

Eine goldene Regel des Verkaufs: Immer soll der Verkäufer die Initiative behalten! Er soll diesbezüglich nichts vom Kunden erwarten. Wenn der Kunde erklärt, anläuten zu wollen, muß der Verkäufer versuchen, diese Mühe dem Kunden abzunehmen. Wenn der Kunde sagt, er wolle auf die Angelegenheit zurückkommen, sollte der Verkäufer es tun.

Soll der Verkäufer eine Besuchszeit vorschlagen, oder soll er es dem Kunden überlassen? Meistens ist es eine unnötige Höflichkeit, den Kunden frei wählen zu lassen, denn für den Kunden ist es leichter, zu konkreten Vorschlägen Stellung zu nehmen. Die Erfahrung lehrt, daß sich der Kunde noch besetzter fühlt, falls der Verkäufer ganz allgemein fragt, wann er „Zeit habe".

Die Alternativwahl

Der Vorschlag des Verkäufers sollte auf eine *Alternativwahl* ausgehen – man sollte den Kunden nicht fragen, *ob* er am Freitag um 10 Uhr Zeit hat, sondern inwieweit ihm der Besuch besser am Freitag um 10 Uhr 30 *oder* am Montag nachmittag paßt. Bei Alternativvorschlägen ist es zweckmäßig, *teils* einen bestimmten Zeitpunkt vorzuschlagen und *teils* eine Zeitspanne, z. B. einen Nachmittag, so daß dem Kunden ein gewisser Spielraum zur Verfügung steht. Durch den Vorschlag von Zeitspannen und „ungeraden" Zeitpunkten (9.45, 10.50 usw.) erhöhen sich die Möglichkeiten, einen unbesetzten Zeitpunkt zu finden, und der Kunde bekommt das Gefühl, daß die Aussprache kurz sein wird. Jemand, dessen Besuchszeit genau eingeteilt ist und der um

9, 10, 11 und 12 Uhr Besprechungen hat, ist oft zwischen 9.45 und 10 Uhr bzw. 10.50 und 11 Uhr usw. zu sprechen.

Wenn Sie damit rechnen, daß Ihr Besuch mehr als eine Viertelstunde in Anspruch nimmt – was beim ersten Besuch natürlich ein Nachteil ist –, tun Sie klug daran, sich beim ersten Mal trotzdem mit einem kürzeren Gespräch zu begnügen. Falls Sie den Kunden interessieren, können Sie entweder die Besuchszeit verlängern oder eine neue Zusammenkunft vereinbaren (die Sie am besten *unmittelbar* absprechen).

Wenn Sie unangemeldet kommen, verändert sich die Lage völlig. Gelingt es Ihnen, vorgelassen zu werden, so haben Sie in der Neugier des Kunden einen ausgezeichneten Bundesgenossen. Aber zuerst gilt es ja, bis zum Kunden vorzudringen, vorbei an der wachhabenden Dreieinigkeit: der Telefonzentrale, dem Portier und der Sekretärin des Kunden, deren Aufgabe es zwar ist, ihren überlasteten Chef vor Störungen zu schützen, nicht aber, Besuche ohne weiteres abzuweisen, die für ihn wertvoll sein können. Besuchsanmeldungen, die schon in einer zweifelnden Form vorgebracht werden, sind meist aussichtslos, etwa: „Empfängt der Chef heute Besuche?“ oder „Darf ich den Herrn Einkäufer einen Augenblick stören (gibt es ein ungeeigneteres Wort als ‚stören‘)?“ oder „Ich möchte gern wissen, ob der Herr Oberingenieur einverstanden ist, mich einen Augenblick anzuhören“ oder „Der Chef ist wohl jetzt nicht gerade frei?“ usw.

Die richtige Art, sich anzumelden

Eine Grundvoraussetzung zum Einlaß ist im allgemeinen, daß man *weiß oder feststellt, wen* man sprechen möchte. Es *ist* ein Unterschied, ob Sie den Besuch ankündigen mit: „Würden Sie mich bitte bei Herrn Prokurist Meier melden“ anstatt: „Könnte ich mit dem Einkäufer der Fabrik sprechen?“ Auch das Gespräch selbst bekommt eine andere Note, wenn man den Namen des Gesprächspartners bzw. seine Stellung in der Firma kennt und ihn entsprechend anreden kann.

Der „Wache“ gegenüber treten Sie freundlich, aber bestimmt auf – so bestimmt, daß man Sie nicht ohne weiteres abweisen kann, und so freundlich, daß man Sie nicht abweisen möchte. Ihre Freundlichkeit verschafft Ihnen wertvolle Verbündete im Lager des Kunden. Bei richtiger Behandlung kann Ihnen die Sekretärin oder der Pförtner wertvolle Dienste leisten. Eine Sekretärin, die sich von einem Besucher „auf die Füße getreten" fühlt, kann dagegen ihre negative Einstellung mit Genugtuung auf ihren Chef übertragen. Hüten Sie sich vor der Antwort „Das möchte ich ihm selbst erzählen" auf die Frage „Worum handelt es sich denn?"

Soll man Besuchskarten verwenden? Warum nicht?! Allerdings muß man dafür sorgen, daß sie Ihrem „Gastgeber" in die Hände kommt. Wie sieht Ihre Visitenkarte aus? Unterscheidet sie sich von anderen? Warum nicht? Sie wollen doch schon im ersten Augenblick Aufmerksamkeit erwecken. Ist freier Raum zum Schreiben da? Dann kann die Karte zu einer kurzen Mitteilung verwendet werden, sozusagen als „Aufhänger" des Verkaufsgesprächs – eine ausgezeichnete, doch selten benutzte Möglichkeit, das Interesse des Kunden zu wecken.

Wenn der Kunde nicht da ist

Wenn der Kunde nicht anzutreffen ist, sollte der Verkäufer vermeiden zu sagen, daß er ein andermal wiederkomme. Mit jedem erneuten ergebnislosen Besuch verliert der Verkäufer an Ansehen und Selbstvertrauen. Wenn er wünscht, daß andere verstehen sollen, daß auch seine Zeit kostbar ist, muß er es durch sein eigenes Auftreten beweisen. Der Versicherungsinspektor Klein in Beispiel 3 hat das nicht getan. Bei jedem neuen Besuch wurde es für ihn schwerer, sich zur Geltung zu bringen. Erkundigen Sie sich genau, wann der Kunde anzutreffen ist oder zurückerwartet wird. Machen Sie die Sekretärin zu Ihrem Bundesgenossen und versuchen Sie, eine Zeit zu vereinbaren, zu der Sie den Chef antreffen können. Bitten Sie die Sekretärin, *Sie* anzuläuten, falls etwas dazwischenkommen sollte.

Wenn der Kunde im Büro ist, aber Sie mit dem Bescheid abspeisen läßt, er habe keine Zeit und Sie möchten wiederkommen, sollten Sie versuchen, ihn telefonisch zu sprechen, um eine Zeit zu vereinbaren, oder die Sekretärin bitten, einen entsprechenden Bescheid zu erwirken.

Bittet man Sie zu warten, so stimmen Sie zu. Wenn Sie aber innerhalb angemessener Frist (selten mehr als 20 Minuten!) noch nicht empfangen werden, bringen Sie sich in Erinnerung. Verkäufer sind auch schon ganz vergessen worden. Bekommen Sie Bescheid, noch etwas zu warten, so geben Sie dem Kunden etwas Zeit; aber zeigen Sie keine übertriebene Geduld. Falls Sie einen anderen, sich mit der Wartezeit überschneidenden Besuch vorhaben, ist es besser, wiederzukommen. Sonst laufen Sie Gefahr, bei beiden Besuchen nicht zum Ziel zu gelangen.

Wenn der Kunde Sie „draußen" empfangen will

Wenn der Kunde herauskommt und Anstalten macht, Sie im Korridor zu empfangen, sollten Sie sich nicht ohne weiteres damit abfinden. Ein Gespräch im Stehen auf einem belebten Gang bietet keine geeignete Verkaufsatmosphäre. Auch wenn der Kunde darauf wartet, daß Sie ihm Ihr Anliegen stehenden Fußes andeuten, so tun Sie das nicht! Warten Sie ruhig ab – in der Regel genügt das – und der Kunde erinnert sich seiner guten Erziehung und bittet Sie zu sich ins Büro. Hilft das nicht, so sehen Sie sich um und fragen ihn, wo man sich ein paar Minuten hinsetzen könne, damit Sie ihm gewisse Unterlagen zeigen können.

Verzichten Sie lieber auf eine ungeeignete Verkaufsgelegenheit, als einen schlechten Ausgangspunkt für Ihr Gespräch anzunehmen. Wenn der Kunde wirklich sehr beschäftigt ist, weisen Sie darauf hin, daß Ihr Anliegen zu wichtig sei, um zwischen Tür und Angel besprochen zu werden, und schlagen Sie vor, wiederkommen zu dürfen. Wenn Sie merken, daß Sie wirklich stören – und der Gesprächspartner aus falsch angebrachter Höflichkeit es nicht direkt sagt – bestehen Sie nicht darauf, das Gespräch fortzusetzen. Fragen Sie statt dessen, ob es nicht besser sei, zu einem anderen Zeitpunkt wiederzukommen.

Falls ein Verkäufer es besonders schwer hat, vorgelassen zu werden, obwohl er sicher ist, das richtige Angebot für den richtigen Kunden zu haben und die Besuchstechnik zu beherrschen, dann sollte er die Art seines Auftretens, seine Haltung sowie sein Äußeres (Kleidung, Sauberkeit usw.) prüfen. Am Atemgeruch, Fingernägeln, Haarschnitt, Art und Güte der Kleidung und ähnlichen „Selbstverständlichkeiten“ können auch geschickte Verkäufer scheitern. Abgesehen von Ausnahmefällen (z. B. gewisse Besuche bei Handwerkern, Arbeitern, Landwirten) können Sie als Verkäufer gar nicht gepflegt genug aussehen.

Wer soll anfangen?

Wenn Sie vorgelassen werden, beginnen Sie Ihr Gespräch ohne Zögern! Nützen Sie die Zeit aus. Lassen Sie nicht den Kunden anfangen. Das ganze Gespräch kommt in eine schiefe Lage, wenn der Kunde anfängt: „Womit kann ich Ihnen dienen?“ Lassen Sie sich die Initiative nicht aus der Hand nehmen. Es gibt jedoch eine Ausnahme. Sollte der Kunde Ihren Besuch angefordert haben, verändert dies die Lage. Er wünscht vielleicht ein Angebot und erwartet jetzt, daß Sie mit Ihrer Stellungnahme beginnen. Mitunter empfängt er alle konkurrierenden Verkäufer nacheinander. Schaffen Sie sich dadurch eine kleine Sonderstellung, daß Sie zu Anfang auf jede Argumentation verzichten und ihn anfangen lassen. Oder Sie bitten, einige Fragen stellen zu dürfen, um seine Probleme besser beurteilen zu können. Hierdurch kommen Sie in jeder Beziehung in eine bessere Ausgangsstellung für Ihre Argumente; z. B. „Es wäre nicht richtig von mir, Ihnen ohne weiteres eine bestimmte Lösung in einer so wichtigen Sache zu empfehlen, ohne Ihre Probleme genauer zu kennen.“ Und dann fragen Sie.

Dadurch werden Sie den Kunden oft so stark fesseln, daß Sie ein wirkliches Verkaufsgespräch in Gang halten können. Nur mit dieser Methode läßt sich das Problem 5 lösen.

Womit anfangen?

Viele Verkäufer sind der Ansicht, daß ein Gespräch nicht mit dem Zweck des Besuches selbst, dem Verkaufsangebot, beginnen darf. Erst müsse durch ein allgemeines Gespräch eine gute Atmosphäre hergestellt werden.

Das ist sowohl falsch wie auch richtig. Richtig, weil ein „Kontaktklima“ wesentlich zum Verkaufserfolg beiträgt, und falsch, weil diese Atmosphäre nicht unbedingt durch ein allgemeines Gespräch hervorgerufen zu werden braucht oder werden kann. Und Sie verlieren Zeit.

Das beste Gesprächsthema, um dieses Kontaktklima herzustellen, sind im allgemeinen *Probleme, Wünsche und Bedürfnisse* des Kunden. Da diese Themen gleichzeitig Zweck des Besuches und Kern und Idee des Verkaufsangebots ausmachen, werden hiermit drei Fliegen mit einer Klappe geschlagen: Ohne Zeitverlust wird ein Kontaktklima geschaffen, und Sie leiten gleichzeitig das eigentliche Verkaufsgespräch ein.

Es gibt natürlich Ausnahmen: z. B. persönliche Bekannte, Kunden, die sich gern unterhalten, ländliche Interessenten, bei denen man nicht mit der Tür ins Haus fallen kann – aber es sind Ausnahmen.

Verhandlungen mit dem falschen Mann

Sie können Pech haben! Sie können an jemanden verwiesen werden, der nicht über die Angelegenheit entscheiden kann, und Sie verlieren viel Zeit. Vielleicht aber will der, der Sie empfängt, aus Prestigegründen nicht zugeben, daß er nicht zu entscheiden hat. Er zeigt sich Ihren Ausführungen gegenüber vielleicht sehr positiv; aber Ihre Bemühungen führen zu keinem Ergebnis. Wenn eine längere Zeit oder eine Mehrzahl von Besuchen verstrichen ist, ohne daß Sie Erfolg haben, ist anzunehmen, daß Sie an die falsche Stelle geraten sind oder daß Sie zumindest auch noch mit anderen Personen der Firma Verbindung aufnehmen müssen, um weiterzukommen. Durch einige Fragen können Sie das oft schnell feststellen. In einem Fall kam der Verkäufer schließlich auf den einfachen Gedanken, anonym bei der Telefonzentrale des Werkes zu fragen, wer über technische Einkäufe entscheidet. Man sagte ihm, daß hierüber „letzten Endes der Oberingenieur entscheidet". Und der Verkäufer hatte ein halbes Jahr lang ausschließlich mit dem Einkäufer verhandelt! Denken Sie auch daran, daß vielleicht mehrere Käufer durch gemeinsamen Beschluß kaufen. Nur einen zu bearbeiten, reicht dann nicht aus.

Im allgemeinen ist es leichter, mit leitenden Persönlichkeiten zu verhandeln. Diese haben es nicht nötig, sich aus Geltungsbedürfnis aufzuspielen, sie können leichter eine Lage aus einer höheren Warte überblicken und vor allem: Sie sind befugt, eine Entscheidung zu fällen. Also, wo es geht,

„oben anfangen"! Wenn Sie von einem leitenden Herrn an eine untergeordnete Instanz verwiesen werden, seien Sie nicht enttäuscht, denn oft löst dies eine positive Einstellung bei dem entsprechenden Angestellten aus.

Der formelle und der wirkliche Käufer

Selbstverständlich muß sich der Verkäufer davor hüten, jemanden zu übergehen – etwa einen Einkäufer, auch wenn dieser keine Befugnisse hat, Entscheidungen zu treffen – und z. B. direkt mit der Fabrikleitung zu verhandeln. Viele Verkäufer haben jahrelang unter dem stillen Boykott von Übergangenen leiden müssen. Aber nichts hindert den Verkäufer daran, *zusammen mit* dem namentlichen Einkäufer oder mit dessen Einverständnis Verbindung mit dem wirklichen Käufer aufzunehmen.

Wenn ein Verkäufer während mehrerer Monate oder gar Jahre bei seinem Verbindungsmann zu keinem Erfolg kommt, wird er oft zu seiner Verwunderung entdecken, daß der organisatorische Aufbau eines Unternehmens in der Regel nicht unerschütterlich ist und daß eine andere Instanz Interesse zeigen und ihren Einfluß für einen positiven Kaufentschluß geltend machen kann. Außerdem ändern sich Befugnisse unter Umständen recht schnell, und Umbesetzungen können eine Lage von Grund auf verändern. Die Verwendung von technischen Beratern, die Verkäufern für ihre Kundenkontakte zur Verfügung stehen, gestattet auch eine solche Verbreiterung der Kontaktbasis auf andere Instanzen. Wie schon angedeutet, ist dies sehr vorteilhaft, wenn die beiden als echtes Tandem richtig zusammenarbeiten. Der Fachmann wird häufig leichter vorgelassen, bekommt eher Kontakt mit dem wirklichen Käufer (oder Verbraucher), und es wird ihm mehr geglaubt.

Besuch bei früheren Neinsagern

Viele Verkäufer suchen nicht gern einen Kunden auf, der einmal ein Angebot abgelehnt hat. Warum eigentlich? Wenn man sein Angebot ohne Hochdruckmethoden vorgetragen hat, der Kunde es ablehnte und man sich mit einem gegenseitigen Gefühl von Sympathie trennte, ist es doch ganz natürlich, daß man nach einer gewissen Zeit, während der sich die Voraussetzungen geändert haben können, den Kunden wieder aufsucht. Man kann diesmal sein Angebot wahrscheinlich besser untermauern (zumindest sollte man dies können), denn man hat inzwischen ja viel dazugelernt. Es ist natürlich schwer, einen Kunden gerade, wenn er einen negativen Entschluß gefaßt hat, in entgegengesetzter Richtung zu beeinflussen, andererseits ist aber sein Nein auch nicht unwiderruflich. Einem Kofferverkäufer glückte in 1½ Jahren bei 20 Besuchen des führenden Koffergeschäftes am Platze kein Verkauf. Der 21. Besuch führte hingegen zu einem bedeutenden Auftrag. Der Inhaber des Geschäftes hatte festgestellt, daß der Verkäufer immer mit demselben Reisekoffer kam; es war der eigene Musterkoffer des Verkäufers. Und das Aussehen des Koffers nach 1½jähriger Benutzung hatte den Kunden so beeindruckt, daß er sich zum Auftrag entschloß. Ein anderer Verkäufer schenkte dem Kunden, der noch nie von ihm gekauft hatte, eine Kleinigkeit. Auf die erstaunte Frage des Kunden „Warum?" antwortete er lächelnd, „Als Erinnerung an meinen 25. Besuch bei Ihnen." Und damit begann eine gute Geschäftsverbindung. Warum sollte man nicht einen erfolgreichen Verkaufstag damit krönen, bei einem früheren Nein-Kunden oder bei einem Kunden, den man verloren hat, einen Besuch zu machen? Gerade an einem erfolgreichen Tage haben Sie eine echte Chance!

Fragen Sie nur bitte *nie* einen Kunden, ob er seine Meinung geändert habe. Das ist das letzte, was er zugeben würde. Fangen Sie am besten an einem ganz anderen Ende an.

In *gewissen* Fällen, bei denen der *Kunde* den früheren (mißglückten) Besuch erwähnt (der Verkäufer sollte das natürlich nicht tun), kann es ratsam sein, dem Kunden zu erklären, daß ein früher ausgebliebenes Geschäft wohl auf eigenen – des Verkäufers – Fehler zurückzuführen sei. „Ich muß die Sache wohl ziemlich ungeschickt dargestellt haben, wenn Sie nicht überzeugt wurden, obwohl so wichtige Gründe für einen Kauf sprechen, wie z. B. . . ."

Besuchsplanung

Zur richtigen Vorbereitung gehört natürlich auch eine genaue Planung des Besuches, mit einer Analyse des Kunden und Ihres Angebots. Diese Besuchsplanung sollte 5 Hauptpunkte vor und 2 Punkte nach dem Besuch umfassen, gemäß Schema auf Seite 175.

BESUCHSPLANUNG

Vor dem Besuch

1) Wer ist er?
- Name des Kunden, Stellung
- Eigenheiten, Vorurteile, Freizeitbeschäftigung
- Probleme, Wünsche, Bedürfnisse (personen-, abteilungs- und firmenbezogene)
- Andere wichtige Gesprächspartner (wer entscheidet?)

2) Was will er?
- Einstellung
- Widerstände
- Einwände
- Primäre Kaufmotive
- Sekundäre Kaufmotive
- Einkaufspolitik

3) Was kann ich anbieten?
- Verhandlungslage
- Produkte
- Übrige Leistungen
- Angebotsfolge
- Verkaufsargumente (was)

4) Wie soll ich anbieten?
- Verkaufsargumente (wie)
- AIDA
- DIBABA
- Besondere Hinweise

5) Was will ich erreichen?
- Ziele meines Besuches (verkaufen, Entscheidungen erzielen, beeinflussen, informieren)
- Koordinierung mit früheren oder späteren Besuchen
- Besonders zu beachten

BESUCHSWERTUNG

Nach dem Besuch

1) Was habe ich erreicht?
- Ergebnisse
- Bedeutsame Reaktionen

2) Was muß ich weiter tun?
- Nachfassen, wann, wie, wer
- Nächster Besuch, wann und wie

Bei den Angaben fügen Sie unter Punkt 1 *Zusatzbesuche* bei Instanzen beim Kunden hinzu, die Sie sonst nicht besuchen, die aber Ihr Verkaufsergebnis beeinflussen können, und unter 3 *Zusatzprodukte.* Wenn ein Verkäufer mehrere Waren oder gar eine Kollektion verkauft, wird es immer „Schmerzenskinder" geben, die zu kurz kommen. Nehmen Sie sich vor, bei jedem Besuch einen ernsthaften Versuch zu machen, diese Waren zusätzlich zu verkaufen – gerade wenn sie Ihnen oder dem Kunden „nicht liegen".

Die Punkte 3 und 4 erstellen Sie mit Hilfe des Argumentplanes in Kapitel 18. Kapitel 14 vervollständigt Ihr Wissen bezüglich der Punkte 1 und 2, während Ihnen die Kapitel 13 und 16 den Punkt 4 beantworten.

Der erste Punkt unter 5) ist besonders wichtig – Dreh- und Angelpunkt Ihrer Vorbereitung. Ohne Festsetzung des Zieles ist auch jede Ergebnisbewertung witzlos. Ihr „schwächstes" Ziel ist Information – Ihre eigene oder die des Kunden. Beeinflussen ist schon höher gesteckt. Entscheidungen erzielen stellt eine zentrale Aufgabe dar und ist die Vorstufe zum Verkaufen. Weiter notieren Sie Ihre eigenen Unzulänglichkeiten, Fehler, die Sie vermeiden wollen, und positive Hinweise für Ihre Darstellung, sprachliche, rhetorische und inhaltsmäßige Hinweise sowie Tips für Ihr Auftreten.

Nach dem Besuch interessiert Sie das genaue Ergebnis (im positiven Fall mit Sonderwünschen des Kunden oder eigenen Zugeständnissen). Die Reaktionen des Kunden sind wichtig für den nächsten Kontakt, um an der richtigen Stelle anzuknüpfen. Punkt 2 schließlich soll als Gedächtnisstütze Ihnen die Maßnahmen in Erinnerung rufen, mit denen Sie dem Besuch „nachhelfen" können (Bestätigungsbrief, weitere telefonische Aufschlüsse, Wiederbesuche usw.).

Diese Planung ermöglicht oder erleichtert Ihnen eine systematische Verkaufsarbeit.

Die richtige Vorbereitung

Und nun, lieber Kollege – bevor Sie zu Ihrem nächsten Kunden gehen, konzentrieren Sie sich einen Augenblick! Durchdenken Sie alle Ihre Argumente. Sie wissen, daß Sie ein vorteilhaftes Angebot haben, Sie wissen, daß es für den Kunden wichtig ist. Sie wissen, daß Sie mit Ihrem Besuch dem Kunden einen Dienst erweisen. Sie wissen, daß es Ihnen schon geglückt ist, an viel schwierigere Kunden zu verkaufen. Nehmen Sie all Ihre Kräfte zusammen, wie ein Sportler kurz vor dem Start! Nehmen Sie sich genügend Zeit zur Vorbereitung! Ein kurzer Spaziergang verjagt die Müdigkeit; die Konzentration der Gedanken auf früher gelöste Aufgaben etwaige Hemmungen.

Mobilisieren Sie Ihre Begeisterungsfähigkeit! Begeisterung steckt an. Niemand kauft von einem mutlosen Verkäufer, dessen Gesichtsausdruck Pessimismus, Resignation, Gleichgültigkeit oder Angst vor dem Mißerfolg widerspiegelt. Sehen Sie zu, daß Sie beim Kundenbesuch in Form sind! Ein müder oder verängstigter Verkäufer muß Mißerfolg haben.

5 Schnellkontrollen

Beim Eintreten oder im Wartezimmer veranstalten Sie schnell noch eine Generalprobe: 1) Rufen Sie sich ganz schnell noch einmal Ihre Argumente in Erinnerung (Sie können sie auch ohne weiteres in Ihrer Kundenkartei oder in Ihrem Auftragsbuch notiert haben und herausnehmen). 2) Verschaffen Sie sich einen Schnellüberblick über die Verkaufssituation (Kunde allein, oder mit Kollegen? Gehetzt oder ruhig? Aufmerksam oder abgelenkt?). 3) Vergegenwärtigen Sie sich die etwaigen Kaufwiderstände des Kunden, und überschlagen Sie noch einmal Ihre Gegenargumente. 4) Welche Probleme wollen Sie dem Kunden lösen, welche Wünsche befriedigen, welche Bedürfnisse erfüllen helfen? Und schließlich, 5) wie wollen Sie Ihre Argumentation anfangen und wie wollen Sie aufhören? Diese Schnellkontrolle in 5 Punkten gibt Ihnen die sachliche Basis Ihrer Überzeugung, bei diesem Besuch erfolgreich zu sein.

Immer „da“ sein

Ein besonders erfolgreicher Verkäufer sollte einmal die Ursache seiner Erfolge erklären. Er konnte es nicht, und das ist nicht so ungewöhnlich, wie es klingt. Seine von ihm geschilderte Verkaufstechnik war mit einer Ausnahme (siehe nächsten Absatz) die gleiche wie die vieler anderer, und mancher Kollege hatte ein weit „vorteilhafteres Aussehen“;

auch war er keineswegs ein Genie. Erst als man seine Tätigkeit im einzelnen studierte, kam man dem Geheimnis seiner Erfolge auf die Spur. Wo andere Briefe und Fernsprecher benutzten, machte er einen persönlichen Besuch. Sobald er die geringste Chance für ein Geschäft witterte, setzte er sich in den Zug und besuchte den Kunden. Wenn ein Angebot nach einer gewissen Zeit zu keinem Ergebnis führte, machte er erneute Besuche. Er vermied Korrespondenz und Telefon. Oft merkte er, daß er im Gegensatz zu allen Konkurrenten nicht nur der erste auf dem Schauplatz war, sondern auch der einzige. Er war immer „da", und er ließ nicht locker. Die anderen versuchten, ihre Verkäufe auf eine bequemere Weise zu tätigen. Aber Verkaufen ist nun einmal alles andere als eine bequeme Tätigkeit.

Noch in einer anderen Beziehung unterschied sich dieser Verkäufer von Kollegen und Konkurrenten. Er begnügte sich niemals damit, nur ein gewünschtes Angebot abzugeben. Dies konnten ja auch andere tun. Er suchte immer nach einer Möglichkeit, eine kleine Änderung oder Abweichung gegenüber dem ursprünglichen Wunsch des Kunden vorzuschlagen und zu begründen. Dies geschah natürlich nur nach entsprechender Rücksprache. Gerade damit bewies er sein besonderes Interesse an seinen Kunden und ihren Sorgen; so erhielt er auch einen bedeutend tieferen Einblick in die Probleme seiner Kunden und konnte den Kunden beraten. Auf diese Weise errang der Vertreter einen außergewöhnlichen persönlichen Kontakt mit seinen Kunden. Und, vor allem hierdurch konnte er sein Angebot „maßschneidern". Sein Angebot sah ganz anders aus als das der Konkurrenten und war nicht mehr direkt vergleichbar. Es ist ganz natürlich, daß seine Verkaufsergebnisse dementsprechend ausfielen.

Warten Sie nicht darauf, daß Kunden zu Ihnen kommen! Wenn Sie mehr Aufträge bekommen wollen, müssen Sie mehr Kundenbesuche machen.

Viele meinen, es lohne sich nicht. Andere sehen die Notwendigkeit ein, bringen aber nicht genügend Tatkraft und Beharrlichkeit auf.

Sogar Reedereien, Eisenbahn- und Luftfahrtgesellschaften sowie andere Touristikunternehmen begeben sich seit geraumer Zeit hinaus auf das Verkaufsfeld, um Kunden zu gewinnen. Banken und Anlageberatungsfirmen folgen. Selbst der Einzelhandel fängt allmählich an, zu akquirieren, Kunden aufzusuchen, Geschäfte beim Kunden zu machen. Fortschrittliche Händler warten nicht mehr, bis Kunden zu ihnen kommen.

Brief und Telefon in allen Ehren, aber nichts kann die persönliche Tuchfühlung ersetzen. Dauernde Verkaufserfolge beruhen in der Regel auf der unermüdlichen persönlichen Kontaktarbeit des Verkäufers.

Schlüsselfaktoren Ihres Verkaufs

Aber – Sie können nicht alles tun. Eine sinnvolle Einteilung Ihrer Arbeit fängt an bei der Untersuchung der Umstände, die für *Ihren* Verkaufserfolg erfahrungsgemäß entscheidend sind. Als Ergebnis sollen Sie nicht mehr, sondern sinnvoller arbeiten. Die Kontrolliste VI auf Seite 328 wird Ihnen dabei helfen.

Jetzt können Sie wohl die vier einleitenden Fragen beantworten und die fünf Verkaufsprobleme des Kapitelanfangs lösen?

Viele Verkaufsbesuche scheitern schon, bevor sie eigentlich begonnen haben. Richtige Vorbereitung, das richtige Angebot für die richtige Person zum richtigen Zeitpunkt, die richtige Besuchstechnik – damit sichern Sie sich eine erfolgreiche Ausgangslage für einen Verkaufserfolg.

KAPITEL XII

So bereiten wir unsere nächste Verhandlung vor

KÖNNEN SIE DIESE VIER FRAGEN BEANTWORTEN?

❶ Wissen Sie, was „Empathie" ist?

❷ Weshalb erweisen sich errungene Teilziele einer Verhandlung später häufig als „nicht mehr vorhanden"?

❸ Kennen Sie den „Ja-Ja"-Aufbau und das Schneeballprinzip als Verhandlungsmittel?

❹ Wie neutralisiert man ein festgefahrenes Gespräch?

KÖNNEN SIE DIESE FÜNF PROBLEME LÖSEN?

① *Heinrich Ott verkauft Druckmaschinen im Wert von 100 000,– DM und Diktiergeräte für 2000,– bis 3000,– DM. Er gilt als ausgezeichneter Verkäufer, temperamentvoll und ehrgeizig. Seine Verhandlung über den Kauf einer Druckmaschine mit dem Inhaber einer mittleren Druckerei steht günstig. Bei einem Gespräch äußert sich der Kunde, vom Verkäufer daraufhin angesprochen, sehr negativ über das probeweise überlassene Diktiergerät. Herr Ott greift diesen Punkt intensiv auf, und das ganze Gespräch dreht sich nur noch um Wert oder Unwert dieses Diktiergerätes. Das Gesprächsklima bleibt bis zur Vertagung ziemlich schlecht. Welche Fehler von Herrn Ott hätten Sie vermieden?*

② *Günther Pohl verkauft Lebensmittel für einen führenden Grossisten an den Einzelhandel. Er ist ein „netter Kerl", ausgezeichneter Gesellschafter, Vorsitzender einer Karnevalsgesellschaft, dabei durchaus seriös. Sein besonders gutes Verhältnis zu seinen Kunden drückt sich u. a. darin aus, daß er viele von ihnen duzt. Es ärgert ihn daher verständlicherweise maßlos, wenn er merkt, daß andere Verkäufer, die mit ihm konkurrieren und bei weitem kein so gutes Verhältnis zu den Kunden haben, zunehmend Erfolge erzielen. Er ist zu ehrlich sich selbst gegenüber, diese Tatsache sachlichen Angebotsvorteilen zuzuschreiben. Was meinen Sie dazu?*

③ *„Wenn ein Kunde auf Fragen des Verkäufers dreimal hintereinander ‚Nein', geantwortet hat, kann man damit rechnen, daß sich seine ‚Nein-Einstellung' auch im Verlauf des späteren Gespräches nicht ändert", meint Eberhard Rabes, ein erfahrener Verkaufsleiter einer Fluggesellschaft, der eine lange Praxis mit guten Kenntnissen über Verkaufsmethodik verbindet. Einer seiner Verkäufer widerspricht: „Jede Verhandlung fängt doch mit einem ‚Nein' des Kunden an. Ziel unserer Arbeit ist doch gerade, diese Einstellung zu ändern." Wer hat recht? Herr Rabes? Der Verkäufer? Oder beide?*

④ *Die Verhandlung hatte sich festgefahren. Vier Vertreter der Niederer Farbwerke (zwei Kaufleute und zwei Techniker) tagen seit morgens acht Uhr im Konferenzsaal der Kunststoff GmbH mit drei, zeitweilig fünf Gesprächspartnern. Eine Reihe von Einzelbesprechungen im Betrieb, bei denen weitgehende Übereinstimmung herrschte, waren vorausgegangen. Der Fertigungsleiter hatte auch den Meister überzeugt, daß das angebotene Verfahren akzeptiert werden sollte. Bei der gemeinsamen Verhandlung „fallen beide um", und zwar in dem Augenblick, wo Firmenchef und Prokurist erhebliche finanzielle Einwände machen. Da dieser Punkt bisher kaum zur Sprache gekommen war, hatte die Lieferfirma ihn als nicht besonders wichtig angesehen. Man einigt sich auf eine weitere Besprechung in zehn Tagen. Die beiden Kaufleute sind für gemeinsame Gespräche. Die Techniker für Einzelgespräche, da sich die Konferenz als ziemlich erfolglos, ja sogar gefährlich erwiesen habe. Was meinen Sie?*

⑤ *„Die Hauptsache beim Verkauf ist, flexibel zu sein", meint ein Verkäufer im Kollegenkreis. „Eine genaue Vorberei-*

tung nimmt einem diese Flexibilität, und außerdem kommt doch alles anders, als man denkt. Und jede Verhandlung ist anders. Aber schnell schalten und improvisieren muß man können.“ Diese Aussage wird nicht widerspruchslos angenommen. Gibt es eine Gesetzmäßigkeit? Reagieren Kunden so verschieden? Sind Flexibilität und planmäßiges Vorgehen miteinander vereinbar?

Sind unsere verschiedenen Kunden wirklich so verschieden?

Um es gleich vorwegzunehmen: Übereinstimmend sagen aktuelle Untersuchungen aus, daß Kundenreaktionen viel gesetzmäßiger und berechenbarer verlaufen, als wir gemeinhin annehmen. Die Widerstände, Einwände, Ansichten, Zweifel, Einstellungen, Motive sind immer wieder die gleichen: „Zu teuer; Konkurrenz ist billiger; vielleicht später; im Prinzip gut, aber für uns nicht; das kann ich nicht entscheiden; wir sind bei unserem Lieferanten gut aufgehoben; das würde im Augenblick nur Unruhe bringen; wir kommen wieder auf Sie zurück."

Kennen Sie diese Aussagen? Ja? Fragen Sie mal Kollegen, ob deren Kunden dasselbe sagen. Fragen Sie auch mal Verkäufer aus ganz anderen Branchen. Sie werden überrascht feststellen, daß es so anders anderswo nicht ist, auch wenn man noch so gern glaubt, daß „gerade bei uns . . ."

Also kann man sich vorbereiten, und man soll sich vorbereiten. Hierauf fußt die ganze Verkaufsmethodik. Und je besser Sie vorbereitet sind, desto flexibler können Sie sein. Denn keine Situation ist für Sie dann völlig neu oder unerwartet.

Wie macht man das nun im einzelnen? Die folgenden Vorschläge werden Ihnen ein Gerüst geben, mit dessen Hilfe Sie Ihren Plan aufbauen können. Bauen müssen Sie selbst, denn nur Sie haben die richtigen Baukenntnisse.

ZEHN VORSCHLÄGE FÜR IHRE VERHANDLUNGSSTRATEGIE

1. Gesprächspartner bildlich vorstellen. Seine Motive und Zielsetzungen ergründen. Seine Grundeinstellung erfassen.

2. SIE-Standpunkt einnehmen (Empathieeinsatz)

3. Gemeinsamen Nenner finden für
   - Verhandlungsplan
   - Verhandlungsfolge
   - Vorschläge (Argumente)
   - Gesprächseröffnung
   - Gesprächssteuerung

4.	Richtige Atmosphäre schaffen. Entspannung, Sympathie, Vertrauen, Kontakt.
5.	Ausstrahlung (Willensübertragung) einsetzen.
6.	Beobachten und dosieren (Reaktionen erkennen). Kontaktklima beachten. Stufenaufbau benutzen.
7.	Positive Ausdrucksweise (Ja-Ja-Anfang), Schneeballprinzip und Fragemethodik verwenden.
8.	Rückzugsziele, Alternativen und Kompromißlösungen planmäßig verwenden. Wenigstens Teilziel erreichen.
9.	Wenn nötig, Gespräch neutralisieren.
10.	Bestätigung erwirken oder selbst tätigen. Sofort nächsten Schritt einleiten.

In den folgenden Kapiteln werden Sie noch viele weitere Tips für Ihre Verkaufsgespräche bekommen. Diese zehn reichen fürs erste. Sie haben es außerdem „in sich". Zu den einzelnen Punkten folgende konkrete Hinweise:

Ihren Partner fotografieren können

1. Wer ist (sind) Ihr(e) Gesprächspartner? Schließen Sie einen Augenblick Ihre Augen, „fotografieren" Sie jeden Ihrer Partner. Konzentrieren Sie sich mehrere Minuten auf ihn (sie). Was will er? Welche persönlichen Ziele hat er? Karriere? Privatleben? Welche Aktionen oder Reaktionen fördern beziehungsweise hindern seine beruflichen und persönlichen Erfolge? Welche Rolle spielt er im Unternehmen? Wie steht er zu Ihnen? Welche Grundeinstellung hat er? Aufgeschlossen? Vorsichtig? Großzügig? Genau? Mißtrauisch? Wagemutig? Diese Grundeinstellungen sind von außen gar nicht oder kaum beeinflußbar.

   Überlegungen wie diese hätten den Herren der Niederer Farbwerke beim Problem 4) geholfen, die Lage realistischer zu sehen.

„Empathie"

2. Um den Vorschlag 1) mit Erfolg durchführen zu können, bedarf es eines guten Einfühlungsvermögens, von Psycho-

logen mit dem Begriff „Empathie“ („fühlen *wie*“ der andere) bezeichnet. Das bedeutet z. B.: „Wenn ich der Fertigungsleiter, der Meister, der Firmenchef oder der Prokurist der Kunststoff GmbH wäre, wie würde ich normalerweise reagieren?“ Sind Sie in der Lage, andere Menschen wirklich zu verstehen, und zwar gerade dann, wenn sie „komisch“, „seltsam“, „abwegig“ handeln oder reagieren? Können Sie sich vorstellen, was in ihnen vorgeht? Genau das bedeutet, den „Sie-Standpunkt“ einzunehmen. Ein kleines Hilfsmittel: Versuchen Sie mal bei Ihren nächsten Verhandlungen das Wort „Ich“ konsequent durch „Sie“ zu ersetzen. Das führt zum „Sie-Standpunkt“.

Der gemeinsame Nenner

3. Vom „Sie-Standpunkt“ führt dann ein Weg zurück zu Ihrem Angebot oder Vorschlag, über den „gemeinsamen Nenner“. Was will er? Was will ich? Wie sind diese Einstellungen zu vereinbaren? Das ergibt Ihren Verhandlungsplan. Wie Sie Schritt für Schritt vorgehen, ergibt die Verhandlungsfolge. Der Inhalt sind Ihre Vorschläge und Argumente. Die Gesprächseröffnung bedarf eines geschickten „Aufhängers“ (vgl. Kapitel 13). Das Gespräch vorbereitet und überlegt zu führen, ermöglicht Ihnen eine aktive Gesprächssteuerung (anstatt möglicherweise vom Kunden ausgefragt und gesteuert zu werden).

Die Atmosphäre

4. Sicher haben Sie ein Gefühl dafür, wenn Ihre Verhandlung in einer „guten Atmosphäre“ stattfindet. Man spricht offen, entspannt, informell miteinander, empfindet gegenseitige Sympathie und Vertrauen, Worte werden nicht auf die Goldwaage gelegt, der andere wird nicht als Gegner empfunden, es liegt keine Spannung in der Luft. Wenn die Atmosphäre sich verschlechtert, denken Sie an die Vorschläge 6, 7, 8 und 9.

Und noch etwas: Um Fremde zu beeinflussen, muß man den Abstand vermindern (als sei man befreundet). Bei Freunden gilt eher das Gegenteil. Sie wissen, wie schwierig es sein kann, eigene Familienmitglieder zu beeinflussen. Und plötzlich sagt ein Außenstehender etwas, was sofort akzeptiert wird. Und Sie sind einigermaßen pikiert: „Das habe ich doch schon dauernd gesagt. Aber mir hast du es ja nicht abgenommen." Hier muß man also Abstand schaffen, als sei man ein Außenstehender.

Vielleicht verstehen Sie Herrn Pohls Lage in Problem 2) jetzt besser. Und auch Herrn Otts Fehler? Und übrigens, beim Verkauf ist Kontakt kein Ziel, sondern ein Mittel.

Ausstrahlung

5. Mit Ausstrahlung ist die aktive Beeinflussung gemeint. Ihren Kunden verstehen, bedeutet noch keinesfalls, ihn zu beeinflussen. Ihre Eigenüberzeugung, Ihr Beeinflussungswille, Ihre Rhetorik, Ihre Intensität, Ihr Erfolgswille, Ihre ganze Person, Ihr starkes Gefühl, dem anderen mit Ihrem Vorschlag zu dienen – all das spielt eine Rolle, um eine positive Suggestion durch Ihre Ausstrahlung auszuüben.

6. Stur einen vorgefaßten Plan zu verfolgen, ohne Ihren Gesprächspartner und seine Reaktionen genau zu beobachten, würde eine Vorbereitung als ein zweischneidiges Schwert erscheinen lassen (siehe auch Problem 5). Aber Sie werden Ihre Argumente den Reaktionen Ihres (Ihrer) Gegenüber anpassen und vorsichtig Schritt für Schritt vorgehen. Bei Störung des guten Klimas werden Sie auf Vorschlag 8 und 9 zurückgreifen.

Positiv, Ja-Ja-Folge und Schneeballprinzip

7. Die Sätze „Das Glas ist noch halb voll" und „Das Glas ist schon halb leer" sagen logisch beide dasselbe aus, aber psychologisch (siehe auch Empathie) besteht ein erheblicher Unterschied. Negative Argumente ziehen nicht so wie positive. Bei Wünschen Ihres Gesprächspartners, die Sie nicht „wunschgemäß" erfüllen können, ist es vorteilhafter zu sagen, *was* Sie tun können, als *was* Sie *nicht* tun können („sofort morgen früh" anstatt „heute nicht mehr"). Der Ja-Ja-Anfang setzt voraus, 1. anstatt zu behaupten zu fragen, und 2. die Fragen so zu formulieren, daß der Gesprächspartner automatisch mit „Ja" antwortet. Dies sollten Sie mehrfach wiederholen. Auf drei „Nein" folgt fast automatisch ein viertes – auf drei „Ja" ein weiteres. Das Schneeballprinzip folgt demselben Gedanken. Kleine Zugeständnisse in direkter Folge entwickeln automatisch größere. Hierbei helfen Ihnen Fragen, besonders rhetorische. „Sie wollen doch auch Ihre geschäftliche Zukunft absichern? Sie wollen doch vermeiden, daß Ihnen der Wettbewerb

plötzlich um Längen voraus ist? Sie wollen doch alles tun, Ihre bewährten Produkte auch weiterhin in verkäuflicher Hinsicht zu entwickeln? Sie haben sicher auch schon über Verwendung von billigerem Material nachgedacht?"

Das sind Formulierungen, die dem Vorschlag 7) entsprechen. Übrigens, welches der fünf Probleme wäre durch dieses Vorgehen leichter zu lösen?

Rückzugsziele vorbereiten

8. Dieser Vorschlag ist eine Vorsichtsmaßnahme, die bei der Vorbereitung von Verhandlungen fast immer zu kurz kommt. Als Endziel legt man sich auf eine einzige Lösung fest, die häufig nicht annehmbar ist, hat keine Rückzugsziele, läßt sich auf unbefriedigende Kompromisse ein oder erreicht gar nichts.

   Überlegen Sie folgende Fragen: Wenn mein gestecktes Ziel nicht erreichbar ist, welche weiteren Lösungen sind möglich? Welche Alternativlösungen kann ich vorsehen und vorschlagen? Welches (bescheidenes) Teilziel kann ich erreichen, damit das Gespräch nicht wie das berühmte Hornberger Schießen endet? Ein mögliches Teilziel ist z. B. ein neuer Gesprächstermin, eine Untersuchung, ein schriftlicher Vorschlag.

9. Herr Ott (Problem 1) hätte gut daran getan, diesen Vorschlag zu befolgen, nicht wahr? Auch einer der vorangegangenen Ratschläge hätte Herrn Ott genützt. Sie wissen sicher, welcher. Oder?

Auf jeden Fall Bestätigung

10. Auch im Fall eines durchschlagenden Erfolges begnügen Sie sich bitte nicht mit einer Feststellung Ihrerseits, die der Kunde ohne Widerspruch hinnimmt oder die er sogar mit Bestätigung quittiert. Allzu häufig stellt sich nachher heraus, daß beide Teile die Vereinbarung anders deuten, daß neue Überlegungen sie wieder in Frage stellen, daß man sich nicht richtig verstanden hat. Eine schriftliche, beiderseits bindende Abmachung oder eine sofortige Einleitung der praktischen Verwirklichung erspart Ihnen Enttäuschungen.

Diese zehn Vorschläge sollten Ihnen Ihre kommenden Verhandlungen erleichtern.

Jetzt können Sie sicher die vier einleitenden Fragen beantworten und die fünf Verkaufsprobleme lösen?!

Bereiten Sie sich gründlich auf Verhandlungen vor – viel gründlicher als bisher. Für alle Fälle gerüstet zu sein, gibt Ihnen Sicherheit, und Sicherheit brauchen Sie, um überzeugen zu können.

KAPITEL XIII

AIDA und der Verkauf – Wie man Aufmerksamkeit erweckt

KÖNNEN SIE DIESE VIER FRAGEN BEANTWORTEN?

❶ Durch welche Taktik fesseln Sie am leichtesten die Aufmerksamkeit des Kunden?

❷ Gehört die Erwähnung der Ware ins Eröffnungsstadium der Verhandlung?

❸ Wie gewinnen Sie die Aufmerksamkeit eines abgelenkten Kunden am schnellsten zurück?

❹ Wann im Verkaufsgespräch entscheidet der Kunde sich innerlich, ob er Ihnen zuhören will?

KÖNNEN SIE DIESE FÜNF PROBLEME LÖSEN?

① *„Ich möchte Sie gern für unser neues, nicht knitterndes Kohlepapier interessieren", beginnt der Vertreter Hausmann sein Verkaufsgespräch und bereitet sich darauf vor, zu zeigen, wie gut sein Papier ist. Aber meistens hat der Kunde dann schon gesagt, daß er kein Interesse hat, oder hört, offensichtlich zerstreut, nur der Höflichkeit halber noch einige Minuten zu. Nach einigen Monaten angestrengter, aber im wesentlichen ergebnisloser Bemühungen gibt Hausmann seine Tätigkeit auf. Er bekommt eine Anstellung in einem Radiogeschäft, wo er einer der besten Verkäufer wird ... Wie erklären Sie sich dies?*

② *Verkäuferbesprechung: Verkäufer A. behauptet, er überlege sich vorher genau, mit welchem Satz beziehungsweise erstem Gedanken er sein Verkaufsgespräch jeweils anfangen will. Verkäufer B. meint, das sei unmöglich. Das müsse sich aus der jeweiligen Situation ergeben. Es würde sonst auch der Eindruck entstehen, das Gespräch sei „eingepaukt". Die Meinungen der übrigen sind geteilt ... Und was meinen Sie?*

③ *Der Verkäufer Hofmann hat das Gefühl, schnell einen guten Kontakt mit dem Kunden durch einige unverbindliche Redensarten zu bekommen. Damit würde dem Kunden das Gefühl eines besonderen Ereignisses genommen, was ihn sonst vielleicht zu vorsichtig machen könnte. Meistens fängt er mit den Worten an: „Ich bin sowieso gerade in der Gegend gewesen, und da wollte ich schnell mal 'raufgucken." Sind Sie einverstanden? Was gehört nach Ihrer Meinung zu einem guten Gesprächsanfang?*

④ *Beginn eines Gespräches bei einem Wiederbesuch, nachdem der Kunde das vorige Mal abgelehnt hatte: „Herr Kundmann, ich wollte die Sache von neulich wieder aufgreifen. Vielleicht haben Sie in der Zwischenzeit im Zuge der Entwicklung Ihre Meinung revidiert?" Gut oder schlecht? Wie würden Sie es machen?*

⑤ *„Herr Kleeberg, Sie werfen jeden Tag 150 Mark zum Fenster 'raus", fängt Verkäufer Lässig sein Verkaufsgespräch zur Einführung eines neuen Schmieröls an. Einige Kunden hören belustigt zu, andere werden böse. In ein paar Fällen hat L. Erfolg. „Na, wenn ich damit keine Aufmerksamkeit erwecke, womit sollte es mir dann gelingen!" kommentiert er. Und wie ist Ihr Kommentar?*

Es zeigt sich deutlich, daß der Verkaufsvorgang gewisse erkennbare Entwicklungsstufen durchläuft, auch wenn die Grenzen ineinanderfließen. Die alte AIDA-Regel, *A*ttention – *i*nterest – *d*esire – *a*ction (*A*ufmerksamkeit, *I*nteresse, *D*rang zum Kauf, *A*bschluß), amerikanischen Ursprungs, oft verworfen und ebenso oft wieder herangezogen, hat sich als erstaunlich beständig erwiesen, auch wenn sie manchmal in abgeänderter Form verwendet wird.

Analyse des Verkaufsvorganges

Die Regel bedeutet einfach ausgedrückt folgendes: Der erfolgreiche Verkäufer muß die *Aufmerksamkeit* des Kunden wecken, ihn persönlich am Angebot *interessieren* und das *Verlangen,* den Drang zum Kauf, steigern, um die *Kaufhandlung*, den Abschluß, auszulösen.

Selbstverständlich kommt dieser vierstufige Verkaufsvorgang *nicht* zur Anwendung, wenn die Initiative zum Verkaufsgespräch *vom Kunden* ausgeht. Dem Kunden braucht dann nicht erst das Bedürfnis bewußtgemacht zu werden, und auch das Aufmerksamkeitsmoment ist meistens schon gegeben. Das ist die übliche Situation beim Ladenverkauf (obwohl auch dabei manchmal die AIDA-Regel anzuwenden ist, z. B. bei jedem Mehrverkauf und beim Beraten von Kunden, die ohne bestimmte Kaufabsichten kommen).

Es handelt sich also um zwei verschiedene Vorgänge:

Bedienungs- und Verkaufsvorgang

1. Der *Bedienungsvorgang:* Dabei entwickelt sich das Verkaufsgespräch aus der Initiative des Kunden und hat den Zweck, die aufgezeigten Wünsche des Kunden zu befriedigen (klarlegen und ausführen).

2. *Verkaufsvorgang:* Hier geht die Initiative vom Verkäufer aus, wobei dem Kunden meistens ein Bedürfnis erst bewußtgemacht werden muß. Dieser vom psychologischen Gesichtspunkt aus entscheidende Unterschied wird beim Verkauf (wie im Beispiel 1) im allgemeinen zu wenig oder gar nicht unterstrichen. Hausmann in Problem 1 hat in der Praxis viele Doppelgänger: Menschen, denen es nicht gelingt, im Außendienst Umsätze zu erzielen, können sich beim Verkauf über den Ladentisch als erfolgreich erweisen.

Der vierstufige Verkaufsvorgang ist nicht an einen bestimmten Zeitraum oder irgendeine genaue Zeitfolge gebunden. Er kann ebensogut drei Minuten wie drei Monate in Anspruch nehmen. Die Aufmerksamkeitsstufe geht vielleicht nach 30 Sekunden in die Interessenstufe über, während die Überzeugungsstufe womöglich viele Stunden braucht. Das Abschlußmoment steht sowieso als Ziel dauernd im Hintergrund. Genaugenommen beginnt der Abschluß als Zielvorstellung schon mit der Gesprächsplanung und den ersten Worten. Manchmal verschiebt sich die Reihenfolge, und eine oder ein paar Stufen können übersprungen werden.

Vier Kernfragen für Ihre Darstellung

Jeder Verkäufer sollte den Aufbau seines Verkaufsgespräches unter Berücksichtigung der vierstufigen Taktik im Verkaufsvorgang überprüfen:

1. Erregt die Argumentation die **Aufmerksamkeit** des Kunden sofort?

2. Weckt sie das persönliche **Interesse** des Kunden?

3. Schafft sie **Drang zum Kauf** durch Überzeugung, daß der Kunde das Angebot sowohl **wünscht** als auch **braucht?**

4. Führt sie konsequent zum **Abschluß** und zur Kauf**handlung?**

Wie man unmittelbar die Aufmerksamkeit des Kunden erregt:

18 Beispiele

Einige praktische Beispiele zeigen, worauf es ankommt. Überlegen Sie – mit Papier und Bleistift zum Notieren –, wie Sie sie in Ihrer Praxis verwenden können.

1. Es klingelt an der Tür. Zweimal. Draußen steht ein gut gekleideter Herr und fragt: „Haben Sie einen guten Mixer im Hause?“ Der Herr des Hauses kann diese Frage nicht beantworten und ruft seine Frau. „Ja, wir haben schon einen, aber er ist nicht mehr besonders gut“, antwortet diese

etwas verlegen und neugierig. „Aber *ich* habe hier einen guten Mixer für Sie“, antwortet der Besucher und holt einen aus seiner Aktentasche hervor. Wenn der Kunde selbst einen Mangel zugibt, ist es für den Verkäufer nicht schwer, darauf einzuhaken. Beurteilen Sie die Verkaufsaussichten, wenn der Verkäufer begonnen hätte: „Ich möchte nur hören, ob Sie nicht einen neuen Mixer brauchen?“ oder auch: „Brauchen Sie einen guten Mixer?“ *Ein* Wort macht die Frage gut bzw. schlecht.

2. Einem Verkäufer, der jetzt Staubsauger verkauft, nachdem er früher mit verschiedenen Arten von Haushaltsartikeln handelte, ist es sowohl jetzt wie auch früher mit folgender Einleitung gelungen, Aufmerksamkeit zu erregen: „Darf ich Ihnen zeigen, wie Sie Ihre Haushaltsarbeit vereinfachen können?“

3. Ein Kollege fängt so an: „Kennen Sie diese Herrschaften?“ Dann zieht er eine Liste mit Namen von Leuten im Hause oder den umliegenden Häusern hervor, die seinen Apparat gekauft haben.

4. Herr G.mann fährt sein Auto in die Garage. Draußen ist es bitterkalt, und die vereiste, abschüssige Einfahrt erschwert das Steuern. Ein freundlicher Zuschauer hilft dem Fahrer mit einigen Zeichen, den Wagen an den Hauspfeilern vorbeizulotsen. „Haben Sie möglicherweise ein Abschleppseil?“ fragt er höflich. „Nein, leider nicht. Ich habe schon lange daran gedacht, mir eines anzuschaffen, aber es ist nie etwas daraus geworden. Wieso, sitzen Sie fest?“ „Nein, das gerade nicht. Aber Sie könnten eines von mir bekommen, ein echtes aus Hanf, mit Karabinerhaken.“ Und dann zieht er ein Seil aus der Aktentasche. Diese Frage, die einen Aufmerksamkeitsappell enthält *und* auch eine Mangellage aufdeckt, hat ihm viele Seile verkaufen helfen.

5. Ein Verkäufer für Diktiergeräte kommt zu einem kaufkräftigen Kunden. Dieser telefoniert gerade und bittet ihn, Platz zu nehmen und zu warten. Der Verkäufer stellt in der Wartezeit sein Gerät auf. Als der Kunde fertig ist, hört

er, wie das Gerät sein Telefongespräch wiedergibt. Natürlich schafft das Aufmerksamkeit und meistens sogar schon Interesse.

6. Ein Händler hört aufmerksam zu, wie der Vertreter einer Küchengerätefabrik folgendermaßen beginnt: „Wie wäre es, 1000 Druckkocher zu *verkaufen?*" (Nicht „zu kaufen", sondern „zu verkaufen"!) Und dann entwickelt der Verkäufer die Pläne des Unternehmens für einen großen Werbefeldzug mit Anzeigen, Plakaten und Vorführungen, die dem Einzelhändler beim Verkauf helfen sollen.

7. „Haben Sie daran gedacht, daß Sie Ihr Heim jährlich für nur 50,– DM gegen Feuer und Diebstahl versichern können?" wird ein Villenbesitzer von einem Versicherungsvertreter gefragt, anstatt des üblichen Einleitungsabklatsches. „Haben Sie nicht Interesse an einer Heimversicherung?"

8. „Wollen Sie die langen Transportzeiten in Ihrer Fabrik kürzen?" fragt ein Verkäufer für Hubstapler. Darauf ist ja der verantwortliche Ingenieur der Fabrik immer bedacht und hört deshalb den Vorschlägen des Verkäufers aufmerksam zu. Hätte der Verkäufer mit der Frage begonnen, ob der Kunde an Hubstaplern interessiert wäre, so wäre dem Gespräch kaum soviel Aufmerksamkeit gewidmet worden.

9. „Guten Tag, Herr Direktor", sagt der Bergbauingenieur Gärtner, Leiter einer süddeutschen Fabrik der mechanischen Industrie. „Ich hörte während meiner Amerikareise auf einem Fachkongreß für Ingenieure einen Vortrag über die Verwendung einer Leichtmetallegierung, die gerade für die Art Ihrer Fabrikation paßt, und dachte dabei an Sie. Erfreulicherweise konnte ich den Kollegen, der den Vortrag hielt, dazu bewegen, mir einen Durchschlag seines Manuskriptes zu überlassen. Hier ist er . . ."

10. „Es gibt vielleicht eine Möglichkeit, Ihre Fertigungskosten zu vermindern", beginnt ein Stahlverkäufer. „Darf ich ein paar Fragen stellen?" Der Kunde hat nichts dagegen, nicht

zuletzt deshalb, weil er neugierig ist, was der Verkäufer ihm anzubieten gedenkt.

11. „Ich habe Ihr Schaufenster bewundert, Herr Roland. Sie scheinen sehr gediegene Waren zu führen. Ihr Geschäft ist wohl das anspruchsvollste in der Stadt?" fragt der Verkäufer hochwertiger ausländischer Konserven den Inhaber, der sich natürlich auf Grund dieser Beurteilung geschmeichelt fühlt und gerne die Beobachtungen des Verkäufers bestätigt. Sicher hat der Verkäufer dadurch größere Möglichkeiten, die Aufmerksamkeit des Inhabers zu erregen, als durch eine Frage, ob der Kunde nicht auch seine Fruchtkonserven führen wolle.

12. Einen sehr schönen Stand hatten Sie auf der Frankfurter Messe, Herr Steiner. Ließen Sie ihn in Ihrem eigenen Unternehmen anfertigen?" Direktor Steiner nickt zufrieden. „Übrigens haben Sie letzthin auch Ihre Verkaufsorganisation ausgebaut. Sollen Ihre Verkäufer in Zukunft auch Autoreparaturwerkstätten besuchen?" Jawohl, so hatte Steiner sich das gedacht. „Wie wäre es, wenn Ihre Leute eine Chance bekämen, bei jedem Besuch für 135,– DM mehr zu verkaufen?" Das sollte man sich überlegen, meint der Kunde, und fragt, wie das wohl zu machen sei. Dadurch kann der Verkäufer der Werkzeugimportfirma seinen Vorschlag über die Mitnahme einer Werkzeugmustersammlung für die Reisenden des Kunden entwickeln.

13. „Wollen Sie mal versuchen, diesen Stoff zu zerreißen?" fordert ein Verkäufer den Inhaber einer Kofferfirma auf. Das war die Einleitung dazu, daß die fünf Lieferwagen der Firma, für die es in unmittelbarer Nähe keine Garagen gab, einen Schutzüberzug bekamen.

14. „Darf ich einen Augenblick Ihre Schreibmaschine benutzen?" bittet ein Kollege des Vertreters Hausmann aus Problem 1 einen Kunden beim Eintritt. Er setzt sich, holt acht Blatt Kohle- und neun Blatt Schreibmaschinenpapier hervor, legt ein und schreibt: „Können Sie ebenso viele einwandfreie Durchschläge mit Ihrem gewöhnlichen Durchschlagpapier machen?" und reicht dem Kunden die be-

schriebenen Blätter hin, während er gleichzeitig die Frage mündlich wiederholt.

15. Ein Textilverkäufer hält einen Seidenstoff gegen die Sonne und den Wandspiegel. „Haben Sie schon einmal Seide mit einem solchen Glanz und einer so klaren Zeichnung gesehen?“ fragt er einen Kunden, den er schon früher häufig besucht hatte. Bei häufigen Wiederbesuchen ist das Risiko einer langweiligen Eröffnung des Verkaufsgespräches besonders groß.

16. Der Vertreter Markwart beißt sich auf die Zunge. Er war nahe daran, mit der üblichen alten Leier „Wir haben etwas Neues hereinbekommen ...“ das Gespräch einzuleiten. „Herr Baumann, sind Sie daran interessiert, auf einen Schlag 500,– DM zu sparen?“ – „Na klar, wieso?“ – „Gewürze und Delikateßkonserven werden zum Herbst um mindestens 20 % steigen. Ich habe ausgerechnet, wieviel Sie in diesem Jahr verkaufen werden. Darf ich Ihnen zeigen ...“, und dann schreibt er einige Zahlen auf. Er kennt die Geschäfte seines Kunden seit vielen Jahren. Diesmal bekommt er einen großen Auftrag.

17. „Wann haben Sie zuletzt einen Zuckerhut gesehen?“ leiteten Verkäufer einer Rumfirma eine Verkaufsaktion für eine Feuerzangenbowle bei Händlern ein.

18. „Sagen Sie bitte Ihrem Chef von mir, daß ich eine wichtige steuerliche Mitteilung für ihn habe, wodurch er vielleicht viel Geld sparen kann“, beginnt Schuhverkäufer K. (einen Zeitungsbericht mit einer gerichtlichen Steuerentscheidung in der Tasche) ein Gespräch mit einem Angestellten eines Schuhgeschäftes, dessen Chef sich mehrere Male nicht sprechen lassen wollte.

Womit können *Sie* die Aufmerksamkeit *Ihrer* Kunden gleich für sich gewinnen?

Hoffentlich helfen Ihnen diese Beispiele – sie sind zum Kapieren, weniger zum Kopieren da. Jedes Beispiel zeigt *eine* Methode, Aufmerksamkeit zu erringen. Denken Sie sie auf Ihre Belange um! Unter uns gesagt: *Es geht auch bei Ihnen!*

6 FRAGEN

Überlegen Sie sich folgende Fragen, und Sie werden eine bessere Einleitung Ihres Verkaufsgespräches finden:

1. Mit welchem (einzigen) Satz kann ich den *Kundennutzen* meines Angebotes eindrucksvoll darstellen?
2. Welche *kundenorientierte* Frage kann ich zu Anfang stellen, um den Kunden über seine angebotsbezogenen Wünsche sprechen zu lassen?
3. Welches einleuchtende *Praxisbeispiel* über erzielte Kundenvorteile muß den Kunden interessieren?
4. Wie kann ich dem Kunden *helfen,* seine Probleme zu lösen – und wie kann ich dies mit einem Satz ausdrücken?
5. Welche wertvolle *Sonderinformation* kann ich dem Kunden zukommen lassen, die mir hilft, seine Sympathie zu gewinnen?
6. Welche *Aussage* kann ich zu Anfang des Gesprächs machen, die den Kunden veranlaßt, *mehr* hören zu wollen?

Die Bedeutung des ersten Satzes

Unmittelbar Aufmerksamkeit zu erwecken, ist beinahe ebenso wichtig für den Verkauf wie eine gute Schlagzeile für eine Anzeige. 1. Den ersten Satz hört sich der Kunde genauer an als die folgenden. 2. Er bestimmt oft die ganze Einstellung zum Verkäufer und vielleicht auch zum Angebot. Viele Kunden entscheiden sich (bewußt oder unbewußt) nach dem ersten Satz, ob sie den Verkäufer so schnell wie möglich loswerden oder seinen Vorschlägen zuhören wollen. Wird die Aufmerksamkeit des Kunden nicht sofort erregt, so verliert der Rest der Verkaufsargumentation oft (unverdient) ihre ganze Wirkung. In einigen Branchen, z. B. bei vielen Versicherungsgeschäften, beim Direktverkauf an der Tür, beim Abonnementsgeschäft, beim Verkauf per Telefon, entscheiden oft die ersten beiden Sätze, ob der

Verkäufer überhaupt eine Chance bekommt, zu verkaufen.

Was und wie Sie auch verkaufen mögen, prüfen Sie Ihre einleitenden Sätze. Oft gewinnt die Darstellung durch eine so einfache Art wie das Auslassen des ersten Satzes. Vermeiden Sie „alte Hüte" wie z. B. „Ich bin hergekommen, um zu ...", oder „Ich habe nur einmal hören wollen, ob ...", „Ich wollte Ihnen nur sagen, Herr Direktor, daß ..." „Der Anlaß meines Kommens, Herr Meier, ist ..." „Ich bitte um Entschuldigung, wenn ich ...", „Ich war sowieso in der Gegend ..." Denken Sie daran, daß der erste Satz darauf abzielen soll, sowohl die früheren Gedanken des Kunden zu neutralisieren wie auch sein Interesse für Ihre Ideen zu wecken.

Der Verkäufer als Problemlöser

Versetzen Sie sich in seine Lage und fragen Sie sich: „Was könnte mich bewegen, einem Vertreter, der mit meinem Angebot kommt, zuzuhören?" Die vorgenannten Beispiele gehen alle darauf aus, das Verkaufsgespräch mit irgendeiner Mitteilung, die den *Kunden* interessiert, einzuleiten. Selten berührt diese Mitteilung die Ware, die Sie verkaufen. Sie ist ja nur ein Mittel zum Zweck (vergleiche Kapitel 2, Abschnitt über Ideenverkauf). Die Ware selbst im ersten Satz zu erwähnen, dürfte deshalb psychologisch fast immer unklug sein. Dagegen ist der Kunde direkt und unmittelbar an seinen eigenen *Problemen* interessiert. Als Verkäufer gehen Sie zum Kunden, um Probleme zu lösen. Sie sollten also versuchen, in dieser Richtung eine gute Einleitung für das Gespräch zu finden.

Dies ist einer der Kernpunkte moderner Verkaufstechnik. Unaufgeforderte Besuche von Verkäufern interessieren immer weniger, besonders wenn sie für den Kunden keinen erkennbaren Nutzen versprechen. *Problemlösungen* interessieren immer. Der Verkäufer von heute ist deshalb (gezwungenermaßen) zum Problemlöser geworden.

Anders sein!

Ihre Methode und Ihr Ziel sei: *anders zu sein.* Damit erweckt man die Aufmerksamkeit. Ahmen Sie niemanden nach – besonders nicht Ihre Mitbewerber. Im Gegenteil, versuchen Sie sich soweit wie möglich von Ihnen zu unterscheiden. Wenn alle nach und nach dieselbe Sondertour reiten, auch wenn sie an und für sich gut war, dann ist sie durch aller Nachahmung schlecht geworden. Ihr Ziel muß dann sein, einen ganz neuen Weg zu gehen – oder den alten, den niemand mehr geht.

In drei Richtungen können Sie *anders* sein: 1. anders als andere, 2. anders, als Sie bisher waren, 3. anders, als der Kunde es erwartet. Das ist der Weg zur sinnvollen Originalität.

Bei der Formulierung sollten Sie an die Vorteile der Frageform denken. Eine gute Frage überrascht – und fesselt! Sie erfordert eine Antwort. Sie leitet ein Gespräch ein, sie ist Start zu einem Gedankenaustausch.

Positiv fragen!

Aber die Frage soll *positiv* sein – nicht dieser Art: „Wollen Sie nicht eben mit mir die Möglichkeit, Ihre Buchführung zu vereinfachen, besprechen?“ oder „Sie sind wohl noch mit englischen Kammgarnstoffen eingedeckt?“ Die nicht seltene Frage „Kann ich Sie für z. B. verbesserte Beleuchtung in Ihrem Kontor interessieren?“ enthält das, was der Verkäufer sich selbst und nicht den Kunden fragen sollte. Die sicherste, wenn auch nicht immer taktvollste Art, Aufmerksamkeit zu erregen, ist, mit einer verblüffenden Frage zu beginnen, die den Kunden zum Nachdenken zwingt. Besonders bei Wiederbesuchen, wenn der Kunde denkt: „Aha, jetzt ist der wieder hier, jetzt geht dieselbe Leier wieder los“, hat der Verkäufer allen Anlaß, seine Findigkeit zu Rate zu ziehen, so daß der Kunde statt dessen aufhorcht und denkt: „Aha, daran habe ich gar nicht gedacht, das ist etwas Neues.“

Gute Anfänge sind: Haben Sie ...? Sind Sie ...? Können Sie ...? Würden Sie ...? Wollen Sie ...?

Der Verkäufer ist oft eine ausgezeichnete Auskunftsquelle für den Kunden. Wertvolle Aufschlüsse sollte er deshalb planmäßig sammeln, ordnen und für Kundengespräche zusammenstellen. Nachrichten und Neuigkeiten sind sichere Aufmerksamkeitsappelle.

Der Anfang des Gesprächs sollte für den Kunden *lustbetont* sein. Schreckmethoden sind gefährlich (können aber in

Ausnahmefällen als letzter Versuch auch mal erfolgreich sein).

Falls Sie fühlen, daß der Kunde gleich einwenden wird, er benötige Ihr Anerbieten *gerade jetzt* nicht, und deshalb geneigt ist, das Gespräch aufzuschieben oder abzubrechen, könnten Sie beispielsweise folgendermaßen anfangen: „Ich will Ihnen nur einige Angaben machen, damit Sie die Möglichkeit haben, sich eine Auffassung darüber zu bilden, was Ihnen eine solche Maschine an Kostenersparnis einbringt, *wenn Sie eine benötigen.*" Oder „nur zu Ihrer Information für spätere Verwendung". Am Anfang des Gesprächs gilt es, möglichst keine Gegensätze aufkommen zu lassen.

Abgelenkte Aufmerksamkeit

Äußere Umstände können manchmal den Gesprächspartner daran hindern, dem Verkäufer seine ungeteilte Aufmerksamkeit zu widmen – Telefongespräche, hereinkommende Boten, Sekretärinnen oder andere im Zimmer anwesende Personen. Eine vorsichtige Bemerkung: „Ich wußte nicht, daß Sie besetzt sind, Herr Wichtig", kann unbefugte Personen veranlassen, sich zu entfernen. Sind dagegen andere Personen vom Kunden hereingerufen worden, um an der Verhandlung teilzunehmen, sollte der Verkäufer diese sogleich in das Gespräch einbeziehen und damit zeigen, daß er ihre Aufgabe respektiert (wie oft ist nicht der Verkäufer vom „dritten Mann" zu Fall gebracht worden). In zweifelhaften Fällen kann der Verkäufer sich gleich dadurch über die Rolle, die der Betreffende spielt, unterrichten, indem er sich diesem vorstellt. Die Antwort bekommt er dann entweder von ihm selbst oder vom Kunden. Es kann auch passieren, daß der Kunde eine oder mehrere Personen hereinruft, um Zeugen zu haben für das, was abgesprochen wird, oder ganz einfach auch, um sich stärker zu fühlen.

Was tut man bei Unterbrechungen?

Nach einer Unterbrechung sollte man besser zunächst erst durch Kontrollfragen feststellen, ob der Kunde nicht „den Faden verloren" hat. Ein Maschinenverkäufer fragt unbeirrt nach einer Unterbrechung „Wo waren wir gerade?", um den Kunden zur Reaktion und zum Nachdenken zu zwingen. Merkt man, daß die Aufmerksamkeit des Kunden schwindet, kann man bewußt die Stimme heben. Aber eine kurze Pause, am besten völlig unmotiviert mitten im Satz, ist häufig viel wirkungsvoller, um die Aufmerksamkeit des Kunden wieder zurückzugewinnen. Je plötzlicher die Pause, desto größer ihre Kontrastwirkung.

Augenkontakt

Ein wichtiges Hilfsmittel ist der Blick. Sehen Sie dem Kunden klar in die Augen und „zwingen" Sie ihn, Sie anzusehen. Ohne „Augenkontakt" können Sie keine Aufmerksamkeit erzielen, wie gut Sie auch immer sprechen. Und, nicht zu vergessen, intensive Ausdrucksweise, kräftige Stimme, langsames Sprechen, echte Pausen – für entsprechenden „Sprachkontakt". Besonders am Anfang des Gespräches ist dies wichtig. Zu leises Sprechen ist meistens ein Zeichen von Hemmungen, die am Anfang des Gespräches zwar natürlich sind. Überwinden Sie sie durch bewußt lautes Sprechen.

Und jetzt können Sie sicher die vier einleitenden Fragen beantworten und die fünf Verkaufsprobleme lösen?!

Sie müssen von Beginn an Aufmerksamkeit hervorrufen. Schon Ihr erster Satz soll den Kunden fesseln. Verkaufen Sie Ihrem Kunden den Wunsch, mehr von Ihnen zu hören. 99 von 100 Verkäufern können ihre Gesprächseinleitung verbessern.

KAPITEL XIV

AIDA und der Verkauf – Wie erzeugen Sie Interesse?

KÖNNEN SIE DIESE VIER FRAGEN BEANTWORTEN?

❶ Wann ist der geeignete Vorführungszeitpunkt?

❷ Was wissen Sie über die verschiedenen Arten der Vorführungstechnik?

❸ Mit welchen Hilfsmitteln kann und muß der Verkäufer auch dann eine Vorführung durchführen, wenn er die Ware selbst nicht mitnehmen kann?

❹ Was wollen Sie durch Ihre Vorführung beweisen?

KÖNNEN SIE DIESE FÜNF PROBLEME LÖSEN?

① *Verkäufer Selbig verfügt über ein ausgezeichnetes Verkaufsmaterial. Sein Werk hat ihm alles sehr schön geordnet zur Verfügung gestellt: Proben, statistische Unterlagen, Referenzschreiben, Abbildungen, Warenliste. Seine Verkaufstechnik besteht u. a. darin, daß er bei den meisten Besuchen die etwas dicke Mappe im Wagen läßt, um nicht bei der Anmeldung einen negativen Eindruck zu machen. Später kann er nach seiner Meinung immer noch das Arbeitsmaterial holen, wenn er es braucht. Ist das der richtige Weg?*

② *Herr Maler verkauft Diktiergeräte und besucht verschiedene Unternehmer. Er überlegt immer genau, wie er das Verkaufsgespräch beginnen soll. Es glückt ihm, die Aufmerksamkeit seiner Hörer zu erwecken und die Vorzüge seines Apparates darzustellen. Die Gespräche pflegen etwa eine halbe Stunde zu dauern. Maler stellte nämlich nach einer Viertelstunde fest, daß das Interesse zurückgeht. Des-*

halb nimmt er sich vor, ein neues, zweites Gespräch vorzubereiten, da er nicht glaubt, den Kunden auf einmal durch die verschiedenen Entwicklungsstufen des Verkaufsvorgangs zum Kaufentschluß führen zu können. Auch diese Methode schlägt nicht richtig ein, und er ist mit sich selbst unzufrieden. Schließlich aber kommt er auf eine an sich einfache und naheliegende Idee, die sich unmittelbar in besseren Verkaufsergebnissen widerspiegelt.

③ *Verkäufer Ramm ist keine direkte „Leuchte". In seinem Auftreten etwas kantig, mit schroffer Sprache und etwas viel Gebärden. Verkäufer Lamm dagegen ist elegant, mit gebildeter Ausdrucksweise und vornehmem Auftreten. Ramm nimmt immer schon zu Beginn des Verkaufsgesprächs sein Verkaufsalbum heraus und zeigt die Bilder seiner Präparate, das eine nach dem anderen. Auch wenn der Kunde sagt, er kenne ja alles schon (und das geschieht bei fast jedem Besuch), läßt er sich nicht beirren, sondern zeigt weiter. Darauf führt er eine ganze Reihe Aufträge zurück. Lamm dagegen meint, das sei eine zu aufdringliche Methode.*

④ *„Sie sagen, man solle den Kunden an der Vorführung beteiligen", wirft Verkäufer K.mann in die Besprechung ein. Bei unserer komplizierten Maschine riskiert man dann aber, daß der Kunde etwas falsch macht und dadurch einen falschen Eindruck bekommt. Ich riskiere lieber nichts und lasse ihn zusehen." Einige seiner Kollegen teilen seine Auffassung. Sie auch?*

⑤ *„Viele dieser Vorführungsmethoden, wie sie Verkäufer in anderen Branchen verwenden, erscheinen mir wie Mätzchen", meint ein solider, älterer Kunststoffverkäufer eines Chemieunternehmens. „Das würde bei unseren Kunden nicht ankommen, und ein Unternehmen wie das unsere kann sich so etwas nicht leisten." Jüngere Kollegen widersprechen ihm, einige ältere pflichten ihm bei.*

Einen Kunden für ein Angebot zu interessieren bedeutet, ihm *deutlich klarzumachen,* was er gewinnt, wenn er es annimmt – eine billige Weisheit, allgemein anerkannt und beinahe ebenso allgemein vernachlässigt. Die konkreten Vorteile, die man vorher (oft als Aufmerksamkeitsappell in der Einleitung des Gesprächs) dem Kunden vorgehalten hat, müssen bewiesen werden.

Wiederholung ist kein Beweis

Behauptungen sind keine Beweise! Auch Wiederholungen Ihrer Behauptungen sind keine! Die beste Art, Vorteile zu beweisen, ist, sie *vorzuführen.* Eine geschickte Vorführung verwandelt die Aufmerksamkeit des Kunden in ein direktes Interesse für das Angebot. Die Interessensstufe ist die Vorführungsstufe. Vorführen muß man immer, ob man nun seine Ware bei sich hat oder nicht. Im letzteren Falle muß man Hilfsmittel benutzen. Je weniger man über die Ware spricht, desto besser! Lassen Sie den Kunden deren Eigenschaften selbst prüfen, und zwar sobald wie möglich! Nichts überzeugt so stark wie das, was man mit eigenen Augen gesehen hat.

Vorführen!

Vermeiden Sie, die Stärke und Haltbarkeit eines Wagenhebers zu beteuern – lassen Sie ihn statt dessen vom Kunden selbst auf den Boden werfen und mißhandeln. Ist eine Zusatzessenz geruchfrei, so bestätigen Sie dies nicht mit Worten, sondern lassen Sie den Kunden selbst daran riechen, am besten im Vergleich zu einem anderen, stark riechenden Produkt. Wollen Sie zeigen, daß Ihr Apparat „narrensicher" ist, so lassen Sie den Kunden alle erdenklichen Fehlgriffe ausführen, damit er sich selbst davon überzeugt, daß er keinen Schaden anrichten kann. Wollen Sie dem Kunden die Beschleunigungseigenschaften eines Autos beibringen, so zeigen Sie ihm keine Tabellen, sondern machen Sie eine Beschleunigungsprobe mit dem Kunden selbst als Zeitnehmer. Wollen Sie den Kunden von der Notwendigkeit einer Lüftungsanlage überzeugen, so lassen Sie ihn durch zwei Arbeitsräume gehen – den einen mit ventilierter und den anderen mit „normaler", rauchiger und verbrauchter Luft.

Ihre Vorführung soll also beweisen. Fragen Sie sich bei Ihrer Planung immer *was*? Erst die Antwort erlaubt Ihnen ein wirkungsvolles und zielorientiertes Vorgehen.

Informationsbeschaffung

Eine wichtige Voraussetzung hierfür ist Ihre *Informationsbeschaffung.* Das Interessestadium ist in seiner Anfangsphase ein Informationsstadium. Stellen Sie sich selbst folgende 2 Fragen: 1) Welche Information benötige ich, um mein Angebot den Wünschen, Bedürfnissen und Problemen des Kunden anzupassen? 2) Welche Fragen meinerseits ermitteln diese Information? Fragetechnik und Informationsverwertung spielen hierbei eine große Rolle. Je geschickter Sie hierbei vorgehen, desto besser wird Ihre Verständigung (Kommunikation) mit dem Kunden und desto zielgerechter die Folge der Verhandlung (in erster Linie Ihre Vorführung).

Einige Vorführungsratschläge:

Zehn Vorführungsmethoden

1. *Führen Sie immer vor,* was Sie auch verkaufen mögen, je eher, desto besser, auch wenn der Kunde Ihre Produkte schon kennt oder die Vorführung nicht begrüßt. Nur so können Sie den Weg zum Verkauf finden. Das gilt für alle Branchen. Je abstrakter die Ware, um so wichtiger die Konkretisierung durch Vorführung! Auf Ihr Verkaufsmaterial zu verzichten oder es nicht zielbewußt zu verwenden heißt, mindestens die halbe Wirkung Ihrer Verhandlung einzubüßen.

Papier und Bleistift benutzen!

Überspringen Sie das Vorführungsmoment nicht. Wenn Sie die Ware nicht bei sich führen können, verwenden Sie Modelle, Proben, Bilder und Zeichnungen. Papier und Bleistift gehören zur unerläßlichen Ausrüstung des Verkäufers. Mit ihrer Hilfe läßt sich ein Angebot immer verdeutlichen. Zahlen sind schwer zu behalten. Schreiben Sie sie auf oder lassen Sie den Kunden schreiben. Veranschaulichen Sie Zahlenvergleiche durch einfache Bilder (Stapel, Kreise usw.). Das Gedächtnisbild wird durch schnell skizzierte Zeichnungen unterstützt. Inhalts- und Haltbarkeitsvergleiche können durch einfache geometrische Wiedergaben verdeutlicht werden. Das Argument über doppelte Lebensdauer wird z. B. auf einfache Weise mit zwei Quadraten dargestellt, von denen das eine doppelt so groß ist wie das andere. Mangelnde Zeichenbegabung braucht nicht unbedingt ein Nachteil zu sein. Der beherzte Versuch des Verkäufers, einen Kreis zu zeichnen, kann mehr fesseln als formvollendete Figuren eines guten Zeichners. Mit etwas Phantasie können Sie beinahe jedes Verkaufsargument zeichnerisch auf einem Blatt Papier festhalten und dadurch das Auge fesseln.

Zeigen Sie die Verwendung der Ware

2. *Die Vorführung darf sich nicht damit begnügen, zu zeigen, wie eine Ware aussieht. Sie soll möglichst auch zeigen, wie sie verwendet wird oder welche Wirkung sie in der Praxis hat.* Es ist oft reine Bequemlichkeit des Verkäufers, wenn er nur die Ware vorlegt, anstatt ihre Verwendung vorzuführen.

Seien Sie drastisch!

3. *Gestalten Sie die Vorführung dramatisch!* Manchmal ist etwas Dramatik erforderlich, um Ihr Angebot interessant zu machen. Ein Verkäufer für Entfleckungsmittel führte die wirksamen Eigenschaften seiner Ware mit einem beschmutzten Lappen vor, den er vollkommen entfleckte. Die Wirkung wurde jedoch vervielfacht, als er dazu überging, den Ärmel seines blütenweißen Hemdes zu beflecken und dann mit der Flüssigkeit zu säubern.

Ein Verkäufer für Feuerlöschgeräte machte die Erfahrung, daß keine Art der Vorführung mit der schlagartigen Wirkung zu vergleichen war, die er auslöste, wenn er eine Handvoll Spezialschaum auf die Hand strich und danach eine Lötlampe mit einer Stichflamme von 800 °C auf die offene Hand richtete.

Der Vertreter einer Spielzeugfabrik, ein Riese von über 100 kg Gewicht, kam auf einem Schaukelpferd reitend zu seinen Kunden herein, wodurch sich alle Diskussionen über die Haltbarkeit erübrigten.

Ein Leimfabrikant bittet seine Kunden, ihr zwei Kilo schweres Telefonbuch an den geleimten Ecken hochzuheben, um die Haltbarkeit zu prüfen.

Bei der Einführung einer neuen, schnell trocknenden Tinte wurden die Kunden aufgefordert, mit der Hand unmittelbar nach dem Schreiben ihres Namens über das Papier zu wischen.

Ein Verkäufer von Raupentreckern kam nicht über den großen Anfahrtsweg, sondern über die wuchernde Heide in den Gutshof gefahren.

Eine Uhrenfabrik stellte eine Armbanduhr aus, die an einem der Räder einer Schnellzuglokomotive befestigt und nach 600 km Fahrt noch intakt war.

Ein Verkäufer von unzerbrechlichem Glas führte immer einen kräftigen Hammer bei sich, um auf seine Glasscheiben schlagen zu können.

Ein Verkäufer von Segeltuchüberzügen reichte dem Kunden eine Schere und bat ihn, zu versuchen, die Stoffprobe durchzuschneiden.

Ein Baukranhersteller ließ einen seiner Kräne durch einen Schuljungen bedienen und bewies damit die Einfachheit der Handhabung.

Verkäufer schlauchloser Reifen ließen Kunden Nägel mit einem Hammer in die Reifen schlagen.

Die Leichtigkeit des Anschlages einer Buchungsmaschine wurde von den Verkäufern einer Weltfirma durch Antippen mit einer Zigarette bewiesen.

Die Flamme eines Feuerzeuges diente zum Beweis der Güte von Eau de Cologne durch plötzliches Anzünden der zerstäubten Flüssigkeit.

Sie sehen an diesen vielfältigen Beispielen, wie eine unerwartete, dramatisierte und auf Wirkung durchdachte Vorführung das Interesse des Kunden fesselt und auf ihn überzeugender wirkt als alle Beredtheit. Versuchen Sie eine noch bessere Lösung für Ihre Demonstration zu finden!

Einbeziehung des Kunden

4. *Beziehen Sie den Kunden in die Vorführung ein!* Lassen Sie ihn den Gegenstand möglichst selbst vorführen.

Es gibt viele Gelegenheiten, bei denen der Kunde an einer Vorführung aktiv teilnehmen kann – nicht zuletzt bei mechanischen oder elektrischen Geräten, die den Spiel- und Basteldrang erwecken. Keine Vorführung, die vom Verkäufer ausgeführt wird, fesselt den Kunden annähernd so wie die, an der er selbst teilnimmt.

Manchmal kann die Vorführung auch der Unterweisung dienen, wobei der Verkäufer die Vorführung erst selbst ausübt und gleichzeitig den Kunden in der Handhabung unterrichtet. Danach kann der Kunde das Gerät selbst bedienen. Hier ergibt sich Gelegenheit, schon bei der Vorführung den Verkauf abzuschließen. Je mehr man den Kunden interessieren kann, die Handhabung einer Maschine oder eines Gerätes zu erlernen, desto mehr fühlt er sich schon als Besitzer. Viele Cheftelefone, Rechenmaschinen, Autos, Haushaltgeräte usw. sind auf diese Weise verkauft worden. Für viele Verkäufer wäre es nützlich, an Kursen in Instruktionstechnik teilzunehmen. Einen Arbeitsvorgang jemandem beizubringen, ist etwas ganz anderes, als etwas selbst zu können oder seine eigene Fertigkeit zu zeigen.

Jegliches Zahlenmaterial und Berechnungen, die der Verkäufer während der Vorführung benutzt, kann und soll er möglichst, wie schon erwähnt, den Kunden aufschreiben und ausrechnen lassen.

Wie man Prospekte überreicht

5. *Vorsicht mit Prospekten!* Allzuleicht kann ein Kunde einen Prospekt als Vorwand für den Gesprächsabbruch nehmen („Ach so, ausgezeichnet, da haben wir ja einen Prospekt; den werde ich mir in aller Ruhe durchlesen und Sie dann später anläuten"). Der Prospekt sollte dann vorgelegt werden, wenn er die mündliche Darstellung verstärkt, z. B. wenn gewisse Auskünfte, die der Verkäufer gegeben hat, auf klarere Weise aus dem Prospekt hervorgehen. Er soll möglichst nicht übergeben, sondern erklärt werden, indem der Verkäufer den Kunden auf die konkreten Aufschlüsse aufmerksam macht, die beachtet werden sollen. Auch ein Prospekt muß „vorgeführt" werden.

Die Vorführung konzentrieren!

6. *Konzentrieren Sie die Vorführung!* Sie darf nicht zu lang werden oder zuviel umfassen. Zeigen Sie nicht alles! Eine allzu eingehende und ausgedehnte Vorführung ermüdet, besonders wenn es sich um komplizierte und dem Kunden zuvor unbekannte Waren oder Arbeitsvorgänge handelt. Richten Sie es möglichst so ein, daß der Kunde der Vorführung leicht folgen kann. Wenn Kunden z. B. Stahlwerke und Maschinenfabriken besuchen, läßt man sie oft erst eine Rundwanderung durch große Teile des Betriebes machen, wobei das ursprüngliche Interesse durch körperliche

Müdigkeit und die Menge der neuen Eindrücke nach und nach abstumpft. Danach den Kunden für besondere Einzelheiten im Zusammenhang mit dem Verkauf zu interessieren, wird ziemlich hoffnungslos sein. Der Fabrikbesuch als Vorführungs- und besonders als Beeinflussungsmittel an sich ist dagegen eine ausgezeichnete Methode.

Indirekte Beeinflussung

7. *Denken Sie an die Bedeutung der Suggestion!* Ihre Art, Ihre Stimme und Ihre Haltung können suggestive Eindrücke vermitteln. Seidenstrümpfe wie Ziegelsteine herumzuwerfen offenbart ebensowenig das richtige Gefühl für positive Suggestion der Eigenschaften einer Ware wie das behutsame Schließen einer Kabinentür. Ein Auto elegant und mühelos vorzuführen, suggeriert Vertrauen in seine leichte Handhabung. Da Hausfrauen meist das Gefühl haben, Haushaltmaschinen seien schwierig zu bedienen, mißglückt der Verkauf leicht, wenn der Verkäufer bei der Vorführung unsicher und angestrengt wirkt. Er muß durch seine Stimme, seine Art, seine Haltung und die ganze Handhabung dem Kunden Sicherheit einflößen und damit auch bis zu einem gewissen Grade den Charakter seiner Ware widerspiegeln.

Konsequenzen ziehen!

8. *Seien Sie immer darauf bedacht, für den Kunden die Schlußfolgerung aus der Vorführung zu ziehen!* Eine Vorführung ist in der Regel eine praktische Beweisführung. Beantworten Sie sich selbst die Frage „*Was* will ich durch die Vorführung beweisen", bevor Sie anfangen. Logischerweise kann man nur dann eine Vorführung als geglückt bezeichnen, wenn der Kunde *bestätigt,* daß sie ihn wirklich überzeugt hat. Diese Kontrolle überspringen viele Verkäufer, wodurch die Vorführung ihren Zweck verfehlt – mag sie auch sonst noch so gut durchgeführt sein.

Wenn Sie den Kunden mit der Vorführung z. B. von der Dehnbarkeit, Haltbarkeit, dem Leistungsvermögen oder der leichten Handhabung der Ware überzeugen wollen, so fragen Sie ihn danach rundheraus: „Haben Sie sich davon überzeugt, daß dieses Material wirklich elastisch (haltbar, leicht zu bedienen, zweckmäßig) ist?" Der Kunde kann dann nur mit einer der folgenden Wendungen antworten:

a) „Nein, diese Probe beweist mir gar nichts“, so ist das ein klares Zeichen für den Verkäufer, daß die Vorführung als Beweis mißglückt ist. Ohne diese Kontrolle würde der Verkäufer sich selbst über den Erfolg seiner Vorführung täuschen.

b) „Ja, ich weiß nicht recht, was ich sagen soll. Natürlich scheint es gut zu sein, aber ...“ Diese Reaktion zeigt dem Verkäufer, daß seine Vorführung, ohne direkt mißglückt zu sein, doch nicht ausreicht, um den Kunden zu überzeugen. Die etwaigen Bedenken des Kunden können manchmal darauf beruhen, daß der Verkäufer die Erwartungen zu hoch geschraubt oder das Ergebnis „frisiert“ hat. Hätte der Kunde die Vorführung selbst durchgeführt und sich nicht nur auf den Verkäufer verlassen müssen, so wäre er vielleicht überzeugt worden. Manchmal glaubt der Kunde auch, das Vorführungsobjekt sei besser als die Ware, die später geliefert wird. Eine Automobilfirma zog aus diesen Bedenken der Kunden die Schlußfolgerung, zukünftig nur solche Autos als Vorführungswagen zu verwenden, die mindestens 20 000 km gelaufen hatten.

c) „Doch, das scheint wirklich zu stimmen. Das war aufschlußreich.“ Dann – *aber auch nur dann* – ist die Vorführung als geglückt zu bezeichnen. Die Bestätigung des Kunden gibt eine ausgezeichnete Gelegenheit, unmittelbar an den Kaufwunsch zu appellieren und einen Kauf vorzuschlagen. Diese Gelegenheit soll man sich nicht entgehen lassen.

Nicht drängen

9. *Versuchen Sie nicht, den Kunden gleich zu Anfang festlegen zu wollen,* besonders wenn Sie ihm eine Auswahl vorführen. Der Kunde darf nicht das Gefühl haben, in seinem Urteil gedrängt zu werden oder leichtfertige Empfehlungen zu bekommen, bevor also eine eingehende Prüfung und Unterrichtung vorausgegangen sind.

Nicht zuviel

10. *Muten Sie dem Kunden nicht zuviel zu!* Zeigen Sie ihm nicht zuviel. Ermüden Sie ihn nicht. Führen Sie nur das vor, was Sie beweisen wollen. Der Kunde darf sich nicht schon in der zweiten Phase des Verkaufsprozesses übersättigt fühlen.

Eine Vorführung muß in Anlage und Durchführung genau durchdacht und gekonnt sein. Sie darf nicht der Eingebung oder dem Zufall überlassen bleiben. Ihre Verkaufstechnik insgesamt kann nicht besser sein als Ihre Vorführungstechnik. Überlegen Sie sich, wie Sie sie verbessern können! Trainieren Sie regelmäßig!

Und jetzt können Sie sicher die vier einleitenden Fragen beantworten und die fünf Verkaufsprobleme lösen?!

Das beste Verkaufsmittel ist die Vorführung. Nützen Sie es zielbewußt aus! Versuchen Sie, den Blick des Kunden dauernd zu fesseln! Die beste gesprochene Verkaufsdarstellung überzeugt nicht halb so stark wie eine gute Vorführung!

KAPITEL XV

AIDA und der Verkauf – Wie Drang zum Kauf schaffen?

KÖNNEN SIE DIESE VIER FRAGEN BEANTWORTEN?

❶ Was bedeutet, das Gespräch „in Zukunftsbegriffen“ zu führen?

❷ Wie erkennt man entstehende Kaufbereitschaft?

❸ Wo liegt der Unterschied zwischen der Erweckung eines Wunsches und der Erweckung einer Überzeugung beim Kunden?

❹ Was ist außer Nachweis eines Bedürfnisses und der Möglichkeit einer günstigen Lösung notwendig, um eine Kaufbereitschaft zu schaffen?

KÖNNEN SIE DIESE FÜNF PROBLEME LÖSEN?

① *„Ich hatte dem Kunden alle Vorteile eines Kaufes nachgewiesen“, erzählt Verkäufer Wachs. „Er erkannte sie alle an. Auch daß unser Angebot besonders günstig war, bestätigte er ohne weiteres. Geld hatte er auch, und die Ausgabe hätte ihm nicht weh getan, und trotzdem zeigt er keinerlei Kaufbereitschaft. Ich verstehe das nicht.“ Verstehen Sie es?*

② *„Sie sprechen immer davon, daß man bei einem Kunden lustbetonte Gefühle wecken muß, um ihn für den Kauf zu interessieren“, meint Versicherungsverkäufer B. zu einem befreundeten Verkaufssachverständigen. „Dann verraten Sie mir doch mal, wie man lustbetonte Gefühle im Zusammenhang mit Lebensversicherungen bei einem Kunden erwecken kann!“ Nicht ganz einfach, nicht wahr? Undurchführbar? Oder doch möglich?*

③ *„Sehr interessant", murmelt der Einkäufer des Werkes X und nimmt die Duraluminiumstange in seine Hand. „Es ist mir klar, daß Sie große Erfolge mit Ihrer Leichtmetallegierung haben. Mit der Firma Y hier am Orte haben Sie wohl schon gesprochen? Für die Leute wäre Ihr Material geeignet." Der verkaufende Ingenieur, Herr Bauer, wird nervös. Seine Firma hatte ihn als Spezialisten gerade zu diesem Werk geschickt, und während beinahe 1½ Stunden hatte er dem Kunden die außerordentlichen Verwendungsmöglichkeiten des Duraluminiums auseinandergesetzt. Der Gesprächspartner hört die ganze Zeit über interessiert zu. Aber jetzt, wo der Augenblick des Kaufabschlusses bevorsteht, schlägt der Einkäufer seltsamerweise vor, er solle doch lieber zur Firma Y gehen! Bauer erkennt sofort den Fehler, der ihm jetzt und bei anderen Gelegenheiten unterlaufen war. Aber es ist zu spät, an der Einstellung des Einkäufers etwas zu ändern. Er fragt deshalb, ob er den technischen Leiter des Werkes einige Minuten sprechen dürfe. Dagegen hat der Einkäufer nichts einzuwenden, und diesmal begeht Bauer nicht wieder den gleichen Fehler, und schließlich ist es der technische Leiter selbst, der für Bauer beim Einkäufer „den Verkauf macht"! Welche Klippen waren hier zu umschiffen? Haben Sie ähnliche Situationen erlebt?*

④ *„Schön wäre es schon, einen vollautomatischen Staubsauger zu haben", seufzt Frau Ritter und schielt zu ihrem Mann hinüber, während der Verkäufer nach der Vorführung durch Druckknopfbetätigung das Mundstück des Staubsaugers wechselt. „Denk mal, wieviel leichter die Arbeit wäre, und die Hände würden auch nicht schmutzig. Ach ja, wenn man alles hätte, was man sich wünscht ..." Herr Ritter, der kurz vorher aus seinem Geschäft heraufkam, nickt; ein solcher Staubsauger wäre schon nützlich. Aber, wie gesagt, es gibt so vieles, was man sich wünscht. Es herrscht kein Zweifel darüber, daß Herr und Frau Ritter sich wirklich den neuen Staubsauger wünschen. Trotzdem scheint aber das Geschäft nicht zustande zu kommen. Der Verkäufer fährt fort, die Leistungen seines Staubsaugers praktisch vorzuführen, und steigert die Kauflust der Ritters noch mehr. Als dem Verkäufer endlich „ein Licht aufgeht",* *ist es Zeit für Ritters, ins Kino zu gehen, und es wird dieses Mal nichts aus dem Geschäft. Unterdessen glaubt er, die Ursache erkannt zu haben, weshalb das Geschäft trotz starken Verlangens nicht zustande kam. Wo scheint Ihnen der Kern des Problems zu liegen? Was ist zu tun?*

⑤ *„Sie können doch nicht als einziger in Ihrer Branche noch mit den alten Farbenkombinationen arbeiten", sagt Vertreter Bald dem Färbermeister in einer Textilfabrik, nachdem er den Einkaufsleiter schon lange von der Notwendigkeit einer Veränderung überzeugt hatte. Auch der Fabrikleiter teilt seine Meinung. „Ich will Ihnen jetzt noch einmal die Vorzüge der neuen Kombinationen nachweisen." Auch nach erfolgtem Nachweis bleibt der Färbermeister abweisend. Was hätten Sie gemacht? War die angewandte Taktik klug?*

Wünsche erwecken!

Ein Kunde, der kein Verlangen nach Ihrem Angebot hat oder nur ein bedingtes Interesse erkennen läßt, wird im Regelfalle nicht dadurch zu gewinnen sein, daß Sie auf die Güte Ihrer Waren hinweisen. Der vornehmlichste Grund, warum eine Ware gekauft wird, ist, daß sie ein *Bedürfnis befriedigt*, daß sie Kauf*lust* erweckt. Auch eine Vorführung, die dem Kunden noch so klar beweist, daß Ihre Buchungsmaschine die beste auf dem Markt ist, verkauft die Maschine nicht, wenn es Ihnen nicht gelingt, das Verlangen des Kunden nach einem besseren und zweckmäßigeren Nachweis seines Arbeitsertrages anzuregen oder ihn davon zu überzeugen, daß nach einer Verringerung der Buchführungsarbeit erhebliche Leistungssteigerungen durch automatische Arbeitskontrollen zu erwarten sind.

Nach diesen Gesichtspunkten entdeckt und beseitigt Ingenieur Bauer Fehler, die ihm unterlaufen sind (3. Problem). Und wie ist es mit den anderen Problemen?

Wenn sich ein Kunde trotz einer überzeugenden Vorführung und trotz ausdrücklicher Bestätigung des Vorführergebnisses nicht zum Kaufen entschließt, ist bei ihm das Verlangen nach dem Angebotenen nicht stark genug geweckt worden. Bei einer Untersuchung Ihrer Mißerfolge in der Verkaufstätigkeit werden Sie dies bestätigt finden. Interesse und Kauflust sind nicht dasselbe.

Wenn Sie Kauflust erwecken wollen, ist Kenntnis der vorherrschenden Interessen des Kunden, seiner Wünsche und Bedürfnisse entscheidende Voraussetzung. Erst dann kann der Verkäufer beim Kunden Verlangen und Drang nach einer angebotenen Ware wecken und an seine Kauflust appellieren.

Kann man die Argumentation schematisieren?

Gerade im Zusammenhang mit der Notwendigkeit, die *persönliche* Kauflust nach dem Angebot zu erwecken, wird die Versuchung, nach einem für alle Kunden „gültigen" Schema zu argumentieren, besonders gefährlich. Man darf sich also nicht dazu verleiten lassen, ein in *einem* Falle noch so brauchbares Argument des Anreizes, eine Ware besitzen zu wollen, bei allen Kunden anzuwenden. Zum Beispiel kann es ein wertvolles Argument sein, daß der Kunde mit Ihrem Auto besonders beschleunigen kann, daß der von Ihnen angebotene Kleiderstoff ungewöhnlich haltbar ist, daß Ihr Sonderlack eine Hochglanzpolitur ermöglicht oder daß Ihre Versicherung eine gute Geldanlage ist usw., *aber* – es ist nicht sicher, daß gerade dieses Argument die Kauflust *des* Kunden weckt, den Sie gerade vor sich haben. Es gibt auch andere Ideen, die Sie verkaufen können. Einigen Kunden bedeutet die Beschleunigung eines Wagens vielleicht recht wenig. Andere legen auf die Haltbarkeit eines Kleiderstoffes für festliche Gelegenheiten keinen Wert, oder lehnen Lack ab, der ihren antiken Möbeln ein allzu modernes Aussehen gibt, oder scheuen die Geldanlage, weil sie ihren Bargeldvorrat mindert.

Kauflust durch Ideenverkauf anregen

Wenn Sie die Kauflust des Kunden anregen wollen, müssen Sie dem Kunden in geschickter Form ausmalen, welche zukünftige Befriedigung, welchen Genuß oder welche Vorteile ihm Ihr Angebot gibt: „Stellen Sie sich bitte vor, wieviel Zeit Sie gewinnen, um mit Ihren Kindern spazieren zu gehen oder in der Stadt einkaufen zu können, wenn Ihnen die Hausarbeit weniger Zeit raubt", sagt der Staubsaugerverkäufer zur Hausfrau.

„Ist es nicht ein schönes und beruhigendes Gefühl, zu wissen, daß Sie sich um Ihre eigene Zukunft und die Ihrer Familie keine wirtschaftlichen Sorgen zu machen brauchen, auch wenn Ihnen etwas zustoßen sollte?" argumentiert der Versicherungsvertreter.

„Nach den Konferenzen können Sie, wo Sie auch sind, unmittelbar und jederzeit und unabhängig von Ort und Raum Ihre Berichte diktieren." Auch das ist ein Argument, das die Kauflust des Kunden nach einem Reisediktiergerät anregen kann.

„Ist es nicht eine große Erleichterung, wenn Sie sich von jetzt an nicht mehr für Vervielfältigungsarbeiten an Schreibbüros wenden müssen?" fragt der Verkäufer den Inhaber einer Lebensmittelfirma. „Sie stellen Ihre Rundschreiben selbst her, Ihre Preislisten können am gleichen Tag herausgehen. Sie können den Kontakt mit Ihrem Kundenkreis durch Werbemitteilungen vertiefen, die Sie nur einige Pfennige kosten. Auch Ihre Kontoristinnen werden entlastet, weil sie die Hausmitteilungen und andere oft vorkommende schematische Schreiben nicht mehrmals zu tippen brauchen. Weshalb nicht gleich mit dem kommenden Weihnachtskatalog anfangen?“

„Wenn Ihre beiden Kinder jetzt Klavierunterricht nehmen und sich ihr musikalisches Empfinden allmählich entfaltet, muß der Flügel immer gut gestimmt sein. Ihre Gäste und Sie mit Ihren Angehörigen wollen doch sicher einen wirklichen Genuß haben, wenn Sie bei Ihren Musikabenden jetzt in der Weihnachtszeit dem Spiel junger Solisten auf einem wertvollen Instrument zuhören, nicht wahr?“ hebt der Vertreter einer Klavierfirma bei der Empfehlung eines Stimmabonnements hervor.

„Mit der neuen Beleuchtung werden alle Passanten Ihre Schaufenster auch von der anderen Seite des Platzes sehen. Stellen Sie sich vor, welche Verkaufsmöglichkeiten das in sich birgt, wenn so viele Menschen, die Ihre Auslagen nicht beachten würden, künftig auf Ihr Geschäft aufmerksam gemacht werden. Die Fassade Ihres Hauses wird in der Abendbeleuchtung moderner wirken als die Ihrer Nachbarn dort drüben. Denken Sie auch daran, wie Ihre Weihnachtsdekoration mit vierfacher Beleuchtung zur Geltung kommen wird!“

„In ein paar Monaten wird es kalt draußen, und man öffnet nicht mehr gern die Fenster. Wenn man dann Arbeitsräume mit reiner, erwärmter Luft hat, ohne Staub, Zigarettenrauch und verbrauchte, ausgetrocknete Luft – dann arbeitet es sich auch leichter, und man verspürt weniger Kopfschmerzen und Müdigkeit. Und Sie sparen Heizungskosten.“

Lustbetonte Vorschläge

Der Verkäufer kann durch Diskussionen keine kauffreudige Stimmung beim Kunden hervorrufen. Der Kunde muß durch den Vorschlag des Käufers Anregung und Lust bekommen, eine Ware zu besitzen. Ihm den zukünftigen Genuß an (oder durch) eine Ware auszumalen, ist ein wertvoller Weg. Er muß den vorgeschlagenen Schritt tun *wollen* und *wünschen*. Kaufwünsche werden im Gefühl, nicht im Gehirn, geboren. Die Kauflust des Kunden anregen, ist nicht dasselbe wie auf einen Bedarf hinweisen. Alle berufstätigen Menschen benötigen eine angemessene Lebens- und Unfallversicherung, kaufen aber vielleicht lieber ein Wochenendhäuschen auf Raten. Viele Führungskräfte brauchen wirklich ein Diktiergerät, ziehen es aber vielleicht vor, einen neuen Fernschreiber zu kaufen. Manche Büros brauchen bessere Vervielfältigungsmaschinen, aber der Chef will das Geld lieber für elektrische Schreibmaschinen verwenden. Die meisten Haushalte brauchen bessere Haushaltsgeräte, für einige scheint es aber auch ohne zu gehen. Manche Geschäfte brauchen eine bessere Innenbeleuchtung, verwenden aber das Geld lieber für Auslagegegenstände.

Wünsche erwecken ist wichtig genug; es gilt aber auch, den Kunden überzeugen zu können.

Auch an die Vernunft appellieren!

In Problem 4 entsteht eine Situation, die viele Verkäufer wiedererkennen. Die Kauflust des Kunden ist angeregt worden, und er wünscht, dem Kauf zuzustimmen. Aber er zögert, er beginnt zu überlegen, und schließlich kommen ihm Bedenken – eine sorgenvolle Lage für den Verkäufer, der glaubte, er habe den Kunden schon gewonnen. Bei Waren, die auf Anhieb gekauft werden, oder bei Käufen, die kein größeres finanzielles Opfer erfordern, mag es genügen, Kauflust anzuregen. Dann pflegt der Kaufentschluß der Aufforderung des Verkäufers direkt zu folgen. Aber bei allen für den Kunden bedeutungsvolleren Käufen, auch jenen, die Gewohnheiten des Kunden verändern, reicht das nicht. Vielmehr gilt es, den Erfolg, Wünsche geweckt zu haben, weiterzuführen. Der Kunde muß auch vernunftmäßig davon überzeugt werden, daß der Kauf sachlich berechtigt ist und in seinem Interesse liegt.

Besonders wichtig ist eine sachliche Begründung, wenn der Käufer nicht in eigenem Auftrag, sondern als Beauftragter handelt und seine Beschlüsse verantworten muß. Aber auch hier bitte berücksichtigen, daß Ihr Gesprächspartner wünscht, eine gute Figur abzugeben – Ihnen, aber besonders seinen Auftraggebern gegenüber! Wenn er dies durch einen Kauf bei Ihnen tun würde, wächst sein Kaufwunsch. „Wie werde ich beurteilt, wenn ich diesen Vorschlag annehme, oder ablehne?“ ist eine fast automatische Überlegung eines Einkäufers, dem Sie Rechnung tragen sollten.

Ihr Angebot enthält sicher genug sachliche Gründe, die geeignet sind, die Kauflustappelle zu ergänzen und dem Kunden so die notwendige Sicherheit zu geben, daß seine Wünsche auch aus Vernunftsgründen gerechtfertigt sind.

Herr und Frau Ritter (Problem 4), die vor ihrem Kaufentschluß zurückschreckten, obwohl sie den vollautomatischen Staubsauger gern erworben hätten, wollten sich bei der Ausgabe von mehreren hundert Mark nicht übereilen. Einige sachliche Argumente über den wirtschaftlichen Wert richtiger Teppich-, Gardinen- und Möbelpflege, über die Möglichkeiten für Frau Ritter, die durch den Staubsauger gewonnene Freizeit im Geschäft ihres Mannes nutzbringend auszuwerten, über die geringen Anschaffungskosten, auf eine Mindestlebensdauer von 10 Jahren verteilt, hätten vielleicht den Kauf gesichert.

Einige praktische Beispiele

Einige praktische Beispiele, die den Unterschied zwischen Wunsch und Überzeugung verdeutlichen: „Es ist nicht nur bequem und praktisch, ein solches Diktiergerät zu haben“, erklärt der Vertreter, nachdem er die Kauflust des Kunden geweckt hat, „sondern es macht sich auch für Sie bezahlt! Wie wertvoll ist Ihre eigene Arbeitskraft? Hundertfünfzig DM pro Tag? Das ist wohl das mindeste? Wenn das Diktiergerät Ihnen täglich auch nur fünf Minuten Ihrer Arbeitszeit einsparen hilft, so ergibt das allein für Sie selbst 36,80 DM im Monat oder rund gerechnet über 400,– DM im Jahr, wenn wir die Kosten für den Materialverbrauch abrechnen. Dabei kann das Gerät aber auch von Ihren drei Mitarbeitern benutzt werden. Nehmen Sie bei diesen nur die halbe Ersparnis an – das macht schon 600,– DM aus. Außerdem können Sie Ihre Schreibkräfte besser beschäftigen, die Stenotypistinnen verlieren keine Zeit durch unterbrochene Diktate und Pausen in der Arbeit. In etwas mehr als einem Jahr haben Sie schon die Anschaffungskosten durch eingesparte Ausgaben herausgeholt, und das schon bei nur fünf Minuten Zeitersparnis je Tag!“

„Wenn Sie noch zusätzlich Wander- und Skiausrüstungen führen, wird Ihr Geschäft zum einzigen dieser Stadt, das wirklich alle Reiseartikel hat“, sagt der Vertreter einer Fabrik für Sportausrüstungen, „und Ihre Verkaufssaison verlängert sich. Der Winter ist doch mit Ausnahme der Weihnachtszeit ziemlich ruhig für Reiseartikel, nicht wahr? Wenn Sie nun auch Wintersportartikel führen, kommen auch die Kunden zu Ihnen, die in die Berge fahren wollen, und wenn Sie die einmal im Geschäft haben, ergeben sich auch weitere Möglichkeiten zum Verkauf von Reiseartikeln. Denken Sie auch an die Schuljugend! Es müßte sich doch lohnen, diese neuen Kundengruppen zu gewinnen.

„Es ist selbstverständlich, daß Sie sich kein größeres Gerät anschaffen sollen, nur weil es schöner ist und den modernsten Motor hat. Ausschlaggebend ist vor allem doch die Möglichkeit, größere Transporte durchführen zu können. Lassen Sie uns einmal eine Berechnung für die Mehrkosten der Anschaffung einerseits und für die Verdienstmöglichkeiten andererseits aufstellen? Wenn wir berechnen ..."

Kunde: „Es ist selbstverständlich angenehmer, in allen Büros Leuchtröhren zu haben. Sie sind zwar nicht hübscher, aber das ganze Haus wirkt sauberer und moderner. Wenn sich nun Schulzes eine solche Anlage zugelegt haben, so ist es klar, daß wir nicht ohne weiteres nein sagen. Aber sie kostet doch eine Menge Geld?" Verkäufer: „Das kommt darauf an, wie man rechnet, Herr Sonderhausen. Neonlicht verbraucht weniger Strom, und die Röhren haben eine längere Lebensdauer, deshalb betragen die Kosten auch nur ..." Diese Antwort des Verkäufers überzeugt den Kunden, der trotz seiner wirklichen Kauflust unentschlossen war und erst jetzt vernunftmäßig die Anschaffung einsieht.

„Wenn wir ein neues Fließband anschaffen, müssen wir nahezu den ganzen Fabrikationsgang ändern. Gewiß, wir wollen modernisieren; ich wäre bestimmt froh, wenn wir von Anfang an auf die schnelle Entwicklung des Unternehmens eingestellt gewesen wären, aber jetzt wird alles so außerordentlich schwierig, weil uns Aufträge und Zeitmangel einengen. Ich weiß wirklich nicht, was man machen soll, denn mir gefällt Ihr Vorschlag."

Die Kauflust ist geweckt worden; trotzdem ist der Kunde noch nicht überzeugt genug, um einen so weitgehenden Entschluß zu fassen. „Das ist wirklich eine Frage, die genau erwogen sein will“, pflichtet der Verkäufer ruhig bei. „Es handelt sich für Sie darum, zu entscheiden, wieweit Sie es sich leisten können, rationelles Arbeiten aufzuschieben. Wir können vielleicht eine kleine Untersuchung darüber vornehmen, was es Sie an Zeitverlust kosten würde, ohne das Fließband auszukommen. Bei den gegenwärtigen Löhnen ergibt das ...“, und beide erarbeiten konkrete Beweise dafür, daß der Kunde es sich nicht leisten kann, auf das Fließband zu verzichten – daß er es nicht nur wünscht, sondern daß er es auch notwendig braucht.

Eine gute Lösung ist es, das Gespräch in „Zukunftsbegriffen“ zu führen – d. h. den Kunden zu veranlassen, sich vorzustellen, schon Besitzer oder Nutznießer des Angebotes zu sein.

Wunsch und Überzeugung

Bei diesem doppelten Vorgang ist es leichter, *zuerst* zu versuchen, Kauflust zu erwecken und dann die Überzeugung zu festigen, d. h. zuerst auf den Kunden einzuwirken, daß er zu kaufen *wünscht* und ihn danach – falls notwendig – die Kaufnotwendigkeit bewußt werden zu lassen. Dadurch wird das Risiko vermindert, daß eine Diskussion und Meinungsverschiedenheiten aufkommen. Wenn Kauflust ausgelöst worden ist, wünscht der Kunde oft selbst, der Verkäufer möge ihn überzeugen, daß er die Ware wirklich nötig habe. In vielen Fällen ergeben die sachlichen Erwägungen des Verkäufers ganz einfach die Rechtfertigung für den Kunden, ohne Gewissensbisse zusagen und kaufen zu können.

Und jetzt können Sie sicher die vier einleitenden Fragen beantworten und die fünf Verkaufsprobleme lösen, nicht wahr?!

Es gilt, den Kunden zu überzeugen, daß er braucht, was er wünscht, und auch wünscht, was er braucht. Kauflust erwecken, reicht allein nicht aus. Die Überzeugung von der Notwendigkeit des Kaufes muß ebenfalls hervorgerufen werden!

KAPITEL XVI

AIDA und der Verkauf – Wie man den Abschluß erzielt

KÖNNEN SIE DIESE VIER FRAGEN BEANTWORTEN?

❶ Gibt es einen entscheidenden Punkt im Abschlußstadium des Verkaufsgespräches?

❷ *Wann* beginnt das Abschlußstadium?

❸ Was tun Sie, wenn der Kunde eine fällige Entscheidung ohne Grund aufschieben will?

❹ Was wissen Sie über Teilentscheidungen, Alternativangebote, 4-Schritt-Vorgehen und die Konzentrationsmethode, die zur Abschlußtechnik im Verkaufsvorgang gehören?

KÖNNEN SIE DIESE FÜNF PROBLEME LÖSEN?

① *Ein Kunde kommt in den Ausstellungsraum eines Autogeschäftes und erkundigt sich eingehend nach einem Modell. Der Verkäufer gibt ausführlich Auskunft. Nach einiger Zeit mischt sich der Chef in das Gespräch ein, besorgt, der Verkäufer könne etwas versäumen. Nach einer halben Stunde geht der Kunde, um die Sache genau durchzudenken. Am nächsten Tag sucht ihn der Verkäufer auf: „Sie konnten sich gestern noch nicht entscheiden." Kunde: „Oh doch, aber Sie haben mich ja nicht dazu kommen lassen." Was ist hier passiert?*

② *„Wenn ich mein Auftragsbuch hervorziehe, merke ich immer, wie der Kunde erschrickt oder nervös wird. Aber das läßt sich doch nicht vermeiden", meint ein Verkäufer im Kreise seiner Kollegen, die ihm etwas zerstreut zustimmen. Ist das richtig?*

③ *„Wenn Sie den Auftrag haben, halten Sie sich nicht mehr länger beim Kunden auf. Sie verlieren Zeit und riskieren, daß Sie noch mal von vorn anfangen müssen", rät der Bezirksleiter Schön einem noch jungen, aber tüchtigen Verkäufer, den er bei einigen Kundenbesuchen begleitet. „Ich kann doch nicht einfach verschwinden. Das sieht ja aus, als hätte ich ein schlechtes Gewissen", antwortet der Verkäufer. Schließlich geben sie sich gegenseitig recht und einigen sich ... In welchem Punkt wohl?*

④ *„Manchen Kunden muß man den Federhalter zum Unterschreiben des Auftrages förmlich in die Hand drücken", meint Kiefer, ein routinierter Vertreter in der pharmazeutischen Branche. „Ja, ja, bei einigen Kunden ist das schon so, aber man tut's trotzdem nicht gern", stimmen einige Kollegen ihm zu. Was meinen Sie?*

⑤ *Einige Verkäufer in der Lebensmittelbranche sprechen ihre Verkaufserfahrungen durch. „Am schlimmsten ist", erklärt der eine von ihnen, „wenn ich fühle, daß der Augenblick gekommen ist, wo ich den Kunden fragen muß, ob er kaufen will. Ich zögere da immer. Wenn er nein sagt, ist ja alles mißglückt. Deshalb warte ich statt dessen solange wie möglich, bis der Kunde selbst einen Entschluß faßt." „Diese Methode kann nicht richtig sein", erwidert ein Kollege, „eine Entscheidung gibt es auf alle Fälle, und da ist es besser, wenn du den Zeitpunkt bestimmst. Aber ich gebe gern zu, daß es schwer ist, zu wissen, wann der Kunde für einen Kaufabschluß reif ist." „Hinzu kommt noch", fällt ein dritter ein, „daß der ganze Verkauf viel zuviel Zeit in Anspruch nimmt, wenn man wartet, bis der Kunde von sich aus einen Entschluß gefaßt hat. Außerdem passiert es leicht, daß der Kunde die Entscheidung aufschieben will." Allmählich einigen sie sich, wie man das Verkaufsgespräch am besten abschließt. Das Ergebnis dieser Überlegungen schlägt zwar nicht immer ein, aber oft genug, um die Verkaufsergebnisse zu verbessern. Wie verhalten Sie sich in der Abschlußphase?*

Muß Kaufentschluß hervorgerufen werden?

Den Kunden kauffreudig zu stimmen und so zu argumentieren, daß der Bedarf an der angebotenen Ware er- und anerkannt wird, sind vorbereitende Schritte zum Erfolg. Die letzte Schwierigkeit muß aber noch überwunden werden: Es gilt, den eigentlichen Kaufentschluß hervorzurufen! Dazu ist eine regelrechte Abschlußtechnik des Verkäufers erforderlich.

„Man muß so lange argumentieren und dem Kunden immer wieder alle Kaufargumente vorhalten, bis er ja sagt." Wie schön wäre es, wenn der Abschluß so einfach wäre, wie es diese „alte Weisheit" verkündet. Aber man kann dem Kunden einen Kaufentschluß nicht aufreden. Im Regelfalle kauft ein Kunde nicht, weil ihn ein Verkäufer „matt" geredet hat. Das Gegenteil ist der Fall; ein ermüdender Wortschwall läßt einen keimenden Kaufentschluß häufig sogar ersticken.

Manchmal gleitet der Kunde zwar ganz von selbst in das Entschlußstadium hinein, und die direkte Kaufaufforderung erübrigt sich. Wenn der Verkäufer wirklich die Aufmerksamkeit, das Interesse, das Verlangen und die Überzeugung des Kunden durch ein ideales Einleben in die Probleme des Kunden und eine ebenso ideale Argumentation geweckt hat, sollte der Entschluß des Kunden ja eigentlich von selbst kommen; aber in der Praxis ist dies der ganz seltene Idealfall. In der Regel ist deshalb eine Abschlußtechnik notwendig, die von dem Gedanken ausgeht, daß der Entschluß zum Kauf für den Kunden ein so bedeutungsvoller und schwieriger Schritt ist, daß er, obwohl interessiert und kauflustig, zögert, sich aber nicht allein zur Entscheidung durchringen kann. Viele Käufe bedeuten für den Käufer z. T. sehr große finanzielle Opfer, die ihn oft genug dazu zwingen, von anderen Käufen abzusehen oder anderen Vorteilen zu entsagen.

Also, fast jeder Kaufentschluß ist auch mit negativen Begleiterscheinungen für den Kunden verbunden, die durch eine entsprechende Abschlußtechnik überwunden werden müssen.

Gerade an dieser Stelle sei darauf hingewiesen, daß keine noch so geschickte Abschlußtechnik zum Erfolg führt, wenn der Verkäufer den Kaufdrang des Kunden nicht vorher wecken konnte. Tricks sind also ausgeschlossen. Die Abschlußtechnik kann nur einen Kaufentschluß verwirklichen, mit dem der Kunde sich in Gedanken bereits beschäftigt.

Das Geheimnis der richtigen Abschlußtechnik

Die große Kunst bei der Abschlußtechnik ist, die Aufforderung zum Kauf so vorzubringen, daß selbst im Falle einer negativen Reaktion des Kunden das Verkaufsgespräch gleichwohl fortgesetzt werden kann.

Bereiten Sie den Abschluß von Anfang an vor! Durchdenken Sie Ihre Abschlußtaktik! Seien Sie auf alle Einwendungen vorbereitet – *auch auf die schlimmste, auf ein klares Nein.* Strenggenommen fängt der Abschluß schon mit den ersten Worten der Verhandlung an.

Steigert ein Aufschub die Chancen?

Ein Verkäufer für vollautomatische Registrierkassen hatte die Gabe, für sein Angebot besonders geeignete Kunden ausfindig zu machen: Einzelhändler, deren Geschäfte gerade groß genug waren, um eine schnelle Kontrolle ihrer Einnahmen zu rechtfertigen, aber die bisher noch mit älteren Modellen arbeiteten. Es gelang ihm, viele Kunden wirklich kauflustig zu machen. Dann aber kamen die üblichen Einwände, daß sie sich diese Anschaffung nicht leisten könnten oder daß sie sich vielleicht mit einem einfacheren Modell begnügen müßten – kurzum, sie wollten abwarten und fürs erste nicht kaufen. Um seine Chancen nicht zu verlieren, glaubte der Verkäufer, einen Aufschub der Entscheidung vorschlagen zu müssen: „Überlegen Sie sich das Ganze noch einmal, ich komme morgen wieder." Bis „morgen" aber hatte sich die Kauflust des Kunden im allgemeinen abgekühlt, so daß er fast nie ein Geschäft zustande bekam.

Der Wunsch des Verkäufers, im Augenblick einer Entscheidung auszuweichen, verringert seine Chancen. Wenn er wiederkommt, klingt seine Frage gewöhnlich wie eine Art unbeholfenes Ultimatum: „Nun, Herr Müller, haben Sie sich die Sache überlegt?" Ihm stehen oft keine neuen Argumente zur Verfügung. Er wiederholt daher die Argumente früherer Besuche. Eine verlorene Sache. Eine alte Verkaufsregel sagt: „Der Auftrag, der heute noch greifbar ist, ist morgen über alle Berge."

Kaufsignale erkennen können!

Es ist nicht sehr schwer, die Kaufbereitschaft des Kunden herauszuspüren – wenn sie wirklich vorhanden ist. Redeweise, Auftreten und Gesichtsausdruck verraten es. Ein Kunde, der nach der Lieferzeit fragt oder sich danach erkundigt, ob der Verkäufer die alte Maschine oder den gebrauchten Wagen in Zahlung nehmen kann, der über die Beschaffenheit und Ausführung der Ware konkrete Wünsche äußert (auch wenn dies in Form von Einwänden gegen das Angebot geschieht), der den Preis zu drücken versucht, der Garantien fordert für das, was der Verkäufer verspricht, der eine genaue Instruktion über die Pflege der Ware wünscht, der wissen will, ob das angebotene Produkt für ihn zwei Tage zurückgelegt werden kann, damit er sich endgültig entscheiden könne, oder der fragt, ob er die Ware einige Tage zur Probe bekommen könne – ein solcher Kunde zeigt eine klare Kaufbereitschaft. Diese Kaufbereitschaft kann auch vom Verkäufer durch eine geschickte Frageargumentation ausgelöst werden.

Ebenso verhält es sich mit den „letzten Torschlußeinwänden“. Auch sie sind Kaufsignale. „Wird dieses Modell oft verkauft?“ „Muß ich mich sofort entscheiden?“ „Hält der Stoff auch wirklich?“ „Wenn Sie an meiner Stelle wären...“ „Können Sie mir das garantieren?“ usw.

Das Studium psychologischer Fachliteratur und die systematischen Beobachtungen aller Äußerungen und Gesten, die der Kunde in den letzten Phasen der Verhandlung zeigt, schärfen den Blick und das Gefühl für die tatsächliche innere Einstellung des Kunden.

Kaufsignale erkennen ist Voraussetzung einer erfolgreichen Abschlußtechnik.

Wenn der Verkäufer die Aufforderung zum Kauf in einer geschickten Art formuliert, besteht für ihn kein Anlaß, vor einem eventuellen „Nein“ ängstlich zu sein, denn dieses „Nein“ gilt oft nur der Ablehnung *einer bestimmten Einzelheit* im Angebot, nicht aber der Ablehnung des gesamten Angebots. Wie man den Kaufentschluß herbeiführt, erklären die folgenden Ratschläge.

Sechs Voraussetzungen

Vorher aber noch kurz zusammengefaßt die sechs Voraussetzungen, die gegeben sein müssen, bevor der Verkäufer einen Abschluß machen kann:

1. Der Kunde muß das Angebot in seiner ganzen Reichweite und in seinem vollen Wert für ihn verstanden haben. Kontrollierende Fragen werden Ihnen helfen, dies festzustellen. Wie häufig stellt man nicht *nach* einem mißglückten Verkauf fest, daß dem Kunden die Vorteile in ihrer vollen Bedeutung für ihn gar nicht bewußt geworden sind.

2. Der Kunde muß Vertrauen für Verkäufer und Unternehmen empfinden. Ohne Vertrauen zögert der Kunde, auch ein noch so verlockendes Angebot anzunehmen. An diesem Punkt, wenn nicht schon früher, scheitern der Hochdruckverkäufer und nicht ganz glaubwürdige Angebote.

3. Ein Kaufdrang muß vorhanden sein. Der Kaufentschluß kann durch den Verkäufer nur *ausgelöst*, nicht aber erzeugt werden. Das bedeutet, daß die vorherigen Stadien des Verkaufsprozesses richtig durchgeführt werden müssen.

4. Es gibt keinen entscheidenden „Jetzt-oder-nie"-Augenblick. Diese irrige Auffassung macht viele Verkäufer unnötig nervös und aggressiv – aus der Angst, ja nicht „den" Augenblick zu verpassen, drängt er, und das im falschen Augenblick. Jedes Verkaufsgespräch hat mehrere Höhen und Tiefen. Wenn bei einem Höhepunkt der Abschluß nicht glückt, muß der Verkäufer den nächsten ansteuern.

5. Sie müssen als Verkäufer Ihre Abschlußmethodik vorbereitet haben. Sie müssen immer wissen, was Sie im nächsten Augenblick tun werden, auch wenn der Kunde „nein" sagen sollte. In dieser Situation dürfen Sie am allerwenigsten kapitulieren.

6. Und eine sechste Voraussetzung: Sie müssen genau ermittelt haben, wer, was, wie und warum entscheidet – d. h. den Kauf tätigt.

20 Ratschläge für Kaufentschluß

1. *Direkte oder indirekte Aufforderung.* „Nehmen Sie die Gelegenheit wahr, denn noch können wir innerhalb eines Monats liefern. Wie viele Briefumschläge brauchen Sie innerhalb eines Jahres?" fragt der Vertreter einer Fabrik für Bürobedarfsartikel.

„Eine Versicherung für Ihr Heim müssen Sie unter allen Umständen haben. Da ist es doch besser, sie sofort abzuschließen, denn Sie sind dann schon von diesem Augenblick an geschützt. Welchen Wert hat das Haus mit allem Inventar?" fragt der Versicherungsagent und fordert damit den neuen Villenbesitzer zum Abschluß auf.

Die Aufforderung

„Schon recht warm, ein früher Frühling dieses Jahr. Wenn Sie sich heute entscheiden, können wir die Kühlanlage noch vor dem 1. Mai einbauen", hebt der Vertreter einer Kühltruhenfabrik dem Lebensmittelhändler gegenüber hervor und deutet auf die Frühlingssonne. „Wie groß ist der Raum, der hierfür zur Verfügung steht?"

Wie Sie sehen, wird die direkte oder indirekte Aufforderung in der Regel von einer leitenden Frage begleitet, die eine positive Stellungnahme des Kunden voraussetzt und sich nicht allzulange bei der Entscheidung als solcher aufhält. *Der Kauf wird dringend gemacht.*

Die Alternativmethode

2. Eine ausgezeichnete Methode ist auch die *Alternativtechnik* (Entweder-oder-Methode). Dem Kunden werden zwei verschiedene Kaufvorschläge gemacht, wodurch er oft dazu bewogen werden kann, zwischen diesen beiden Möglichkeiten zu wählen, was die dritte Alternative – nicht zu kaufen – ausschließt. Anstatt zu fragen: „Sollen wir zehn Tonnen schicken?" fragt der Kohlenverkäufer den Händler: „Sollen wir 10 oder 15 Tonnen schicken?"

Es ist ratsam, Gedanken des Kunden von der Frage abzulenken: „Soll ich oder soll ich nicht kaufen"? Statt dessen werden die Überlegungen des Kunden auf die Frage verlagert: „Soll ich die Alternative A oder die Alternative B wählen?" Ein Angebot in „doppelter (oder dreifacher) Ausfertigung" mindert die Gefahr eines „Nein".

„Wollen Sie 100 Gross haben, oder reicht es vorerst mit 75?" fragt der Vertreter einer Knopffabrik. Er rechnet eigentlich nur mit einem Auftrag von 40, hat aber festgestellt, daß er mit dieser Fragetechnik oft größere Mengen verkaufen kann.

„Welches Modell gefällt Ihnen besser, Herr Direktor, das große oder das kleine? Welches würden Sie lieber fahren?" fragt ein Autoverkäufer seinen Kunden.

Die Alternativmethode kann natürlich den verschiedensten Faktoren gelten: Anzahl, Qualität, Muster, Farbe, Lieferungseinzelheiten, Ausführung usw.

Die Alternativmethode ist auch verwendbar bei schriftlichen Offerten und Anfragen. Dadurch ergibt sich ein natürliches Motiv für ein persönliches Nachfaßgespräch (Sie haben dann wirklich „etwas zu besprechen").

Sie können überall Alternativen benutzen. Suchen Sie nach ihnen! Machen Sie alle Vorschläge in Alternativform, wo immer Sie verschiedene Lösungen anbieten können – auch wenn diese sich nur in Kleinigkeiten unterscheiden.

Eine Aufforderung darf niemals ultimativ wirken. „Wollen Sie sich dazu entschließen?" „Wollen Sie diesen Stoff kaufen?" „Können wir das heute abmachen?" „Wollen Sie zuschlagen?" und viele ähnliche Vorschläge sind Zeichen mangelhafter Verkaufstechnik. Derartige Ultimaten versetzen den Kunden in eine unangenehme Zwangslage, dessen Druck er sich gern entziehen möchte – durch befreiende Ablehnung. Außerdem verstößt man so auch gegen eine andere verkaufspsychologische Regel:

Keine Nein-Fragen

3. *Vermeiden Sie alle Fragestellungen, die leicht mit Nein beantwortet werden können!* Eine ultimative Frage lädt förmlich zu einer negativen Antwort ein. („Wollen wir den Auftrag gleich hier ausschreiben?" „Nein, das wollen wir lieber bleibenlassen.") Noch schlimmer sind Fragen, die eine Verneinung enthalten. Beispiel: „Weshalb nicht das Lager mit einigen Konserven auffüllen?" „Wollen Sie nicht unser neues Isolierungsmaterial verwenden?" „Wollen Sie nicht Ihre Werkzeuge austauschen?" Die Fragestellung muß also positiv sein.

Das Schneeballprinzip

4. Das *Schneeballprinzip* – eine Folge kleiner Entscheidungen mit so formulierten Fragen, daß sie zu Ja-Antworten einladen, wurde von einem Verkäufer von Produktionsverfahren wie folgt angewandt: „Sind Sie auch der Meinung,

daß Gewinne vor allem durch geschickte Unternehmensführung erzielt werden? JA.

Kann fachkundiger Rat eine Hilfe sein, um solche Gewinnmöglichkeiten auszuschöpfen? JA.

Ist unser Rat Ihnen in der Vergangenheit von Wert gewesen? JA.

Kann technische Erneuerung eine Hilfe bei der Entwicklung verkaufsfähiger Produkte im heutigen Markt sein? JA.

Erzeugt verbesserte Produktausführung erhöhte Verkaufschancen in Ihrem Markt? JA.

Würden Sie zusätzliche Aufträge mit verbesserten Qualitätsprodukten zum richtigen Preis und Zeitpunkt erwarten können? JA.

Sind die Gründe einer Zustimmung für eine Probeeinführung gegeben, so wie wir sie schon besprochen haben? JA. Und ist bei positivem Ausfall ein zeitlich richtig abgestimmter Übergang zu unserem Verfahren ein sinnvoller nächster Schritt? JA.

Kann ich die entsprechenden Anweisungen gleich mitnehmen? JA."

Diese summarische Zusammenfassung der Argumentation zeigt deutlich den logischen Aufbau und unterstreicht den Mut des Verkäufers, schnell und bestimmt die Entscheidungsetappen anzusteuern.

Kontrollfragen

5. *Stellen Sie Kontrollfragen!* Während des Verkaufsgespräches haben Sie des öfteren Gelegenheit, durch Kontrollfragen die Kaufbereitschaft des Kunden zu prüfen. Jedes vom Kunden anerkannte Verkaufsargument ergibt eine solche Möglichkeit. Viele Verkäufer haben durch die Kontrollfragetechnik nicht nur schwierige Aufträge bekommen, sondern erhalten sie auch bedeutend schneller, und – vielleicht der wesentlichste Vorteil – sie erfahren laufend die Reaktionen des Kunden.

„Ja, die ist schon gut, und es ist mir klar, daß man damit Arbeit sparen müßte", pflichtet der Kunde der geglückten

Vorführung einer Waschmaschine bei. *„Dann dürfte es sich für Sie lohnen, sie anzuschaffen, nicht wahr?“* hakt der Verkäufer sofort ein. Die Antwort auf diese Kontrollfrage entscheidet, ob der Verkäufer unmittelbar zum Kaufentschluß vorantreiben kann oder mit einer Wunsch- und Bedarfsargumentation fortfahren muß.

„Es stimmt, die Maschine ist nicht so teuer, wenn man bedenkt, was sie einbringt“, sagt der Händler, auf den die Preisargumentation des Verkäufers offensichtlich Eindruck gemacht hat. „Sie müßte sich verkaufen lassen.“ Diese positive Reaktion gibt dem Verkäufer Gelegenheit zu einer Kontrollfrage. „Dann wäre es wohl zweckmäßig, sie so bald wie möglich auszustellen und anzubieten, nicht wahr?“ Eine negative Antwort bricht in dieser Situation den Kontakt keineswegs ab, während eine positive direkt zum Kaufentschluß führen kann.

„Sind Sie sich darüber im klaren, daß Sie mit dieser Methode mindestens 1300,– DM pro Jahr sparen?“ Mit diesen Worten kontrolliert der Verkäufer das Resultat seiner Vorführung und Preisargumentation. „Ja, genau läßt sich das ja nicht berechnen, aber so ungefähr.“ „Dann könnte man also davon ausgehen, daß sie um so mehr einbringt, je eher Sie sie benutzen?“ setzt der Verkäufer mit der Kontrollfrage fort, um den Kaufentschluß herbeizuführen. Beachten Sie, daß der Verkäufer klugerweise das Wort „kaufen“ vermeidet!

In allen solchen Fällen kann der Kunde nach drei Richtungen reagieren: positiv, neutral oder negativ. Im negativen Fall verneint er aber – bei richtig formulierter Frage oder Behauptung – nur die Bedeutung der gemachten Feststellung für einen Kaufentschluß, nicht aber den Wert des Angebots überhaupt (z. B. „Nein, das lohnt sich für mich trotzdem nicht“, oder wie im zweiten Beispiel „nein, der Zeitpunkt scheint mir noch verfrüht“, oder im dritten „das ist nicht sicher, es gibt auch andere wichtige Faktoren, die berücksichtigt werden müssen“). Es gilt also hier, die übrigen Widerstände klarzulegen und mit dem Kunden zu erörtern. Der Kaufentschluß als solcher ist also noch nicht gefährdet.

Im neutralen Fall ist der Kunde nicht ganz überzeugt oder zögert aus anderen Gründen oder will sich der Stellungnahme entziehen. Der Verkäufer ist wahrscheinlich auf dem richtigen Weg, aber hat noch eine Strecke bis zum Ziel vor sich.

Im positiven Fall ist der Kaufabschluß fällig, wenn der Verkäufer die Situation richtig erfaßt und entsprechend handelt.

Eine andere, besonders wirkungsvolle Frage ist: „*Was* würde Sie veranlassen, bei uns zu bestellen (diesen Vorschlag anzunehmen, ja zu sagen usw.)?" Der Verkäufer erfährt sofort die entscheidende Kundeneinstellung und kann entsprechend reagieren und verfahren.

Aufteilung

6. *Aufteilung der Entscheidung.* Um dem Kunden die Entscheidung zu erleichtern, verteilen Sie sie: „Gestern stellten wir schon fest . . ., daß . . .; heute müßten wir . . .; und nächstes Mal bleibt uns noch . . . zu tun." Dieser Hinweis „entdramatisiert" die Verhandlung.

Prinzip-entschluß

7. *Prinzipentschluß anstreben.* Besonders bei Verhandlungen auf höherer Ebene ist es ratsam, alle Einzelheiten, untergeordnete Erwägungen, genaue Beschreibungen und Berechnungen abzusondern und auf Gespräche mit untergeordneten Stellen zu vertagen. Die Verhandlung muß verhältnismäßig schnell, sachlich, konzentriert geführt werden und nur die große Linie berühren. Ein ähnliches Vorgehen – also in zwei Stufen – empfiehlt sich bei allen komplizierteren Vorschlägen.

Zusammenfassung und Plus-Minus-Liste

8. *Fassen Sie alle wesentlichen Vorteile des Kaufes für den Kunden noch einmal zusammen!* Die konzentrierte Zusammenfassung aller Gründe, die für einen Kauf sprechen, ist eine wirkungsvolle Abschlußtechnik. Notieren Sie die verschiedenen Gründe auf einem Bogen Papier, so daß sie auch auf das Auge des Kunden einwirken und Sie sie dauernd vor sich haben.

Sie können auch eine *Plus-Minus-Liste* aufstellen, mit der Ihr Kunde Vor- und Nachteile der Annahme Ihres Angebots plastisch und vorbehaltlos vor sich sieht.

Überhaupt liegt in der Wiederholung eine starke Suggestion. Vielleicht bemerkt Ihr Kunde ein Argument erst, wenn Sie es zum vierten Mal wiederholen, oder es geht ihm erst dann die Bedeutung auf. Im Abschlußstadium dagegen neue (d. h. noch nicht genannte) Argumente zu nennen heißt, zu riskieren, daß das Gespräch wieder von vorn anfängt; denn damit werden neue Überlegungen angestellt, die eine Entscheidung zurückstellen.

Einzelentscheidungen

9. *Erstreben Sie Einzelentscheidungen!* Anstatt den Kunden zu zwingen, die manchmal schwere, grundsätzliche Entscheidung des Kaufentschlusses zu fällen, kann der Verkäufer eine indirekte Kaufentscheidung erzielen, indem er Fragen stellt, die einen Teilentschluß des Kunden hinsichtlich besonderer Wünsche, Bedingungen usw. herbeiführen, *bevor* der Kunde sich über den Kauf als solchen endgültig entschieden hat.

Ein Autoverkäufer z. B. hat viele Möglichkeiten, sich dieser Technik zu bedienen. Hier ist eine Unterhaltung in stark verkürzter Form: „Welche Farbe gefällt Ihnen am besten?"

„Eigentlich die blaue."

„Legen Sie Wert auf ein Sonnendach? Wir haben einige Wagen vorrätig, die ein Sonnendach haben. Das ist doch eine recht angenehme Sache im Sommer?"

„Da haben Sie schon recht, aber das wird zu teuer!"

„Der Mehrpreis ist unbedeutend."

„Soso."

„Die Nebellampen sind bereits in den Wagen eingebaut; bei Herbst- und Winterfahrten und auch an kalten Frühjahrstagen sind sie ja unentbehrlich."

„Das finde ich unnötig. Sie verteuern nur den Wagen, und bei schlechtem Wetter gedenke ich mich sowieso nicht auf den Straßen herumzutreiben." (Negative Reaktion.)

„Sitzen Sie bequem, wenn der Sitz so zurückgeschoben ist? Paßt Ihnen diese Stellung beim Fahren?"

„Ja, die erscheint mir gut, obwohl ich vielleicht das Ganze ein bißchen höher haben möchte."

„Das können wir gern ändern. Haben Sie vielleicht sonst noch Wünsche für die Ausstattung?“ usw.

Durch diese Art der Argumentation wird der Kunde der Notwendigkeit einer formellen Kaufentscheidung enthoben. Ein Nein bei einer Einzelentscheidung, wie z. B. der Nebellampen oder des Sitzes im obengenannten Beispiel, ist ungefährlich, denn es handelt sich ja nur um eine Einzelreaktion in bezug auf besondere Wünsche des Käufers. Auch eine kleinere Diskussion in einer Einzelfrage ist harmlos.

„Wie viele Hausanschlüsse würden Sie in Ihren Büros brauchen?“ fragt Herr Frank, der Telefonanlagen verkauft.

„Ja, einen hier und zwei bei den Prokuristen, dann einen im Zimmer der Stenotypistinnen, im Lager und in der Buchhaltung.“

„Reicht das?“

„Ja, das reicht schon.“

„Müßten Sie nicht auch einen in der Rechnungsabteilung haben?“

„Nein, das wäre überflüssig.“

„Welches von den beiden Modellen gefällt Ihnen am besten?“

„Sie scheinen beide gut zu sein. Aber ich finde trotzdem das linke am zweckmäßigsten.“

„Wäre es ein Vorteil, die Anlage an des Telefonnetz anzuschließen, damit auch Telefongespräche aus der Stadt verbunden werden können?“

„Ja, natürlich; aber das kostet ja ...“

„Der Unterschied ist nicht so groß. Ich zeige Ihnen gleich die Preisliste. Wollen wir vielleicht zusammen durch die Büros gehen, um uns von den Aufstellungsmöglichkeiten zu überzeugen? Wäre das hier ein geeigneter Platz in Ihrem Zimmer?“

Besonderen Wünschen entgegenkommen!

10. *Zeigen Sie selbst Entgegenkommen bei besonderen Wünschen!* Wenn sich dem Verkäufer eine Möglichkeit bietet, Änderungen im Angebot vorzuschlagen, die den Wünschen des Kunden entsprechen – diese können vom Kunden auch in der Form von Einwänden vorgebracht werden –, so sollte

er sich dieser Möglichkeit bedienen; sie kann den Kunden oft stärker in den Kaufvorschlag verflechten.

„Mir gefällt diese Flächenbehandlung nicht, sie wirkt zu schwach", erklärt der Einkäufer.

„*Falls* wir eine stärkere Flächenbehandlung mit größerem Korrosionswiderstand zustande bringen könnten, würde das Material dann Ihren Wünschen entsprechen?"

„Ja, auf jeden Fall in diesem Punkt. Aber fünf Monate Lieferzeit ist zu lang."

„Falls wir sie auf drei herabdrücken könnten, würden Sie sich dann unmittelbar entscheiden? Wir könnten dann mit der Fertigung sofort beginnen, im Augenblick ist ja noch keine Saison."

Die Argumentation des Verkäufers in der Frageform ist bedeutend geschickter aufgebaut als das gewöhnliche, allzu eifrige, unmittelbare Zugeständnis: „Selbstverständlich können wir auch eine bessere Flächenbehandlung erzielen" bzw. „Natürlich können wir in kürzerer Frist liefern", welches den Kunden nicht an den Kaufvorschlag bindet, sondern den Verkäufer zu weiterer Argumentation zwingt. Die endgültige Zusage erfolgt bei der zu empfehlenden Methode erst, wenn der Kunde seinen Kaufentschluß bestätigt oder wenn die Firma des Verkäufers den Sonderwünschen zustimmt.

Einige weitere Beispiele: „*Falls* wir die Modelle nach diesen Zeichnungen ändern könnten, würden sie dann Ihren Wünschen entsprechen?" fragt der Verkäufer einer Damenmäntelfabrik den Inhaber eines Modegeschäftes.

„Wie wäre es, wenn wir die Füße ein paar Zentimeter verkürzten; würden die Möbel Ihrem Geschmack dann eher entsprechen?" fragt der Vertreter einer Möbelfabrik.

Der Kunde: „Diese Presse ist nicht so, wie ich sie haben will." – „Welche Änderungen möchten Sie haben, damit sie Ihren Anforderungen genügt? Vielleicht können wir das durchführen."

Wenn eine Änderung, Reparatur oder „Maßanfertigung" beschlossen wird, so ist der Kunde viel mehr in den Kauf verflochten. Wenn der Verkäufer auch nur irgendeine Möglichkeit hat, eine Änderung gemäß dem (vielleicht nicht einmal ausgesprochenen) Wunsche des Kunden anzubieten, sollte er diese Gelegenheit, den Kunden zu binden, dankbar wahrnehmen.

Ob diese Methode organisatorisch oder finanziell tragbar ist, muß natürlich von Fall zu Fall entschieden werden.

4-Schritt-Vorgehen

11. Das *4-Schritt-Vorgehen* eines schwedischen Verkäufers verdient Aufmerksamkeit: „1. Erst versuche ich, die Punkte, in denen Kunde und ich gleicher Meinung waren, zusammenzufassen und zu betonen. 2. Ich lege den Kunden durch Zustimmungsaufforderung fest. 3. Alle ungelösten Probleme oder strittigen Punkte sondere ich ab und stelle sie zurück. 4. Und schließlich erstelle ich mit ihm einen Folgeplan, d. h. wir besprechen, wie wir vorgehen, um die restlichen Fragen zu klären. Ich nehme also gegenteilige Ansichten in Kauf, behandle sie aber erst in der nächsten Phase."
Dieses deduktive Verfahren dürfte auch für Sie verwendbar sein.

Den Ereignissen vorgreifen

12. *Eilen Sie den Ergebnissen voraus!* Diese Methode knüpft an die Verfahren 8 und 9 an. Anstatt über den Kauf als solchen zu verhandeln, bespricht der Verkäufer bereits Einzelheiten der Lieferung, Ausführung, Bezahlung und sonstige Kaufbedingungen, wobei er die Gedankengänge des Kunden auf den Zeitpunkt richtet, zu dem dieser die Ware erhalten und in Gebrauch nehmen wird. Der Kaufentschluß wird nicht berührt, sondern als gegeben vorausgesetzt.

„Wollen Sie die Sachen in der nächsten Woche haben, oder genügt nächster Monat?" pflegt der Büromaterialverkäufer Drewitz zu fragen (Alternativtechnik).

„Wie wäre es, Herr Stein, wenn Sie den Lagerleiter rufen würden, um zu hören, ob Sie während der Monate Juni/Juli vier Teillieferungen entgegennehmen könnten?" schlägt der Holzwarenverkäufer Hahn vor.

„Wir sind bereit, ein Zahlungsziel von sechs Monaten einzuräumen. Wäre das eine Lösung?" erkundigt sich Herr Jahn beim Verkauf von Registrierkassen an kleinere Einzelhandelsgeschäfte.

„Welche Muster würden Sie hauptsächlich interessieren?"

„Welche dieser Maschinen müßte zuerst ausgetauscht werden?"

„Könnten wir morgen schon mit der Einrichtung beginnen?"

„Wenn Sie nach einer Woche die ersten Messungen machen werden, können Sie auch gleich die Ersparnisse feststellen."

„Kann unser Anwendungstechniker Ihnen Ende der Woche die Anlage kurz kontrollieren?"

„Gerade, wenn Sie Ihre große Frühjahrsausstellung eröffnen, können Sie Ihren Kunden diese neue Mode vorführen. Sollen wir Ihnen dazu zwei oder drei Vorführdamen schikken?"

Das sind Fragen, welche die Gedanken des Kunden auf die konkrete Auswahl beim Kauf richten und den Ereignissen vorgreifen, denn der Kaufentschluß als solcher ist noch gar nicht vom Kunden bekanntgegeben.

In diesem Zusammenhang eine kleine Warnung: keine Spitzfindigkeiten oder Tricks mit Auftragsbüchern! Lassen Sie dem Kunden keine Bleistifte entgegenrollen, drücken Sie ihm keine Kugelschreiber in die Hand, notieren Sie keinen Auftrag, bevor der Kunde sein direktes oder indirektes Einverständnis dazu gegeben hat, und versuchen Sie nicht, den Kunden glauben zu machen, seine Unterschrift habe keine praktische Bedeutung, obgleich es sich ja um einen bindenden Auftrag handelt. Derartige billige Tricks setzen das Ansehen des Verkäuferberufs herab.

Den positiven Ausgang als gegeben ansehen

13. *Zeigen Sie, daß Sie den Kauf des Kunden als selbstverständlich voraussetzen!* Wenn der Verkäufer den Kunden davon überzeugen will, daß er die angebotene Ware kaufen solle (nachdem er sich selbst davon überzeugt hat, daß sie dem Bedürfnis des Kunden entspricht), muß er diese Überzeugung natürlich selbst ausstrahlen. Er darf keine Befürchtungen durchblicken lassen, der Kunde könne, wenn er alle Tatsachen und Argumente erhalten und erprobt hat, vielleicht trotzdem nicht kaufen. Seine ruhige Sicherheit über den Ausgang sollte sich in der Argumentation sowie

in der Stimme, der Haltung und dem ganzen Auftreten widerspiegeln. „Tun Sie mir doch den Gefallen“ oder „Angesichts unserer langjährigen Beziehungen“ oder „Weil wir schon soviel Arbeit mit der Sache gehabt haben“ oder „Weil wir voriges Mal so entgegenkommend waren“ oder „Weil unsere Firma auf Ihren Auftrag besonders großen Wert legt“ oder „Weil wir soviel von Ihnen kaufen“ ist Bettelei oder Erpressung. Früher oder später muß der Verkäufer für derartige Abschlüsse teuer bezahlen (Kunde: „Ich habe Ihnen ja voriges Mal den Gefallen getan, und nun glaube ich, ein Recht darauf zu haben, auch verlangen zu können, daß ...“). Diese Ergänzung zum Kapitel „Hochdruckverkauf“ darf in diesem Zusammenhang nicht fehlen, weil die Versuchung im Augenblick des Abschlusses besonders groß ist.

Die Überzeugung, *daß* der Kunde kaufen wird, verbietet dem Verkäufer auch, in seiner Argumentation darüber zu sprechen, was geschehen wird, *falls* der Kunde sich zum Kauf entschließen sollte (vergleiche auch Punkt 10). Ein Stahlverkäufer ersetzte deshalb die Worte „*Falls* Sie diesen hochwertig legierten Manganstahl kaufen“ mit „*Wenn* Sie das Stück bearbeiten“, und ein Autoverkäufer „*Falls* Sie diesen Wagen nehmen“ mit „*Wenn* Sie ihn vierzehn Tage oder drei Wochen gefahren haben, so werden Sie feststellen ...“ „Sie erhalten die Spülmaschine noch vor Weihnachten, gerade passend zum Hochbetrieb an den Festtagen“ und „Schon im nächsten Monat werden Ihre Stenotypistinnen leistungsfähiger sein“ sind bessere Argumente als das übliche „*Falls* Sie diese Spülmaschine kaufen“ oder „*Sollten* Sie sich entschließen, Ihr Büro mit unseren gefederten Schreibmaschinenstühlen auszurüsten“.

Entspannung

Zeigen Sie keine Nervosität und Unsicherheit im Abschlußstadium. Entweder wird der Kunde unbewußt von Ihnen angesteckt, oder er merkt, wie verzweifelt Sie sich anstrengen, den Auftrag zu erhalten, und wird mißtrauisch. Kontrollieren Sie Ihre Stimme und achten Sie darauf, daß sie klar, sicher und ruhig überzeugend klingt! Wirken Sie entspannt! Wie oft hat nicht eine drängende, gespannte Haltung so auf den Kunden gewirkt, daß er bewußt oder unbewußt zurückschreckt. („Ich brauche nur zu sehen, wie ein Verkäufer auf dem Stuhl sitzt, um zu wissen, nicht nur ob, sondern auch wie nervös er ist", behauptet ein gewiegter Einkäufer.) Bei der Erwägung des Für und Wider des Kaufes können Kleinigkeiten maßgebend sein, um den Ausschlag nach der einen oder anderen Seite zu fällen.

Zuviel Eifer und offensichtliche Entschlossenheit bremsen den Willen eines Kunden zu einem positiven Kaufentschluß. Je nötiger Sie den Auftrag brauchen, desto weniger erpicht darauf sollten Sie das in Ihrer Haltung und in Ihrer Behandlung des Angebots zeigen. Sprechen Sie im Abschlußstadium langsamer, ruhiger, mit mehr Pausen, lassen Sie den Kunden nachdenken, verwenden Sie die „Kein-Druck-Methode". Erzeugen Sie keine Spannung – es liegt sowieso schon zuviel davon in der Luft. Wenn Sie einen Auftragsblock benutzen, legen Sie ihn am besten gleich zu Anfang des Gespräches auf den Tisch. Also fragen Sie *niemals, ob* der Kunde kaufen will – *sondern* nur, *was, wo, wie, wieviel!*

Probeweise überlassen

14. *Lassen Sie den Kunden die Ware prüfen!* Nichts ist zweckmäßiger für eine schnelle Entscheidung, als dem Kunden die Ware „zur Probe" zu überlassen.

Lassen Sie ihn den neuen Staubsauger eine Woche lang benutzen und erproben, damit er nachher nicht mehr ohne ihn auskommt.

Wenn Sie Ihrem Kunden, der in einer anderen Stadt zu tun hat, vorschlagen, den neuen Wagen in Ihrer Gesellschaft dorthin probeweise zu fahren, bekommen Sie beide reichlich Zeit, die Vorteile des Wagens gemeinsam herauszufinden und zu erproben, und der Kunde kann sich an den Wagen gewöhnen.

Fordern Sie Ihren Buchinteressenten auf, das Buch bei sich zu Hause zu behalten und innerhalb einer Woche zurückzuschicken, falls er es nicht haben will. Einige Buchhändler haben als Prinzip, bekannten Kunden als Antwort auf eine Preisnachfrage unverbindlich das Buch zuzuschicken oder mitzugeben, und behaupten, daß es in drei bis vier von fünf Fällen gekauft wird.

Schlagen Sie Ihrem Fabrikanten eine Probelieferung Ihres neuen Materials vor, wenn er im Zweifel darüber ist, ob er seinem alten Material untreu werden soll!

Räumen Sie ein Rückgaberecht innerhalb einer gewissen Zeitspanne ein, wenn der Kunde sich von den Vorteilen Ihres Angebots nicht völlig überzeugt fühlt!

Eine Büromaschinenfabrik veranlaßt ihre Verkäufer, bei Kunden 6–10 Tage lang möglichst viele Maschinen probeweise aufzustellen, und rechnet mit einem Verkauf von 3 bei 5 aufgestellten Maschinen. „Eine reine Organisationsfrage", sagt der Verkaufsdirektor. „Während der Probezeit überholen wir, wenn möglich, seine alten Maschinen – damit wir auch ganz sicher sind, daß er unsere während der Zeit wirklich benutzt."

Verpassen Sie nicht die Gelegenheit!

15. *Schmiede das Eisen, solange es glüht!* Häufig ist es möglich und von Vorteil, wenn der Verkauf schon bei dem ersten Gespräch abgeschlossen werden kann. Sowohl Kunde wie Verkäufer sparen Zeit, die Entschlußbereitschaft pflegt am stärksten zu sein, die Argumentation am lebendigsten, die Empfänglichkeit des Kunden am ausgeprägtesten, das Risiko für einen zähen Kampf um die Bedingungen am geringsten. Die Zeit für den einzelnen Kundenbesuch ist oft ungerechtfertigt lang. Am klarsten tritt dies beim sogenannten „Abschluß" zutage – also der, welcher gar kein Abschluß ist. Der Verkäufer ist so ängstlich, eine Absage zu bekommen, daß er es nicht wagt, zum Kauf aufzufordern, sondern hofft, falls er nur das Gespräch in Gang hält, werde ihn der Kunde früher oder später mit einem Kaufentschluß unterbrechen. Erfolgt dies nicht, so glaubt der ängstliche Verkäufer, der Kunde sei „noch nicht reif", und fordert direkt oder indirekt zu einem Aufschub der Entscheidung auf.

„Das ist doch selbstverständlich", denkt der erfahrene Verkäufer, daß ich einem Kunden nicht sage, er solle sich die Sache überlegen, bis ich ein andermal wiederkomme." Sachte, sachte! Jedesmal, wenn der Verkäufer dem Kunden nicht direkt vorschlägt zu kaufen, sondern nur drauflosredet oder erwartet, daß der Kunde von sich aus etwas sagt, fordert er den Kunden auf, die Sache auf sich beruhen zu lassen. Eine ausgebliebene Kaufaufforderung wird eine indirekte Aufforderung zum Aufschub. Durch Kontrollfragen kann man unschwer feststellen, „wann das Eisen glüht und geschmiedet werden kann". Reden Sie also nicht am „Sättigungspunkt" und damit am Auftrag vorbei! Und wenn es doch passiert, passen Sie auf den nächsten „psychologischen Augenblick" auf.

Die Konzentrationsmethode

16. Eine besonders wirksame, aber schwierige Methode, die auch nicht immer verwendet werden kann, ist, sich selbst in den Augen des Kunden auf einen ganz bestimmten Punkt des Angebots herauszufordern und damit den entscheidenden Punkt der Verhandlung scharf abzugrenzen. Ein Beispiel zeigt am besten, wie man vorgeht:

Verkäufer: „Darf ich gleich zu Anfang eine direkte Frage an Sie richten? Wenn Sie sich davon überzeugen können, daß die Leistung dieser Maschine um mindestens 12 % größer ist als die Ihrer bisherigen, würden Sie diese haben wollen?

Kunde: Zuerst müssen Sie mich mal überzeugen.

Verkäufer: Dann ist dies auf jeden Fall der entscheidende Punkt: die Leistungssteigerung?

Kunde: Selbstverständlich.

Verkäufer: Also, einen bindenden Beweis der Leistungssteigerung von mindestens 12 % vorausgesetzt, bestellen Sie sie?

Kunde: „Ja, *wenn* Ihnen das gelingt und der Preis stimmt!"

Verkäufer: Das ersahen Sie ja wohl schon aus den Unterlagen.

Kunde: Ja, der war günstig."

Auf diese Weise wird die ganze Unterhaltung auf einen einzigen Punkt konzentriert, ohne daß der Verkäufer längere Beschreibungen der allgemeinen Vorzüge seines Angebots zu geben braucht. Wenn er das selbstgesteckte Ziel in dem entscheidenden Punkt erreicht, wird ihm der Auftrag zufallen. Hierdurch gewinnt er unverhältnismäßig viel

Zeit und vereinfacht sein ganzes Verkaufsgespräch. Wie können Sie diesen Gedanken bei sich verwerten! Es geht, bestimmt!

Entdecken Sie alle bremsenden Einwände!

17. *Locken Sie alle verbleibenden Einwände hervor!* Ein interessierter Kunde, der mit der Entscheidung zögert, glaubt entweder die Sachlage noch nicht zu überblicken, es fällt ihm schwer, einen Entschluß zu fassen, er kann es nicht selbständig tun (z. B. die Frau zu Hause oder der Werkmeister in der Fabrik haben ein Wörtchen mitzureden), oder er empfindet, daß Vor- und Nachteile einander aufheben. Die beste Art, den Anlaß zu erkunden, ist, *danach zu fragen* und die Einwände hervorzulocken.

„Nein, ich möchte mir die Sache noch etwas überlegen", sagt ein Händler schwankend. „Oh, gewiß", antwortet der Verkäufer, „Sie sind sich möglicherweise noch über einiges im unklaren?" Oder: „Sie sind noch nicht ganz überzeugt, nicht wahr?".

Dieser Satz ist der Schlüssel zur Fortsetzung des Gesprächs. Jetzt muß der Kunde Farbe bekennen. Er kann z. B. antworten:

a) „Ja, ich weiß nicht recht, was ich sagen soll. Man will sich ja einen so bedeutenden Einkauf in Ruhe überlegen." Kunde zeigt mangelnde Entschlossenheit, vielleicht darauf zurückzuführen, daß die richtige Kauflust noch nicht geweckt wurde – veranlaßt den Verkäufer, die schlagkräftigsten Verkaufsappelle zu wiederholen.

b) „Sicher sind die Sachen gut, aber man kann ja abwarten. Der Kauf eilt nicht so." Der Kauf*drang* ist noch nicht geweckt worden, auch wenn der Kunde vielleicht ein allgemeines, sachliches Interesse gezeigt hat. Der Verkäufer muß hier nicht Kauflust hervorrufen, sondern auch begründen, was gegen ein Aufschieben des Entschlusses spricht.

c) „Ich finde die Preislage trotz allem ziemlich hoch."

„Es ist doch nicht das, was ich mir gedacht habe."

„Die Zusammenstellung gefällt mir nicht recht."

„Die Sachen sehen ja sehr schön aus, aber auf Haltbarkeit sind sie ja nicht gerade hergestellt."

„Schon, aber dagegen spricht folgendes . . .“

Alle diese Äußerungen sind Ausdruck ernster, sachlicher Einwände, die der Verkäufer wahrscheinlich vorher nicht ganz entkräften konnte. In einigen Fällen wird er gezwungen sein, wieder von vorn zu beginnen.

d) Ich möchte gern noch mit meiner Direktion über die Angelegenheit sprechen.“

„Einen derartigen Kauf will ich erst mit meinem Exportleiter besprechen.“

„Ich kann nicht allein über einen solchen Kauf entscheiden.“

Entweder hat der Verkäufer nicht den *wirklichen* Käufer getroffen, oder der Kunde ist sich seiner Sache und der eigenen Beurteilung nicht sicher; der Verkäufer muß von Fall zu Fall entscheiden, ob er versuchen soll, beim Kunden noch größeres Verlangen zu erwecken oder auch direkt und indirekt den „dritten Mann“ zu bearbeiten.

e) „Nein, eigentlich denke ich an nichts Besonderes.“

Wenn sich der Kunde so oder ähnlich mit schwebendem Tonfall äußert, merkt der Verkäufer, daß der Kunde wahrscheinlich bereit ist zu kaufen, wenn er nur einen etwas stärkeren Anstoß bekommt.

Darüber hinaus darf man natürlich nicht außer acht lassen, daß der Kunde auf die Frage des Verkäufers einen ausweichenden Grund angeben oder daß seine Abneigung gegen eine Entscheidung auf mehreren Umständen beruhen kann. Dagegen können Sie sich zumindest bis zu einem gewissen Grade durch die Ergänzung Ihrer Frage mit einer weiteren Kontrollfrage im Anschluß an die Äußerung des Kunden schützen:

„Ach so, ist *das* der Grund, der Sie davon abhält, sich jetzt zu entschließen?“ Dann wird der Kunde in der Regel antworten:

a) „Ja.“

b) „Nein, eigentlich nicht nur dies. Ich finde auch, daß Sie ziemlich viel Geld verlangen.“

c) „Ich weiß nicht. Ich bin mir selbst nicht richtig darüber im klaren."

Im ersten Fall ist es ein direktes Eingeständnis, im zweiten ist es entweder ein Vorwand, oder es gibt noch einen weiteren Grund für die Unentschlossenheit des Kunden, während der Anlaß im dritten Fall auch dem Kunden selbst unbekannt ist. Es ist für den Verkäufer stets nützlich, diese Kontrollfrage zu stellen, damit er weiß, ob er nicht bei der Erwiderung auf einen Vorwand unnütz Pulver verschießt. Er sollte zu erkunden suchen, wo der wirkliche Widerstand verborgen liegt. Der *genannte* Einwand kann den *wirklichen* verdecken.

Ein erfahrener Verkaufstrainer empfiehlt die Fangfrage: „Und davon abgesehen?" War es der echte Grund, wird es der Kunde befremdet bestätigen – wenn nicht, erleichtert oder leicht überrumpelt den tieferen Grund nennen.

Ein sehr geschickter Verkäufer von Dienstleistungen auf Direktionsniveau lockt Einwände durch die Bemerkung „Sie sehen so nachdenklich aus!" hervor.

Behalten Sie die Initiative!

18. *Wenn keine Entscheidung zu erzielen ist, lassen Sie die Verbindung nicht abbrechen, und geben Sie vor allem die Initiative nicht aus der Hand!* Zunächst soll man natürlich unterscheiden zwischen völlig verständlichen Gründen (in der Regel ist es dann falsch, auf eine unmittelbare Entscheidung zu drängen und den Kunden unter Druck zu setzen – im Gegenteil, in derartigen Fällen sollte der Verkäufer selbst einen Aufschub vorschlagen; dadurch erweckt er Vertrauen) und Vorwänden oder allgemeiner Unentschlossenheit. In letzterem Fall kann der Verkäufer dem Kunden etwa mit folgenden Worten begegnen: „Warum nicht gleich heute? Die Vorteile sind heute genauso groß!" oder „Es ist doch einfacher, sich jetzt gleich zu entschließen, dann ist die Sache in Ordnung" oder „Nehmen Sie diesen Vorschlag an, dann können wir morgen schon mit dem Einbau beginnen, und übermorgen übernimmt die Spülmaschine das Abwaschen" (gerade die Fähigkeit, richtig ausmalen zu können, sehr bald in den Genuß der Vorteile Ihres Angebots zu kommen, ist in dieser Situation von großem Nutzen) oder:

„Wenn Sie hier Ihren Namen hinsetzen, können Sie den ersten Band schon morgen bekommen", oder: „Wenn wir das heute erledigen, brauchen Sie sich mit der Angelegenheit nicht mehr zu befassen, denn dann kümmere ich mich um alles Weitere." In einigen Fällen kann der Verkäufer es auch unterlassen, sich um das Verzögerungsargument zu kümmern. Wenn er seiner Sache sicher ist, merkt er, daß der Kunde seine Kaufbereitschaft nur nicht ohne weiteres zugeben will. Der Verkäufer sollte immer versuchen, ein Argument bereit zu haben, das die Vorteile eines *sofortigen* Kaufs unterstreicht. Er kann auch vorsichtig dem Kunden den Verlust – oder Schaden – nachweisen, falls er nicht (jetzt) kauft.

Das berechtigte Bedürfnis, das Angebot mit anderen verantwortlichen Leuten innerhalb der Firma zu besprechen oder zu untersuchen, muß natürlich, wie schon gesagt, respektiert werden. Aber nichts hindert den Verkäufer, vorzuschlagen, bei dieser Unterredung selbst zugegen zu sein, um einiges wertvolles Material vorzulegen oder selbst mit dem Betreffenden, der um Rat gefragt werden soll, zu sprechen (aber nicht hinter dem Rücken des Verhandlungspartners). Der Verkäufer kann auch in solchen Fällen ergänzendes Material schicken – das er nachher selbst wieder abholt, um sich auf diese Weise wieder in Erinnerung zu bringen. Er kann vielleicht seine Ware zum Ausprobieren überlassen, einen Probeeinbau vorschlagen, er kann bestimmte Garantien geben (ein oft entscheidendes Moment, wenn der Abschluß „auf des Messers Schneide" steht) oder ein besonderes Entgegenkommen zeigen.

Vor allen Dingen gilt es für den Verkäufer, den *echten* Grund des Aufschubs zu erfahren.

Ein wichtiges Argument bis zum Schluß aufsparen?

Es wird oft empfohlen, daß sich der Verkäufer ein wichtiges Abschlußargument für den letzten entscheidenden Augenblick aufsparen soll. Dieser Ratschlag ist unrealistisch: Kein Verkäufer will oder wird sich beherrschen, ein wichtiges Verkaufsargument so lange zurückzuhalten, bis der ganze Verkauf an einem seidenen Faden hängt. Und das mit Recht! Im übrigen wirkt dieses Verfahren – zum Schluß plötzlich die Bedingungen aufzulockern – wie Hochdruckverkauf und erweckt leicht das Mißtrauen des Kunden. Eine andere Sache ist es, dem Wunsch des Kunden auf dessen Drängen am Ende einer langen Verhandlung in einigen Punkten nachzugeben.

Nachfassen

19. Eine Methode, deren man sich *immer* bedienen sollte, ist, *einen Bestätigungsbrief zu schreiben,* in welchem man in konzentrierter Form sein Angebot sowie die Argumentation und die wichtigsten Gründe, die für einen Kauf sprechen, wiederholt. Diese schriftliche Erinnerung erzielt folgende Wirkung:

a) Man kann den Vorschlag richtiger darstellen als beim mündlichen Kontakt. Wenn man in Ruhe nachdenken kann, ist es leichter, die richtigen Argumente zu finden und die fehlerhaften zu vermeiden. Sie können Ihre mündliche Darstellung auch korrigieren. Außerdem können Sie Ihre neu erworbenen Kenntnisse über den Kunden, seine Einstellung sowie seine besonderen Probleme und Wünsche berücksichtigen.

b) Es ist für den Kunden bequem, den Schriftsatz für die weiteren Überlegungen zu benutzen. Es erleichtert sein Denken. Der Verkäufer beeinflußt also den Kunden weiter, obwohl er nicht mehr bei ihm ist.

c) Die schriftliche Darstellung gibt einem Angebot oft ein stärkeres Gepräge der Zuverlässigkeit (dies wird häufig übersehen).

d) Auf Menschen mit starker bildlicher Empfänglichkeit macht das geschriebene Argument stärkeren Eindruck als das gesprochene.

e) Das Schreiben wird wahrscheinlich bei internen Besprechungen vorgelegt. Hierdurch hat der Verkäufer eine indirekte Beeinflussungschance gegenüber Personen, die er vielleicht nie trifft.

Nun ist es aber andererseits eine Erfahrung, daß sich viele Verkäufer vor dem Briefeschreiben scheuen (gute Verkäufer sind oft faule Briefschreiber). Deshalb muß der Verkaufsleiter seine Vertreter oft mit mildem Druck dazu zwingen, Nachfaßbriefe zu schreiben. Die Erfolge sollten ihnen aber bald den Wert dieser Briefe beweisen.

„Ich werde darauf zurückkommen . . .“

Schließlich mag hier eine Regel, die schon in anderem Zusammenhang gegeben wurde, wiederholt werden: *Der Verkäufer soll immer die Initiative behalten!*

Es ist nicht Sache des Kunden, auf den Verkäufer zurückzukommen; der *Verkäufer* muß es sein, der sich den Vorzug ausbittet, den Besuch oder das Gespräch erneuern zu dürfen. Der Verkäufer soll sich nicht mit einem solchen Bescheid des Kunden begnügen, sondern selbst die Sache in die Hand nehmen: „Paßt es Ihnen, wenn ich am Anfang der nächsten Woche anrufe, oder soll ich bis zum Freitag warten?“ (Alternativmethode).

Es finden sich immer geeignete Begründungen, aber oft ist gar keine nötig. Auch wenn der Kunde erklärt, er werde von sich aus wieder anrufen, erhält man im allgemeinen die Zustimmung, nach einer gewissen Zeit selbst wieder von sich hören zu lassen, falls es der Kunde nicht vorher getan haben sollte.

Ebenso soll ein Verkaufsbrief nicht mit den Worten schließen: „Wir hören gern von Ihnen“, sondern z. B.: „Wir werden uns erlauben, nach einigen Tagen anzufragen, ob Ihnen die gegebenen Aufschlüsse ausreichen“ (oder „welche weiteren Aufschlüsse Sie benötigen“).

Geben Sie keinen Kunden auf!

20. *Auch wenn ein Kunde bestimmt nein sagt, so geben Sie ihn nicht auf.* Ein „Nein“ ist auf längere Sicht gesehen selten unwiderruflich. Es können aus unzähligen Gründen neue Situationen entstehen, die den Kunden dazu bewegen, seinen Entschluß einer Überprüfung zu unterziehen. Oft kann der Verkäufer direkt danach fragen, was den Kunden dazu bewog, den Vorschlag abzulehnen. Dabei kann er vielerlei lernen, teils für den Fall eines erneuten Besuches und teils, um seine eigene Verkaufsarbeit kritisch zu beurteilen und etwaige Mängel zu beseitigen. „Verzeihung, hat irgend etwas in meinem Auftreten Sie zur Ablehnung bewogen?“ Mit solchen Worten kann der Verkäufer sich nützliche Aufschlüsse verschaffen, wobei er klugerweise als Grund für die Absage annimmt, daß der Mangel bei ihm, nicht aber bei seinem Angebot gelegen haben muß.

Ein wertvolles Wort, wenn man Informationen über Ablehnungsgründe wünscht, ist „Warum?“ – eine Frage ohne Umschweife, die eine ebenso direkte Antwort erfordert und oft erhält. „Warum“ sollte, in direkter oder umschriebener Form, viel häufiger angewendet werden.

Warum?

Der Verkäufer kann aus jedem Verkaufsbesuch, ob er gelungen oder mißglückt ist, Nutzen ziehen, wenn er untersucht, *warum* er den Auftrag bekam oder nicht bekam. Es ist keine Schande, einen Auftrag zu verlieren, aber ein „Verbrechen“, nicht zu wissen warum.

Versuchen Sie immer gewissenhaft festzustellen, *warum* ein Auftrag Ihnen entgeht? Ohne diese Maßnahme ist eine Verbesserung Ihrer Verkaufstechnik kaum möglich.

Initiative zum Abbruch durch wen?

Der Verkäufer soll sich davor hüten, es dem Kunden schwerzumachen, einen negativen Bescheid zu geben, oder ihm sogar Vorwürfe für seine Stellungnahme zu machen (kommt vor, besonders wenn der Verkäufer viel Mühe hatte oder seines Erfolges sicher war). Der Kunde wird es dann vermeiden, mit diesem Verkäufer je wieder zu verhandeln. Wenn der Verkäufer in dieser Situation taktvoll ist, kann er um Erlaubnis bitten, nach einer gewissen Zeit wiederkommen zu dürfen, um die Frage aufs neue zu prüfen. Darauf geht der Kunde meistens ein.

Der Verkaufsleiter einer Branche, die sich in ihrem Verkauf direkt an Verbraucher wendet, geht noch einen Schritt weiter. Er empfiehlt seinen Verkäufern, einen Verkaufsvorgang, der als verloren anzusehen ist, selbst abzubrechen. Dadurch behält der Verkäufer sein Selbstgefühl, und der Kunde bekommt Achtung vor ihm. Wenn der Verkäufer den Kunden das nächste Mal aufsucht, sollte er sich jedoch, wie schon erwähnt, vor einem typischen Fehler hüten: den Kunden zu fragen, ob er seine Absicht geändert habe. Das will niemand eingestehen. Nehmen Sie statt dessen seinen Haupteinwand vom vorigen Mal direkt wieder auf, *falls* die Lage sich verändert hat. Beginnen Sie andernfalls von einem ganz neuen Ausgangspunkt!

Geben Sie auch zu früh auf?

Im allgemeinen läßt der Verkäufer zu schnell locker. Er läßt sich von einem Nein zu Beginn des Verkaufsgespräches leicht abschrecken. Er hat oft Angst vor Kunden, die er zum ersten Mal besucht, obgleich er dazu keinen Anlaß hat. Außerdem ist er zu leicht geneigt, einen Kunden für immer für „tot" zu erklären, wenn das Angebot nach einem abgeschlossenen Angebotsvorgang endgültig abgelehnt worden ist.

Wann soll der Verkäufer gehen?

Wenn sich der Kunde zum Kauf entschieden hat, besonders aber, wenn dies nach vielem Zögern und langwierigen Verhandlungen geschieht, darf sich der Verkäufer mit dem Kaufvertrag in der Hand nicht schleunigst entfernen, bevor sozusagen die Tinte auf dem Papier getrocknet ist. Das wirkt wie Flucht.

Eile gerade in diesem Augenblick ruft Mißtrauen beim Kunden hervor, denn ein Kaufentschluß verursacht erfahrungsgemäß ja oft ein Unsicherheitsgefühl. Der Kunde fragt sich ängstlich: „Habe ich jetzt richtig gehandelt? Habe ich mich nicht übereilt?" Wenn der Verkäufer den Kunden diesen inneren Kampf mit sich allein ausfechten läßt, kann der Kunde seinen Entschluß bereuen; das Gefühl kann aufkommen, einem „Hochdruckverkauf" ausgesetzt gewesen zu sein. Dann passiert es nicht selten, daß ein Verkäufer einen Auftrag, den er schon gebucht hat, wieder entschwinden sieht.

Einen Kunden zur Einhaltung eines Auftrages zu zwingen, den er bereut, ist immer peinlich. Den Kunden nach dem Kaufentschluß auf taktvolle Art zu dem vorteilhaften Kauf zu beglückwünschen, ihm Ratschläge für die richtige Pflege der Ware zu geben, Einzelheiten der Lieferbedingungen zu wiederholen usw. schützt den Verkäufer vor der Gefahr, daß der Kunde seinen Auftrag bereut. Dann aber sollten Sie sich nicht länger aufhalten. Sonst riskieren Sie womöglich, noch einmal wieder von vorn anfangen zu müssen. Außerdem ist Ihre Zeit kostbar, mindestens so kostbar wie die Ihres Kunden (das sagen Sie aber bitte keinem Kunden!).

Wann ist die Ware verkauft?

Die Ware ist nicht verkauft, bevor sie in Gebrauch genommen wird und der Kunde festgestellt hat, daß sie den Erwartungen entspricht – sowohl seinen eigenen als auch jenen, die der Verkäufer ihm geschildert hat. Gegen diesen selbstverständlichen Grundsatz wird viel gesündigt – und damit geht dann der „nächste" Auftrag verloren.

„Vergißt du den Kunden, so hat er dich schon vergessen." Das ist ein Wort der Warnung, das eine Benzingesellschaft ihren Wiederverkäufern mit kleinen rosafarbenen Zetteln, die auf jeden Brief der Zentrale an die Tankstelle geklebt wurden, eingeschärft hat.

Den Kunden nach dem Kauf „zu pflegen", ist eine Versicherungsprämie, die man bezahlt, um Kunden zu behalten. Ein derartiger Kontakt gibt einen unermeßlichen Vorsprung vor allen Konkurrenten, u. a. durch den Einblick, den Sie in die Probleme, Bedürfnisse und Verhältnisse des Kunden bekommen. Er verschafft Ihnen eine unersetzliche Kontrolle, ob Ihre Produkte in der Praxis Ihren eigenen und den Erwartungen des Kunden entsprechen.

Erfahrene Verkäufer haben bestätigt, wie sie durch diese Kundenpflege einigen der schlagkräftigsten Verkaufsargumenten auf die Spur gekommen sind und Empfehlungen für weitere Verkaufsmöglichkeiten bekommen haben. Es ist die einfachste Art der Kundenbeschaffung. Nutzen Sie sie aus? Dann können Sie zur Verkäuferelite gehören!

Kettenreaktionen im Verkauf

Jeder Kontakt mit einem zufriedenen Kunden bietet neue Verkaufsmöglichkeiten. Sie können verkaufen:

a) die gleiche Ware an denselben Kunden (Mehrverkauf),

b) eine andere Ware an denselben Kunden (zusätzlicher Verkauf),

c) die gleiche Ware an einen anderen Kunden, d. h. einen Bekannten, Kollegen oder Geschäftsfreund dieses Kunden (Ausbreitung des Kundenkreises),

d) eine andere Ware an einen anderen Kunden, ebenfalls durch Empfehlung (hierdurch wird Ausbreitung des verkauften Sortimentes und des Kundenkreises erzielt.)

Es ist meist billiger und leichter, demselben Kunden mehr zu verkaufen, als neuen Kunden nachzujagen. Ein *zufriedener* Kunde ist gern bereit, Ihnen Anregungen über etwaige Interessenten in seinem Bekanntenkreis zu geben –

abgesehen von jenen Fällen, bei denen der Kauf einen „Ausschließlichkeitscharakter" (Exklusivität) hat und der Kunde alleiniger Nutznießer sein will oder Geschäftsgeheimnisse berührt werden.

Nutzen Sie alle Möglichkeiten von Kettenreaktionen aus! Sie erleichtern sich Ihre Arbeit – und verkaufen mehr. Und Ihre Firma verkauft günstiger dank lohnender Aufträge.

Es gibt Fälle, in denen die Verkaufsleiter von ihren Verkäufern ausdrücklich Erklärungen dafür fordern sollten, weshalb sie nicht mehr Verkäufe nach den Punkten a)–d) zustande bringen.

Und jetzt können Sie sicher die 4 einleitenden Fragen beantworten und die 5 Verkaufsprobleme lösen?

Arbeiten Sie planmäßig an Ihrer Abschlußtaktik! Der Kunde muß zum Kauf angeregt und aufgefordert werden. Machen Sie es ihm leicht, „ja" zu sagen. Vermeiden Sie ultimative und negative Fragen! Geben Sie ihn niemals auf! Eine geschickte Darstellung des Angebots mit einem schwachen Abschluß kann den Auftrag dem Konkurrenten, der nach Ihnen kommt, in die Hände spielen.

KAPITEL XVII

DIBABA - eine neue Formel für konstruktive Verkaufstaktik

KÖNNEN SIE DIESE VIER FRAGEN BEANTWORTEN?

❶ Glauben Sie, daß der DIBABA-Aufbau in Ihrer Verkaufsbranche angewendet werden kann?

❷ Welchen Aufbau erfordert eine Verkaufsverhandlung, die durch eine Anfrage des Kunden ausgelöst wird?

❸ Wissen Sie, ob Identifizierung, Beweisführung und Annahme ein, zwei oder drei Verkaufselemente sind?

❹ Gibt es einen Unterschied in der Abschlußtechnik zwischen der AIDA- und der DIBABA-Methode?

KÖNNEN SIE DIESE FÜNF PROBLEME LÖSEN?

① *Herr Erbach verkauft Registratureinrichtungen, die viel Platz einsparen helfen. Mit Hilfe eines neuen Markierungssystems fallen zwei oder drei Arbeitsgänge der Buchführung weg. Daneben sind noch vier weitere konkrete Vorzüge nachweisbar. Er beginnt bei jedem Kunden mit dem Hinweis auf die Möglichkeit einer Arbeitsvereinfachung der Bürotätigkeit und erweckt deshalb Aufsehen. Dann geht er dazu über, die sechs konkreten Vorzüge seines Systems zu erläutern. Es gelingen ihm auch einige Verkäufe, aber es wird ihm klar, daß er mit einem anderen Aufbau seines Angebots mehr verkaufen könnte. Er kommt auch auf die Lösung. In welcher Richtung bewegen sich wohl seine Gedanken?*

② *Herr Schroth, früher selbst Gutsverwalter, verkauft Landmaschinen und spezialisiert sich auf den Besuch von Fuhr-*

unternehmen, die Geräte ausleihen, und deren Bedürfnisse und Denkweise er ja gut kennt. Er weist auf ihre Auftragsprobleme hin, identifiziert sie mit dem Gerät, das er anzubieten hat, und geht dann dazu über, bei dem Gesprächspartner Kauflust nach dem wirtschaftlichsten Modell wachzurufen. Seine Kunden sind aber nicht sehr gesprächig, und deshalb muß er den größten Teil der Unterhaltung selbst bestreiten. Schroth weiß, daß diese Methode nicht gerade gut ist; denn er fühlt, daß es dem Kunden oft schwerfällt, seiner Argumentation zu folgen. Schroth ist es auch klar geworden, daß er meistens eine Angebotsstufe im Verkauf überspringt, obwohl er dem „AIDA"-Aufbau folgt. Herr Schroth überspringt in Wirklichkeit aber nicht nur eine, sondern zwei Stufen der Verkaufstechnik. Welche sind das?

③ *„Wir möchten gern etwas Dekorationsmaterial für unsere Geschäfte haben. Wir haben an ... gedacht" – „O ja, ich verstehe. Einen Augenblick, bitte. Wir haben eine große Auswahl an wirkungsvollem Blickfangmaterial. Gerade aus Frankreich erhalten. Wirklich etwas Besonderes! Sehen Sie sich das nur an! Damit muß sich Ihr Umsatz steigern. Wir geben Ihnen als erster Firma dieses Material!" Es ist natürlich falsch, Monologe zu halten; aber es ist nicht nur die Redseligkeit, die an diesem Vorgehen falsch ist. Den gemachten Fehler erleben Sie häufig, wenn Sie selbst als Käufer auftreten. Welchen wohl?*

④ *Der Verkaufsingenieur Erlhagen ist ein guter Zuhörer. Er verkauft technische Anlagen und weiß, daß er beim ersten Kontakt keinen eigentlichen Verkauf erhoffen kann. Er weiß auch, daß er die Probleme des Kunden zu wenig kennt. Deshalb versucht er, die Kunden vorsichtig nach Aufschlüssen „auszuhorchen". Er bekommt sie auch meistens. Manchmal opfert er dieser Spürtätigkeit zwei oder drei Besuche. Er hat die verkaufspsychologische Regel, zuerst über den Kunden zu sprechen und nicht von seiner Ware, gut gelernt. Diesem Grundsatz folgt er gewissenhaft, und es gelingt ihm auch, das Interesse des Kunden während dieser Gespräche wachzuhalten. Erst wenn er genügend über den Kunden und dessen Probleme zu wissen glaubt, hebt er hervor, daß er nächstes Mal einen genauen Vorschlag für ein neues Fließ-*

bandsystem mit einer ins einzelne gehenden Darstellung aller Vorteile für den Kunden ausgearbeitet haben wird. Der Verkaufsleiter findet, daß Erlhagen mit dieser Methode zuviel Zeit vergeudet. Da er ziemlich neu in der Firma ist, besagen die Verkaufsergebnisse noch zuwenig über die Vor- und Nachteile seiner Methode. Was meinen Sie? Könnte auch bei Ihnen diese Streitfrage aufkommen?

⑤ *„In gewissem Sinne ist es leichter, an neue Kunden zu verkaufen als an alte. Das Aufmerksamkeitselement ergibt sich beinahe von selbst. Wenn man vorher einige Male bei dem Kunden war, erhält der Kontakt leicht etwas Routinehaftes und allzu Lässiges. Man hat ja auch nicht immer irgendwelche Neuigkeiten zu berichten. Im Gegensatz zu einigen Kollegen finde ich es angenehmer, neue Kunden aufzuspüren und zu besuchen." Diese Worte eines Verkäufers der Schwerindustrie wurden der Auftakt zu einer angeregten Diskussion. Sowohl die Anwendung des AIDA- als auch des DIBABA-Vorganges beim Kontakt mit alten und neuen Kunden wurden diskutiert, wobei man sich schließlich über die Vor- und Nachteile beider Arten von Verkaufsgesprächen einigte. Welche Art der Kundenbesuche fällt Ihnen leichter? Trainieren Sie dann bewußt die andere?*

Beim Großhandels- und Industriebedarf wie beim Einzelhandelsverkauf hat sich die DIBABA-Formel des Verfassers als eine gute Hilfe beim Aufbau des Verkaufsgespräches erwiesen – besonders bei Verkauf von Industriegütern, von komplizierten Anlagen, Arbeitssystemen und von Dienstleistungen. Die DIBABA-Methode ist auch am Platze, wenn der Verkaufsbesuch ganz oder teilweise auf die Initiative des Kunden zurückgeht, z. B. bei Anfragen.

Der Gesprächsaufbau mit dieser Methode erscheint vielleicht etwas umständlicher, führt aber immer zu einem vollständigen Verkaufsvorgang. Gewisse Wiederholungsbesuche bei alten Kunden sind durch den DIBABA-Aufbau leichter durchzuführen als mit dem AIDA-Verfahren, zumindest für den Anfang des Verkaufsgespräches. DIBABA ist ein sechsstufiger Aufbau des Verkaufsvorganges mit folgenden Stufen: *D*EFINITION, *I*DENTIFIZIERUNG, *B*EWEIS, *A*NNAHME, *B*EGEHREN und *A*BSCHLUSS.

AIDA und DIBABA

Sie werden den Wert der DIBABA-Methode am besten erkennen, wenn Sie sich die beiden folgenden Beispiele genau ansehen. In beiden Fällen steht die „normale", herkömmliche Verkaufsart dem DIBABA-Aufbau gegenüber.

Herr Metz ist Vertreter einer bedeutenden Uhrenfabrik. Sein Unternehmen hat eine Untersuchung über die Verkaufstätigkeit im Uhreneinzelhandel angestellt und ist erschüttert über die mangelhafte Verkaufstaktik und das lahme Interesse für den Verkauf seiner Uhren. Man beschließt deshalb, eine Verkäuferschule für den Uhrenhandel einzurichten und beauftragt die Verkäufer, diese Idee den Uhrenhändlern zu verkaufen. Merz macht das folgendermaßen:

„Herr Händler, mein Unternehmen hat eine wichtige Neuheit für Sie."

„So?"

„Ja, wir wollen etwas für Sie tun, was noch kein Uhrenfabrikant bisher für seine Kunden getan hat."

„So, größere Rabatte, hoffentlich."

„Nein, nicht ganz. Aber in seiner Art ebenso wichtig oder noch wichtiger."

„Na, da bin ich mal gespannt."

„Ja, wir werden eine Verkaufsschule einrichten!"

„Eine Verkaufsschule? Verkaufen Ihre Verkäufer nicht gut genug?"

„Nein, nicht für uns. Für Sie!"

„Für mich? Verkaufe ich nicht gut genug?"

„Natürlich, Sie schon, aber Ihre Leute."

„Na, das lassen Sie mal getrost meine Sorge sein."

„Natürlich. Aber vielleicht können wir Ihnen dabei helfen?"

„Schön, wenn ich Hilfe brauche, melde ich mich. Aber wie war das mit der großen Sache, die Sie für uns tun wollten und die noch kein Fabrikant bisher getan hat?"

„Hm, ja, das war die Verkaufsschule. Vielleicht darf ich Ihnen einige Einzelheiten geben, damit Sie ..."

„Das ist sehr freundlich von Ihnen. Aber wie wäre es, wenn Sie damit bis zum nächsten Mal warten würden. Ich bin nämlich ziemlich beschäftigt im Augenblick, wie Sie sehen. Sie verstehen, ich möchte gern verkaufen, und draußen warten Kunden ..."

Ein Kollege von Herrn Merz, Herr Trenker, benutzt den DIBABA-Aufbau:

„Herr Händler, darf ich mal kurz ein paar Fragen bezüglich Ihres Verkaufes stellen? Das ist doch immerhin Ihr Hauptinteresse?"

„Na, was wollen Sie denn wissen?"

„Sie selbst sind ja ein ausgezeichneter Verkäufer ..."

„Vielen Dank für das Kompliment."

„Das sieht man ja Ihrem Geschäft an. Wie ist es denn mit Ihrem Personal? Verkaufen Ihre Angestellten genauso gut wie Sie?"

„Nee, das kann man nun wirklich nicht behaupten."

„Verkaufen die Leute denn so gut, wie Sie es billigerweise erwarten können?“

„Das hängt davon ab, was man damit meint. Aber sie haben auch nicht die Erfahrung. Ein paar sind auch noch ganz jung.“

„Sicher tun Sie allerhand, um Ihre Verkaufstechnik zu verbessern?“

„Na, wie man's nimmt. Man kommt ja einfach nicht dazu. Bei dem Zeitdruck, unter dem unsereiner steht. Aber das wissen Sie ja selbst ebensogut wie ich.“

„Natürlich. Sie können gar nicht dazu kommen. Aber wie wäre es, wenn wir Ihnen diese Last abnehmen würden? Ihr Personal trainieren würden? Würde es Ihnen recht sein, wenn Ihr Personal etwas über geplante Verkaufstechnik lernen würde, wie man Kunden gewinnt, wie man mehr verkauft, wie man neue Kaufwünsche weckt, wie man Kunden in Ihrem Sinne beeinflußt, wie man sie zu einem Kaufentschluß bringt? Also alle die Dinge, die *Sie* selbst ja dauernd praktizieren ...“

„Da bin ich ganz dafür, wissen Sie. Wer möchte nicht bessere Verkäufer haben? Aber wie, wo, wann? Und was kostet das?“

„Herr Händler, wir haben ein Trainingssystem für Verkauf für das Personal unserer Kunden gegründet. Dort wollen wir Ihren Verkäufern das beibringen, was Sie gelehrt haben möchten. Wir haben die tüchtigsten Verkaufstrainer dafür engagiert, die zu haben waren – alles alte Praktiker.“

„Das hört sich gut an. Aber, wer sagt mir, daß Sie meinen Leuten das beibringen, was ich möchte, und nicht das, was Sie möchten?“

„Erstens, weil wir gern Ihren Verkauf steigern möchten, und das ist auch Ihr Wunsch. Zweitens, weil wir gern Ihren Rat in ein paar wichtigen Punkten für die Ausbildung haben möchten.“

„Aha, hm, hm.“

„Ja, Herr Händler, und hier ist ein Unterrichtsplan und einige andere Einzelheiten. Da können Sie sehen, wie wir uns die Aufgabe vorstellen, Ihnen bessere Verkäufer zu geben. Sie sind doch daran interessiert, sich das einen Augenblick anzusehen?“

„Selbstverständlich.“

Trenker erklärt den Plan.

„Das wäre also der Plan. Und Ihre beiden Anregungen habe ich dazunotiert. Habe ich mich einigermaßen klar ausdrücken können?“

„Doch, doch.“

„Überzeugt Sie der Plan, Herr Händler?“

„Na ja, eigentlich schon. Aber wie ist das mit den Kosten? Muß ich was dazubezahlen?“

„Ja, Herr Händler. Das müssen Sie. Aber nur die Ausgaben für Reise und Aufenthalt. Den Rest zahlen wir – Lehrkräfte, Unterrichtsmaterial usw. Das würde für Sie einen Betrag von höchstens 180,– Mark pro Verkäufer ausmachen. Finden Sie nicht auch, daß es das wert sein sollte, bessere Verkäufer zu bekommen? Wenn jeder auch nur seine Verkaufsleistung um 5 % steigern würde, das würde sich doch lohnen ...?“

„Klar, aber ...“

„Oder nehmen Sie an, sie würden nachher wenigstens halb soviel können wie Sie selbst ...“

„Das würde schon reichen.“

„Herr Händler, wie wäre es, wenn Sie Ihre drei besten Leute für den ersten Lehrgang anmelden würden? Dann sehen Sie selbst das Ergebnis.“

„Nee, das reicht auch mit zwei. Wir müssen ja auch verkaufen.“

„Wie Sie wollen. Wen wollen Sie denn schicken?“

„Och, wahrscheinlich Frau Mohl und den Hartmann ... aber muß ich das jetzt entscheiden?“

„Nein, das ist nicht nötig. Ich belege für Sie zwei Plätze, und Sie geben mir nächste Woche durch, ob es bei den beiden Genannten bleibt oder ob Sie andere schicken wollen. Einverstanden?"

„Na schön, einverstanden."

Während Merz also schon gleich zu Anfang steckenblieb, gelang Trenker die Aufgabe – zum Teil auf Grund seiner allgemeinen Geschicklichkeit und zum Teil durch Befolgen des DIBABA-Aufbaus.

Versuchen Sie nun selbst herauszufinden, wo die sechs Stufen des DIBABA-Aufbaus in Trenkers Gespräch anfangen und aufhören. Aber tun Sie es bitte, bevor Sie den nächsten Absatz lesen (wenn Sie vermeiden können, weiterzulesen). –

Geschafft? Jede neue Stufe der DIBABA-Formel wird durch die Anrede „Herr Händler" eingeleitet. Jetzt können Sie sich also selbst kontrollieren.

Das zweite Beispiel wird in stark zusammengedrängter Form, mit Kommentaren, wiedergegeben:

Herr Hack verkauft Versicherungen. Er hat zwei mögliche Interessenten, zwei Kaufleute, denen es recht gut geht, und die beide vor einiger Zeit einen Sohn bekamen. Bei Herrn Seelmann fängt er folgendermaßen an:

„Herr Seelmann. Haben Sie mal etwas über steuerfreies Versicherungssparen gehört, womit Sie die Zukunft Ihres Kindes sicherstellen können?"

„Ja, schon, aber genau habe ich mich damit noch nicht beschäftigt."

„Darf ich es Ihnen erklären. Sie legen einen gewissen Betrag jedes Jahr zurück, und ..."

„Aber ich habe kein Geld zum Zurücklegen."

„Augenblick, das möchte ich Ihnen gerade erklären. Also, dieses Geld ..."

„Es tut mir leid, Herr Hack. Versicherung ist eine wichtige Frage. Dazu braucht man Zeit. Und die habe ich im Augenblick nicht. Würden Sie später einmal wieder darauf zurückkommen. Oder lassen Sie mir Ihre Karte hier."

Das einzige, was Hack erreichte, ist eine kleine Chance eines weiteren Gespräches in der Zuhunft. Aber er ist mit dem Ergebnis nicht zufrieden, mit Recht. Mit sich selbst auch nicht. Er fühlt, daß seine Darstellung psychologisch nicht durchdacht war. Und deshalb versucht er bei Herrn Best einen anderen Plan, den DIBABA-Aufbau. Der macht sich wesentlich besser:

„Da Sie einen Sohn bekommen haben und sich Ihre Familie um die Hälfte vergrößert hat, ist das wirtschaftliche Schutzbedürfnis auch entsprechend gestiegen, nicht wahr?"

„Ja, vielleicht."

„Als Familienvater müssen Sie sich deshalb für den Fall absichern, daß Sie nicht mehr für Ihren Sohn sorgen können, bevor er eine richtige Ausbildung erhalten hat und imstande ist, sich selbst zu versorgen. Also, wenn Sie z. B. ableben sollten, angenommen innerhalb von 30 Jahren ..." (diese Zahl ist gewählt, um den Kunden nicht zu beunruhigen und um den Zeitraum für den Versicherungsbedarf klar hervorzuheben).

Darauf folgt eine vorsichtige Schätzung der Art und Größe des Versicherungsbedarfes.

Definition

Dies ist 1. die *Definitionsstufe,* doch nur deren erster Teil. Es wird nicht über die Ware gesprochen, sondern nur über den *Bedarf* des Kunden. Diese Untersuchung über das eigene Problem des Kunden ist, wie bereits früher hervorgehoben, für den Kunden fesselnd und neutralisiert einen möglichen Kaufwiderstand. Sie reicht jedoch nicht aus. Auch über die *Wünsche* des Kunden muß man Klarheit gewinnen.

„Was auch immer geschieht, wünschen Sie, dem Jungen eine so gute Erziehung angedeihen zu lassen wie nur möglich?"

„Ja, natürlich."

„Dann wäre also die Gewißheit ein beruhigendes Gefühl, daß unter allen Umständen die nötigen Mittel vorhanden sind, um den Lebensweg des Jungen zu sichern und zugleich seiner Mutter wirtschaftliche Schwierigkeiten zu ersparen, nicht wahr?"

„Sicher, man tut, was man kann. Eine andere Frage ist, ob man immer das tun *kann,* was man *möchte.* Das ist eine Frage der praktischen Möglichkeiten und der Mittel."

Damit leitet der Kunde selbst vom zweiten Teil der Definitionsstufe über zur

Identifizierung

2. *Identifizierungsstufe.* Das erste Element (Definition des Bedarfs und der Wünsche des Kunden) in Problem 1 zu überspringen, wie das der Verkäufer für Registratursysteme getan hat, gefährdet die erfolgreiche Durchführung des Verkaufsvorganges. Erst jetzt – bei der zweiten Stufe – spricht der Verkäufer über die Ware. Er schließt die erste Stufe mit einer klaren Zusammenfassung über den Bedarf und die Wünsche des Kunden ab, dann erst enthüllt er den Charakter seines Angebots, den er Punkt für Punkt mit Bedarf und Wünschen des Kunden identifiziert. Er weist darauf hin, daß des Kunden Bedarf und Wunsch sich mit dem Angebot in gewissem Sinne völlig decken:

„Herr Best, Sie müßten zunächst also Ihre eigene Lebensversicherung etwas erhöhen, damit Ihre Gattin über einen etwas größeren Betrag verfügt, so daß sie sich selbst *und zugleich den Jungen* versorgen kann, ohne beengt zu sein. Im Falle Ihres Ablebens innerhalb der nächsten 10–30 Jahre reicht dieser Betrag aber nicht aus, um die Erziehung und Ausbildung Ihres Jungen zu bestreiten. Eine Art Monatsrente wäre nötig, um diese Ausgaben zu decken. Wenn Sie dazu schließlich noch ein gewisses Sparkapital für den Jungen gesichert zu wissen wünschen, das ihm mit 21 Jahren ausgezahlt wird, hätten Sie wohl alles getan, was ein Familienvater überhaupt nur für seine Kinder und für seine Frau tun kann, nicht wahr?"

„Ja, wie gesagt, wenn es geht."

„Nun, darf ich Ihnen dann zeigen, wie es gehen könnte?"

Und damit legt er sein Angebot vor. Soweit ist alles gut. Allzuoft jedoch passiert es, daß der Verkäufer – wie im zweiten Problem – die nächsten Angebotsstufen entweder überspringt oder nur flüchtig streift:

Beweis und Annahme

3. *Die Beweisstufe* und

4. *die Annahmestufe.*

   Über die Notwendigkeit der Beweisführung ist früher schon gesprochen worden. Aber deren Notwendigkeit wird bei diesem Verkaufsaufbau leicht unterschätzt, weil man der Identifizierung zu stark vertraut, obwohl der Kunde sie meist nicht anerkennt, bevor ihr eine konkrete Beweisführung folgt, und zwar Punkt für Punkt. Dazu muß der Verkäufer, bevor er seine Ausführungen fortsetzt, die Zustimmung des Kunden für die Richtigkeit der Beweisführung erwirkt haben. Diese Zustimmung – darauf kann nicht oft genug hingewiesen werden – darf der Verkäufer nicht selbst an Stelle des Kunden geben, sondern sie muß vom Kunden kommen.

Kaufbegehren

5. Erst dann beginnt die *Begehrenstufe* (Kauflust, Drang zum Kauf). Die Anerkennung der Identifizierung durch den Kunden allein reicht zum Erfolg nicht aus, vielmehr muß sich der Kunde bewußt sein, daß er das Angebot zu erhalten oder zu verwirklichen *wünscht* (hierfür gibt das vorangegangene Kapitel 4 ausführliche Auskunft).

Der Abschluß

6. Schließlich kommt *die Abschlußstufe* gemäß früheren Anweisungen hinzu. Die beiden letzten Stadien sind also die gleichen wie beim AIDA-Aufbau.

Einzelhandelsverkauf

Der Einzelhändler empfängt Kunden, die in der Regel aus eigener Initiative und mit mehr oder weniger bestimmten Kaufabsichten – außer bei sogenanntem Mehrverkauf (auch Plus- oder Zusatzverkauf genannt) oder bei „Seh"-Kunden, die der Verkäufer für einen Kauf gewinnen will – in das Geschäft kommen. Der AIDA-Aufbau fällt demgemäß hier fort.

Bei den meisten Verkaufskontakten im Einzelhandel (außer den erwähnten Ausnahmen), aber auch im Großhandels-, Fabrikanten- und Vermittlungsverkauf, empfiehlt sich ein vereinfachter DIBABA-Aufbau, sofern die Initiative zum

Verkaufskontakt vom Kunden ausgeht, wie z. B. bei telefonischen Anfragen.

Bedarf und Wünsche des Kunden werden zunächst definiert, und zwar sehr gründlich. Leider wird gegen diesen Erfahrungssatz täglich dadurch gesündigt, daß die ganze Vorführung der Waren aufs Geratewohl geschieht, was beim Kunden Gefühle der Unlust hervorruft; denn er merkt, daß ihm der Verkäufer nicht zuhört und sich nicht darum bemüht, seine Wünsche und Bedürfnisse zu erfahren und zu verstehen. Zum dritten Beispiel: Je klarer Wünsche und Bedürfnisse des Kunden definiert werden, desto einfacher wird die Vorführung, und um so mehr fühlt der Kunde, daß der Verkäufer ihn versteht und nicht beabsichtigt, ihm Geschmack oder Ansichten aufzuzwingen. Selbstverständlich gilt dieser Hinweis nicht, wenn ausnahmsweise keine Vorführung der Ware notwendig ist, um sich über Wünsche und Bedarf klar zu werden.

Nach der *Identifizierung* des Bedarfs des Kunden mit dem Warenangebot des Verkäufers folgt die *Beweisstufe,* die in diesem Fall in einer Vorführung bzw. in einem Zeigen der Ware gegeben ist, die *Annahmestufe*, die *Begehrenstufe* (die sich zu einem gewissen Grad von selbst ergibt, weil der Kunde doch schon kauflustig genug war, um Kontakt mit dem Verkäufer aufzunehmen) und die *Abschlußstufe*, die in üblicher Weise erfolgt.

Eine einfache Variante der DIBABA-Formel für den Normalfall im Einzelhandelsverkauf (Kunde mit bestimmter Kaufabsicht) ist der IDABA-Aufbau: *Identifizierung* der Kundenwünsche, *Demonstration* geeigneter Lösungen, *Ausschaltung* nicht ansprechender Lösungen, *Beweis* der richtigen Wahl, *Annahme* des Kaufvorschlages.

Wo beginnt man?

Der DIBABA-Aufbau bringt den Verkäufer zwangsläufig dazu, an der rechten Stelle, nämlich beim Bedarf des Kunden, zu beginnen und eine gründliche Untersuchung vorzunehmen (Stufe eins und zwei). Diese Untersuchung schließt die Notwendigkeit einer Beweisführung ein (Stufe drei) und vermindert damit das Risiko des „Hochdruckverkaufes", zumal die Frageargumentation mit ihren vielfältigen Möglichkeiten vorausgesetzt wird.

Und jetzt können Sie sicher die vier einleitenden Fragen beantworten und die fünf Verkaufsprobleme am Anfang des Kapitels lösen?!

Verkaufen erfordert oft eine sorgfältige Definition von Bedarf und Wünschen des Kunden, darauf folgt die Identifizierung mit dem Angebot; sie wiederum setzt sich in der Beweisführung und deren Bestätigung fort, bevor der Verkäufer ein so starkes Kaufbegehren auslöst, daß er den Abschluß erzielen kann.

KAPITEL XVIII

Die Wahl der Verkaufsargumentation – oder „Nebensächlichkeiten", die einen Verkäufer brotlos machen können

KÖNNEN SIE DIESE VIER FRAGEN BEANTWORTEN?

❶ Was versteht man unter Konkurrenz-Verkaufstechnik?

❷ Wissen Sie, wie Sie Argument für Argument untersuchen und dessen Zweckmäßigkeit für Ihr Verkaufsgespräch bewerten können?

❸ Kennen Sie das Verhältnis zwischen a) möglichen, b) verwendeten und c) zweckmäßigen Argumenten?

❹ Wissen Sie, wie ein Argumentationsplan aussieht?

KÖNNEN SIE DIESE FÜNF PROBLEME LÖSEN?

① *Ein Lebensmittelfabrikant sandte einmal zwanzig Leute aus. Jedem gab er 50,– DM, die er zum Einkauf in verschiedenen Lebensmittelgeschäften verwenden sollte. Eine einzige Bedingung war daran geknüpft: Jeder sollte nur das kaufen, was die Verkäufer ihm direkt anboten. Hier hatte also jedes der besuchten Geschäfte große Möglichkeiten für zusätzlichen Verkauf, aber die zwanzig Leute kamen keineswegs abgebrannt zurück; denn im Durchschnitt brauchten sie nur 4,– DM (einschließlich des Preises ihres ursprünglichen Einkaufs) auszugeben. Ernsthafte Versuche zum Mehrverkauf wurden also nicht gemacht, sondern nur die üblichen lässigen Phrasen und ungeschicktes Gerede vorgebracht. Welche Standardfrage wurde wohl an die zwanzig „Kunden" gerichtet? Und wie würden Sie diese ver-*

bessern? Hinzugefügt sei noch, daß diese Probe der Anlaß zu einer Werbung für intensiveren Mehrverkauf im Einzelhandel für Produkte dieser Firma wurde. Gilt dies auch für Sie?

② *Überall in der Welt haben Tankstelleninhaber festgestellt, daß sie durch eine Änderung des Satzes „Wieviel soll es sein?" ihren Verkauf bedeutend erhöhen konnten. Das gleiche gilt für Stoffe, Lebensmittel, Restaurants, Rasierklingen, Versicherungen und viele andere Warengattungen. Wissen Sie, was man fragen sollte?*

③ *Herr Haff verkauft Baumaterial. Er ist ein überdurchschnittlich intelligenter Mann mit vielen geistigen Interessen. In seinem Auftreten ist er gepflegt, sachkundig, geschickt und reagiert schnell. Er hat Erfolg in seiner Verkaufstätigkeit – bei großen Bauunternehmen. An einfachere Baumeister zu verkaufen, fällt ihm dagegen schwer, obwohl er keineswegs anmaßend ist. Die Ursache?*

④ *Einige Verkäufer von Farben und Lacken gerieten über die Frage in einen heftigen Meinungsaustausch, in welchem Maße es wünschenswert sei, sich gute Kenntnisse über den Kunden zu verschaffen, bevor man ihn aufsucht. Einer der Verkäufer behauptete, daß er sich in einigen Fällen mehrere Stunden mit einer solchen Untersuchung beschäftigt hatte, so daß er dem Kunden beinahe ebensoviel über dessen Bedürfnisse, persönlichen Geschmack und Liebhabereien erzählen konnte, wie dieser selbst von sich wußte. Der Kunde hatte das aber ganz und gar nicht geschätzt. Der Verkäufer hat dieses Vorgehen seitdem aufgegeben. Hat er einen Fehler gemacht?*

⑤ *Ein Verkäufer wurde vom Verkaufsleiter auf die Angewohnheit aufmerksam gemacht, bei Nennung des Preises dem Kunden gegenüber jedesmal eine Pause zu machen. Der Verkaufsleiter fand das falsch, während der Verkäufer der Meinung war, eine derartige Nebensächlichkeit könne den Verkaufserfolg nicht beeinflussen. Und was meinen Sie?*

„Haben Sie einmal systematisch Ihre Verkaufsargumentation kontrolliert? Wissen Sie, welche Argumente Sie benutzen und wie Sie diese anbringen? Unsere Ware hat ein Dutzend verschiedene Verkaufsargumente. Benutzen Sie alle? In einem einzigen Satz oder jedes für sich? Vergleichen Sie unser Angebot mit denen anderer? Glauben Ihre Kunden Ihren Argumenten? Wie kontrollieren Sie das? Wann haben Sie sich zuletzt am Tonband kontrolliert? Sprechen Sie in einem Zuge länger als zwei Minuten?"

Wissen Sie, was Sie sagen?

Mit diesen Fragen bombardierte ein neuer Verkaufsleiter seine Verkäufer. Die Antworten, die er bekam, bestätigten allgemeine Beobachtungen über die Arbeitsmethoden der Verkäufer. Es gibt nur wenige, die genau wissen, *was* sie sagen, *wie* sie ihre Argumente vortragen und *welche* „ziehen" bzw. welche „Blindgänger" sind. Man argumentiert „aus dem Gefühl heraus". Eine eingehende Selbstbeobachtung ist die Voraussetzung für jede Verbesserung eines Vorgehens.

Kleinigkeiten, die manchmal entscheiden

Bei der Argumentation sollte man stets bedenken,

daß eine einzige kleine Änderung in einem wichtigen Satz über den Ausgang des Gespräches entscheiden kann;

daß z. B. „Ich finde" abgeändert in „Finden Sie nicht?" jedes Argument verbessert;

daß „Jetzt können Sie sich davon überzeugen ..." besser ist als „Jetzt werde ich Ihnen beweisen";

daß „Sicher ist Ihnen bekannt, daß ..." mehr Kunden gewinnt als: „Sie haben wahrscheinlich noch nicht daran gedacht, daß ...";

daß „Sie sollten sich davon etwas auf Lager legen" bei einem Händler erfahrungsbedingte Unlustgefühle erweckt, während „die Verdienstchance sollten Sie ausnutzen", Wünsche anspricht und deshalb lustbetont wirkt;

daß zu viele Worte und Argumente den Verkauf „ertränken" können;

daß ein oder zwei richtig angebrachte Hauptvorteile im Gespräch größeren Eindruck machen als ein halbes Dutzend Durchschnittsargumente;

daß diese einzeln besser zu ihrem Recht kommen als in einem Satz zusammengedrängt;

daß aktive Verben zweckmäßiger sind als passive oder Substantivierungen;

daß starke Eindringlichkeit bumerangartig zurückschlägt;

daß Verkauf in der Regel nicht bedeutet, eigene Erzeugnisse mit denen anderer zu vergleichen;

daß nur ein vom Kunden bestätigtes Argument einen erfolgreichen Beitrag liefert;

daß Kunden viel weniger wirklich zuhören, als sie den Anschein haben;

daß sie viel weniger glauben, als sie zugeben;

daß richtig angesetzte Pausen mehr Wirkung haben können als zuviel Worte und

daß die Argumentation weder Deklamation noch Heldenmonolog sein darf.

Schnell besser argumentieren lernen

Haben Sie mitgezählt? Dieser Abschnitt enthält 16 Ratschläge und Verkaufsregeln. Denken Sie mal über jede 1¹/₂ Minuten nach, und ziehen Sie die Folgerung für Ihre Verkaufsgespräche. Schneller können Sie gar nicht zu besseren Verkaufsergebnissen kommen!

Ein Verkäufer, dem das Gefühl für diese 16 Tips und die darin enthaltenen Sprachfeinheiten fehlt, dürfte es schwer haben, seinen Lebensunterhalt zu verdienen.

Ein Importeur erhielt von seinem Lieferanten ein klares Nein, als er einen „Preisnachlaß“ für einen Auftrag verlangte; dagegen hatte er Erfolg, als er von einem „Bonus auf den Jahresumsatz“ sprach!

Tankstellen haben das übliche „Wieviel“? geändert in „Volltanken?“, oder sie füllen nur auf, bis der Kunde „Halt“ sagt, und haben damit ihren Verkauf wesentlich erhöhen können.

Formulierungen, die verkaufen

Ausdrücke, wie „Große oder kleine Schachtel? Die große ist billiger“ (Drogerie); „Jetzt bestellen, lesen – nächstes Jahr bezahlen“ (Zeitschriften); „Nehmen wir die Flasche mit dem neuen Sparverschluß?“ (Getränke); „Im Dutzend billiger“ (Porzellan); „Machen Sie die Druckprobe!“ (Unterwäsche); „Haushaltpackung“ (Waschmittel), „Kommen Sie damit wenigstens 6 Monate aus?“ (Lochkarten), „Können Sie doch wohl verkraften?“ (Mengenverkauf an Händler) usw. haben den Verkaufserfolg erwiesenermaßen bei den verschiedensten Artikeln erhöht.

Bei einer Untersuchung von über 146 Argumenten für den Verkauf einer Rasiercreme, die ohne Einseifen auf die Haut gestrichen wird, kam ein amerikanisches Warenhaus auf die Schlagzeile: „Wollen Sie sechs Minuten beim Rasieren sparen?“ Diese Formulierung steigerte den Verkauf um 102 %. „Entwickeln und Vergrößern noch einfacher gemacht als Fotografieren“ erwies sich für ein Fotoversandhaus als das beste Verkaufsargument für Entwickler- und Vergrößerungsapparate.

„Für Menschen, die sich nur einmal am Tage die Zähne putzen können,“ hat einem Zahnpastenhersteller einen Markt erobern geholfen.

„Stellen Sie sich vor, Sie würden morgen sterben!“ umgewandelt in: „Stellen Sie sich vor, Sie seien gestern gestorben“, erwies sich als eine weit erfolgreichere Einleitung eines Verkaufsgespräches über Lebensversicherungen. Überlegen Sie einmal weshalb?

Oberkellner konnten ihren Getränkeumsatz durch die Frage „Cocktail oder Aperitif vor dem Essen?“ und „Rot- oder Weißwein zum Hauptgericht?“ (Alternativtechnik) an Stelle der üblichen Redensart „Möchten Sie etwas trinken?“ erhöhen.

Mitdenken – und auf Ihre Praxis übersetzen!

In Speisewagen hat man festgestellt, daß die Frage „Kaffee oder Nachtisch?“ es Gästen erschwert, beide Vorschläge abzulehnen – jedenfalls viel mehr als die Einzelfragen: „Möchten Sie Nachtisch?“ plus „Wünschen Sie Kaffee?“

Häufig erhöht die Alternativfrage den Umsatz: „Möchten Sie ein normal gekochtes Ei oder ein Ei im Glas zum Frühstück?“ Rasierklingenvertreter haben entdeckt, daß es unklug ist, zu fragen: „Wieviel nehmen wir?“, während auf die Frage „Wollen Sie zwei oder drei Kartons nehmen?" in vielen Fällen wenigstens eine Packung verkauft wurde, wenn nicht mehr.

Versicherungsvertreter haben herausgefunden, daß es leichter ist, eine vollständige, kombinierte Heimversicherung zu verkaufen als Brand-, Einbruch-, Diebstahl-, Wasserschäden- usw. Versicherungen für sich. Komplette Ausrüstungen verkaufen sich meistens leichter als Einzelgeräte (Sport-, Freizeitgeräte).

„Würden Sie für *Ihre* Kinder das billigste oder sicherste Präparat nehmen? Auch Ihre Kunden sind Eltern!" half einem Arzneimittelverkäufer ein neues, teures Kinderpräparat mit Erfolg an Apotheker zu verkaufen.

Dies waren weitere 16 Beispiele aus der Verkaufspraxis, über die Sie nachdenken sollten. Sie können davon mehrere übernehmen.

Die schlechteste Verkaufsfrage

Unternehmen verschiedener Branchen, in denen ein Mehrverkauf bei ein und demselben Kundenkontakt möglich ist, stellen laufend fest, daß die Redensart „Sonst noch etwas?" zwecklos ist. Sie wird automatisch mit Nein beantwortet. Es sind konkrete Vorschläge notwendig, um den Kunden zum Mehrkauf zu bewegen. Dazu bedarf es keinerlei komplizierter Methoden. Schon ein Blick auf den Kunden mit fragendem und erwartendem Ausdruck ist eine stumme, aber wirksame Aufforderung zu überlegen, was er sonst noch kaufen könnte. Auch nur stillschweigend eine neue Ware vorzulegen, kann zu erhöhten Umsätzen führen.

Nein kann zum Ja werden

In gewissen Fällen kann man die spontane „Nein"-Antwort vieler Kunden berücksichtigen und die Verkaufsfragen so formulieren, daß auch ein Nein zu einer positiven Antwort führt. Beispiel: „Ist Ihr Dekorationsmaterial gegen Sonnenstrahlen geschützt?" „Arbeitet die Kühleinrichtung Ihres Ladentisches vollautomatisch?" „Wird die Reifenausrüstung alle drei Monate kontrolliert?" „Haben Sie unbegrenzten Lagerraum?" Eine verneinende Antwort wird hier zum Eingeständnis eines Mangels, dem abgeholfen werden müßte.

Untersuchungen haben ergeben, daß „Kleinigkeiten" wie *Pausen, Betonung, Tonfall* und das *Tempo der Darstellung* wichtig für das Gelingen eines Verkaufs sind.

Bedeutung von Pausen, Betonung, Tonfall und Tempo

Pausen verstärken entweder den letzten oder den nachfolgenden Satz. Man wendet sie an, um wichtige Gesprächspunkte besonders hervorzuheben. Das war jedoch kaum beim Nennen des Preises beabsichtigt (Problem 5). Die Betonung erhält gesteigerte Bedeutung, wenn man sie anstelle von Superlativen verwendet. Stimme und Tonfall überzeugen stärker.

Das *gleiche* Argument aus verschiedenem Munde gibt es in der Verkaufsdarstellung einfach nicht. Jedes Argument klingt bei verschiedenen Menschen eben verschieden. Auch beim Verkauf der gleichen Ware zu gleichen Bedingungen wird das Angebot in der Darstellung verschiedener Verkäufer völlig anders ausfallen. Wie verschieden klingt sogar das gleiche Argument – Wort für Wort – von den Lippen zweier Verkäufer derselben Firma. Wenn Sie Ihre eigene Überzeugung durch Wort und Inhalt, Haltung und Auftreten ausstrahlen, werden Sie auch Kunden entsprechend beeindrucken.

Wie klingt Ihre Stimme?

Kontrollieren Sie Ihre eigene Stimme mit einem Tonbandgerät! Vielleicht werden Sie erschrecken: Sie werden feststellen, daß Ihre Stimme schlapper, dünner und undeutlicher klingt, als Sie annahmen. Trainieren Sie Ihre Stimme planmäßig. Hören Sie genau zu, was Sie sagen, wie Sie es sagen, im Verhältnis zu dem, was und wie Sie etwas sagen wollten. Eine „angenehme" Stimme kann gut, aber auch „zu gut" sein, weil sie oft einschläfernd wirkt. Die Stimme muß in unregelmäßigen Abständen variiert werden, damit sie nicht monoton wirkt. Unterricht in Stimm- und Redetechnik kann sich bezahlt machen. Betonen Sie jedes Ihrer Argumente! Werden Sie ihrer nicht müde, nur weil Sie diese schon so oft vorgebracht haben! Der Kunde hört sie von Ihnen vielleicht zum ersten Mal. Für ihn handelt es sich um eine „Premiere". Diese Erwartung sollten Sie erfüllen. Wirksame Argumente haben übrigens eine viel größere Lebensdauer, als Sie glauben.

Beobachten Sie die Reaktionen des Kunden

Das Tempo der Darstellung muß der Auffassungsgabe Ihres Gesprächspartners und der Bedeutung Ihrer Argumente angepaßt sein. Achten Sie darauf, bei wichtigen Argumenten oder schwerverständlichen Darlegungen langsam vorzugehen. Rasseln Sie Ihre besten Argumente nicht im Eiltempo herunter. Beobachten Sie die Reaktionen des Kunden. Wenn er ungeduldig wird, liegt es vielleicht daran, daß Sie sich zu umständlich ausdrücken, zuviel Worte verschwenden oder sich bemühen, etwas zu erklären, was keiner Erklärung bedarf. Wenn andererseits die Aufmerksamkeit und Konzentration Ihres Gesprächspartners nachläßt oder dieser unnatürlich viele Einwände macht, so ist dies vielfach darauf zurückzuführen, daß Sie sich in der Darstellung übereilen. Der Kunde hat „den Anschluß verloren". Herr Haff in Problem 3 steht in seiner Unfähigkeit, Tempo und Niveau der Darstellung den Kenntnissen und dem Auffassungsvermögen seiner Kunden anzupassen, keineswegs allein da.

Ist ein guter Redner auch ein guter Verkäufer?

Gewiß ist die Gabe der Rede dem Verkäufer von großem Nutzen. Sie gibt ihm die Möglichkeit, schnell, überzeugend, unbehindert und mit möglichst geringem Wortaufwand seine Gedanken auszudrücken. Das ist auch der Sinn jeder sinnvollen Redetechnik. Sie gibt Ihnen außerdem Sicherheit nicht nur im Gespräch, sondern auch im Auftreten. Durch systematisches Training kann jeder seine Ausdruckstechnik verbessern. Rhetoriktraining moderner Art ist für jeden Verkäufer von Nutzen. Schlechte Verkäufer reden eher zuviel als zuwenig und können oder wollen nicht zuhören. Sie sind schlechte Redner. Der Begriff „Verkaufsgerede" ist und bleibt ein Schimpfwort. Der Kunde soll reden, nicht der Verkäufer! Den Gesprächspartner zum Reden zu bringen, ist nicht schwer. Wenn Sie nur standhaft schweigen, so muß er ganz einfach die Stille unterbrechen.

Es ist wahrscheinlich, daß auch Sie bei Ihren Kundenkontakten zuviel und zu lange in einem Zuge reden. Es ist anzunehmen, daß Sie sich dessen nicht bewußt sind. Zahlreiche Experimente haben erwiesen, daß wir im allgemeinen die Zeit, die während unseres Redens vergeht, stark unterschätzen. Einige Verkaufsleiter halten ihre Verkäufer an, nicht länger als eine halbe Minute zu reden, ohne den Kunden am Gespräch zu beteiligen. Diese Zeit ist mehr als reichlich bemessen. Ein kleiner, praktischer Ratschlag: Legen Sie bei einem Verkaufsgespräch gern mal die Uhr (mit einer entsprechenden Erklärung) auf den Tisch – das hilft Ihnen, nicht weitschweifig zu werden, und erweckt die Sympathie des Kunden. –

Leerlauf-ausdrücke

Vermeiden Sie inhaltslose Redensarten wie „Was ich noch sagen wollte", „Wie gesagt", „Nebenbei bemerkt", „Oder mit anderen Worten", „Wahrhaftig", „Tatsächlich", „Sozusagen", „Das steht fest", „Auf jeden Fall", „Mehr oder weniger", „Nicht wahr", „Verlassen Sie sich darauf". Wir verwenden alle derartige Eselsbrücken – meistens unbewußt. Bitten Sie Kollegen, Sie auf derartige Ausdrücke aufmerksam zu machen!

Gefährliche „Ich"-Argumentation

Der Verkäufer sollte in seiner Darstellung alle „Ichbezogenheit" vermeiden. Ausdrücke wie „Ich finde", „Meiner Meinung nach", „Wenn es um mich selbst ginge", „Aus meiner Sicht ...", „Ich möchte Ihnen dazu folgendes sagen", „Ich würde es anders machen", „Mein Rat wäre", „Denken Sie an meine Worte" usw. sind Gift für das Kontaktklima. Jedes „Ich", das durch ein „Sie" ersetzt werden kann, sollte dem „Sie" Platz machen. Möglichst in jedem Satz.

Passen Sie auf die Wahl Ihrer Argumente auf! Gewisse Ausdrücke sind verkaufsfördernd, andere hemmen den Verkauf – Verkaufs- und Antiverkaufsausdrücke, wie z. B. „Wert" und „Preis", „besitzen" und „kaufen". Die Kontrolliste V auf Seite 326 gibt Ihnen weitere Anhaltspunkte.

Keine Antiverkaufs-ausdrücke

Zusätzlich spuken aber in jedem Unternehmen firmeneigene oder branchenverbundene Ausdrücke herum, die für den Kunden entweder völlig unverständlich oder seltsame Abwandlungen vertrauter Begriffe sind. Nehmen Sie diese besonders unter die Lupe! In zwei bedeutenden Unternehmen wurden jeweils über 40 solcher Antiverkaufsausdrücke festgehalten, die zu dem täglichen Wortschatz der Verkäufer gehörten.

Gegensätze zurückstellen

Ein geschickter Verkäufer hütet sich, bei Beginn des Gespräches Dinge zu berühren, die irgendwelche gegensätzlichen Auffassungen herausstreichen. Die gleichen Gegensätze bekommen später im Gespräch einen viel harmloseren Charakter. Eine konsequent durchgeführte Frageargumentation mit rhetorischen Fragen angefangen, ist die angebrachte Taktik.

Na, und ...?

Ihre Argumente sollten von wesentlicher Bedeutung für den Kunden sein, und sie sollten so vorgebracht werden, daß sie den Kunden fesseln. Untersuchen Sie jeden Satz Ihrer Argumentation. Stellen Sie nach jedem Satz sich selbst die Frage: „Na, und ...?“ oder den Ausruf: „Na, und wenn schon ...!“ Wenn der Satz eine solche Frage oder einen solchen Ausdruck zuläßt, ist er langweilig, unwesentlich oder ichbezogen. Ändern Sie den Satz, bis „na, und ...?“ nicht mehr paßt, bis diese Frage oder dieser Ausdruck nicht mehr zutreffen kann. Hierdurch haben Sie eine wirksame Kontrolle Ihrer Argumente.

8 wichtige Erinnerungsstützen

Zusammenfassung der bisherigen Tips für die Argumentation zur besseren Übersicht und Einprägsamkeit:

1. Kontrollieren Sie Ihre Argumentation – was Sie sagen und wie.
2. 16 Ratschläge unter jeweils „daß“ beachten.
3. Auf sprachlichen Ausdruck achten (16 Beispiele beachten).
4. Besonders wirksame Formulierungen suchen.
5. Richtige Fragen stellen.
6. Stimme und Sprache kontrollieren. Nicht zu viel reden.
7. Reaktionen des Kunden beobachten.
8. Leerlaufausdrücke, „Ich“argumente, Antiverkaufsausdrücke vermeiden.

Kontrollieren Sie ständig, ob der Kunde Ihre Argumente anerkennt. Fragen Sie am besten geradeheraus: „Habe ich mich in diesem Punkt klar ausdrücken können?“ Geben Sie dem Kunden jede Möglichkeit, selbst zu Worte zu kommen und seine Einstellung zu erkären! Nur wenn er ein wichtiges Verkaufsargument unterbricht und stört, bitten Sie darum, auf diesen Punkt später zurückkommen zu dürfen.

Argumentuntersuchung

Sie wissen, daß die Aufnahmefähigkeit und -bereitschaft Ihres Gesprächspartners begrenzt ist. Es gilt also, möglichst schnell, treffend und wirksam die besten Argumente anzubringen. ‚Die besten Argumente‘ bedeutet pro Kundenbesuch höchstens drei bis vier, nicht eine Vielzahl. Diese ausfindig zu machen, ist Aufgabe der folgenden Argumentanalyse. Sie besteht in einer Untersuchung Ihrer a) *möglichen,* b) *verwendeten* und c) *zweckmäßigen* Argumente und zeigt Ihnen, wie Sie systematisch eine erfolgversprechende Argumentation aufbauen können. Die einzelnen Punkte entsprechen genau den Überlegungen des Verkäufers vor, während und nach einer Verhandlung.

Argumentsammlung

1. Schreiben Sie alle für Ihr Angebot *möglichen* Argumente nieder. Das ist Punkt a.

2. Streichen Sie diejenigen an, die Sie zu *verwenden* pflegen (b).

Verkaufsbewertung

3. Wenn Sie das getan haben, so nehmen Sie eine *Verkaufsbewertung* vor (c). Sie beurteilen also die Vorteile Ihres Angebots. Geben Sie allen Argumenten Noten, beispielsweise zwischen 0 und 10.

Notenwert

Die Note 10 verdient ein Argument, das den Kunden direkt zum Kauf veranlaßt, 9 = entscheidendes Argument, 8 = wirkungsvolles, 7 = noch bedeutungsvoll, 6 = gerade noch erwähnenswert. 5–0, von ziemlich unwichtig bis sinnlos. Sie entdecken dann sicherlich, daß nur sehr wenige Argumente eine hohe Note und die meisten nur 3 bis 6 verdienen. Diese sind, von Sonderfällen abgesehen, zu schwach, um angewendet zu werden. Jetzt bemerken Sie auch, daß bei Ihren Argumenten laut 2 mehrere nur eine Note unter 7 verdienen und ausrangiert werden sollten.

Kaufbewertung

4. Nehmen Sie danach ein *Kaufbewertung* vor. Bisher beurteilten Sie *Verkaufs*argumente. Prüfen Sie jetzt die Vorteile Ihres Angebots aus Käufersicht. Schreiben Sie alle *Kauf*argumente auf und benoten Sie sie von 0–10. Bei einem verkäuflichen Angebot müssen die Kaufargumente ja in den wichtigsten Punkten weitgehend mit den Verkaufsargumenten übereinstimmen.

2 Beispiele: Es könnte sein, daß Sie eine Maschine anbieten, die sehr wenig Platz einnimmt, und diese Tatsache als Verkaufsargument mit 9 bewerten, während aus Kundensicht dieser Vorteil vielleicht viel geringere Bedeutung hat und deshalb nur eine niedrigere Note verdient (beispielsweise 5). Oder umgekehrt, die Maschine macht viel Geräusch, weshalb das Verkaufsargument „ruhiger Gang" nur einer 4 entspricht. Der Kunde legt dagegen viel mehr Wert auf den ruhigen Gang der Maschine, etwa der Note 8 entsprechend. Das Argument ist dann natürlich negativ, also ein Nachteil.

Beim Preis wird der Anspruch des Käufers ja meistens über dem Verkaufsangebot liegen, d. h. den Wünschen des Kunden können Sie als Verkäufer nicht entsprechen. Z. B. Preisargument in der Verkaufswertung 7, Kundenanspruch in der Kaufwertung 9. Der Preis ist eben hier – und auch sonst meistens, wie in Kapitel 7 schon betont – ein negatives Argument.

So wird die Kaufbewertung eine Kontrollbeurteilung.

Ein Zahlenunterschied nach der positiven Seite ergibt sich, wenn Ihr Angebot die Erwartungen des Kunden auf eine ihm willkommene Weise übertrifft. In diesem Fall kann die Differenz als „Überwert" bezeichnet werden und ist dann natürlich ein besonderes Plus, das nicht zuletzt als „Kompensationsfaktor" (siehe Punkt 6) wichtig ist – d. h. es kann anderweitige Nachteile ausgleichen.

Argumentverbindungen

5. Das Ergebnis aus den Punkten 3 und 4, das den Unterschied zwischen Verkaufs- und Kaufargumenten aufzeigt, gibt Ihnen die Möglichkeit, den Aufbau Ihres Verkaufsgespräches nach *Kauf*argumenten auszurichten, die natürlich wirkungsvoller als Verkaufsargumente sind. Der Kunde ist ja nicht an den allgemein im Angebot enthaltenen Eigenschaften inter-

essiert, sondern nur an denjenigen, die *gerade ihm* nützen. Daher sind die geeignetsten Argumente jene, die sowohl als Verkaufs- wie als Kaufargumente eine hohe Note erreichen. Während es im genannten Beispiel gefährlich wäre, von sich aus den ruhigen Gang der Maschine zu betonen, weil die Ansprüche des Kunden bedeutend höher sind als die Leistung des Lieferanten, so ist das Argument der Platzersparnis der Maschine wohl verwendbar, aber (als unwichtiges Kaufargument) nicht sehr wirkungsvoll. Wenn es Ihnen passiert, daß „sichere" Argumente fehlschlagen oder starke Einwände des Kunden hervorrufen, beruht dies oft auf der sehr viel geringeren Bewertung seitens des Kunden Ihrer an und für sich starken Verkaufsargumente.

Nachteilbewertung

6. Diese Stufe in der Argumentationsuntersuchung ergibt sich ganz natürlich aus den beiden vorhergehenden Abschnitten in Form einer *Bewertung der Nachteile.* Jedes Angebot hat gewisse Nachteile für den Kunden, die auf irgendeine Weise durch entsprechende Vorteile ausgeglichen werden müssen. Wenn Ihr Verkaufsargument die Note 4 verdient und das Kaufargument des Kunden die Ziffer 9, dann kann der Nachteil mit 5 bewertet werden.

Ausgleichsargumente

7. Für diese Nachteile müssen Sie dann entsprechende *Ausgleichsargumente* finden. Diese Berechnungsmethode bedeutet, daß die von Ihnen angeführten ausgleichenden Vorteile zumindest einen entsprechenden Pluswert ergeben müssen. Diese Pluswerte entstehen in jenen Punkten, bei denen Ihr Angebot die Erwartungen des Kunden übertrifft (die erwähnten „Überwerte") oder bei denen Ihr Angebot in entscheidenden Punkten den hohen Forderungen des Kunden entspricht.

Konkurrenzverkauf

8. In bestimmten Fällen gibt es noch eine weitere, achte Stufe: die *Konkurrenz-Verkaufstechnik.* Sie wird nur dann angewendet, wenn eine Kaufbereitschaft als solche besteht und der Kunde entscheidet, nicht *ob* er kaufen soll, sondern *von wem,* wobei er von sich aus Vergleiche zwischen den Angeboten verschiedener Konkurrenten anstellt. In einem solchen Falle ist es nützlich, Ihre Zahlen von Stufe drei mit jenen Ziffern, die sich aus der Leistung des fraglichen Kon-

kurrenten ergeben können, zu vergleichen, Stufe 4 bleibt konstant – die Anforderungen des Kunden bleiben den verschiedenen Angeboten gegenüber unveränderlich. In vielen Punkten halten sich die Vorteile vielleicht ziemlich die Waage, aber in einem oder einigen pflegt es Unterschiede zu geben.

Es ist leicht verständlich, daß ein Verkäufer durch die Betonung eines Argumentes, das auch für das Angebot eines Konkurrenten zutrifft, nicht sein eigenes Angebot ins rechte Licht setzt, sondern indirekt auch für seinen Konkurrenten arbeitet. Je stärker das Argument an und für sich ist, desto größere Hilfe bekommt der Konkurrent. In einem derartigen Falle sollten Sie natürlich *nur die* Argumente *hervorheben*, bei denen Ihre eigenen Zahlen entschieden höher liegen als die des Mitbewerbers. Hierbei werden auch Argumente mit verhältnismäßig niedrigen Noten verwendbar und wertvoll. Im Wettbewerb kann manchmal ein an sich weniger bedeutendes Argument den Verkauf entscheiden – wenn sich nur in diesem Punkt die beiden Angebote voneinander unterscheiden.

Die Fähigkeit des geschickten Verkäufers zeigt sich oft darin, daß er bei zwei im großen und ganzen gleichwertigen Angeboten die oftmals schwer erkennbaren Vorteile seines eigenen Angebots herausfindet, die mit Hilfe einer geschickten Darstellung den Kauf zu seinen Gunsten entscheiden.

Plus und Minus

Damit wird Stufe 9, *Berechnung* der eigenen *Plusargumente,* und Stufe 10, *Berechnung* der eigenen *Minusargumente,* im Vergleich zur Konkurrenz, erfüllt. Das Gesagte hebt die Regel natürlich nicht auf, daß man sich niemals herabsetzend über Konkurrenten äußern soll.

Es ist ratsam, diese Untersuchung dann und wann im Lichte neuer Erfahrungen, praktischer Erfahrungen, bei Veränderungen der Ware oder des Marktes zu wiederholen. Eine konkrete Verwendung bei Kundenbesuchen ist auch eine gute Selbstkontrolle und zwingt Sie, sich selbst über den geeigneten Aufbau Ihrer Argumentation klarzuwerden. Oft genug schöpfen Sie dabei neues Wissen über den

Kunden und dessen Probleme. Hierfür können Sie sich entweder die nötigen Aufschlüsse vor dem Besuch beschaffen oder den ersten Kontakt zur entsprechenden Orientierung verwenden. Eine solche Argument-Analyse gestattet Ihnen auch, die Marktposition Ihres Produktes zu errechnen. Sie sollte mit jedem (oder für jeden) Verkäufer erarbeitet und zusammengestellt werden.

Kenntnis über den Kunden und ihre Verwertung

In diesem Zusammenhang eine kleine Warnung: Es ist natürlich äußerst wichtig, über den Kunden vor dem Besuch soviel wie möglich in Erfahrung zu bringen, über seine Bedürfnisse, Interessen, Probleme, Ansichten, Stellung, Lebensführung usw. Aber es gibt gute Gründe, diese Kenntnisse vorsichtig zu verwenden. Was in Amerika angehen mag, wird in Europa oft als taktlose Zudringlichkeit empfunden (vergleiche Problem 4).

Argumentationsplan

Abschließend ein praktisches Beispiel für einen solchen Argumentationsplan für die praktische Verkaufstätigkeit. Als Beispiel ist eine Industrieware gewählt worden. Die hier vorgeschlagene Untersuchung ist naturgemäß etwas schematisch; die Ergebnisse sollten nicht als eherne Wahrheiten, sondern als Wegweiser und Mittel zur Selbstkontrolle betrachtet werden.

Die Zehn Spalten des Planes entsprechen den besprochenen Stufen der Untersuchung:

Zehn Untersuchungspunkte

1. Mögliche (denkbare) Argumente – d. h. alle Argumente, die überhaupt verwendet werden können.
2. Verwendete Argumente – jene Argumente, die der Verkäufer zu verwenden pflegt.
3. Verkaufsargumente – eine Bewertung des eigenen Angebots mit Noten von 0 bis 10.
4. Kaufargumente – eine Beurteilung der Kaufansprüche des Kunden von 0–10.
5. Geeignete Argumentverbindungen – die stärksten (mit den höchsten Noten versehenen) Verbindungen von Verkaufs- und Kaufargumenten (Kombination der Spalten 3 und 4).

6. Nachteilbewertung – Wertung (mit negativen Ziffern) der Nachteile des eigenen Angebots.
7. Ausgleichsargumente – bewertete Vorteile des eigenen Angebots, die Überpunkte verdienen.
8. Konkurrenzargumente – Beurteilung der Verkaufsargumente eines Konkurrenzangebots, Spalte 3 entsprechend, im Verhältnis zum eigenen Angebot.
9. Eigene Plusargumente – Vergleich zwischen den Zahlen in den Spalten 3 und 8, in denen die eigenen Noten überwiegen.
10. Eigene Minusargumente – derselbe Vergleich (Spalten 3 und 8) für Punkte, wo die eigenen Ziffern niedriger sind als die der Konkurrenz.

Schlußfolgerungen

Welche Schlußfolgerungen für die Verkaufsargumentation erlaubt uns der Plan in diesem Falle zu ziehen? Es gibt 20 mögliche (denkbare) Verkaufsargumente; davon verwendet der Verkäufer normalerweise 9 (Spalten 1 und 2). Der zusammengefaßte Wert der Verkaufsargumente ist 107 Punkte und der der Kaufargumente (die Wünsche des Kunden wiedergebend) 105 (Spalten 3 und 4). Das Angebot entspricht also im ganzen gesehen recht gut den Wünschen des Kunden und müßte zu einem Verkauf führen können. Ein allzu starker negativer Unterschied zwischen den Verkaufs- und Kaufargumenten würde einen Verkauf unmöglich machen oder ihn auf alle Fälle sehr erschweren. Das Angebot des Mitbewerbers (Spalte 8), 97 Punkte, dürfte schwer verkäuflich sein.

Für die untere Grenze der Verwertbarkeit aller Argumente ist 7 gewählt. Diese Grenze kann natürlich in der Praxis nach oben oder unten verschoben werden. Die Anzahl geeigneter Argumente (Spalte 5) ist 5, also nur ein Viertel der denkbaren Argumente (Spalte 1) und um 4 geringer als die 9 (Spalte 2), deren sich der Verkäufer in der Regel bedient. Von den fünf geeigneten Argumenten gehören jedoch nur drei zur üblichen Argumentation des Verkäufers, Argumente 25 und 28 pflegt er nicht zu verwenden. Argument 25 ist erklärlicherweise schwierig zu gebrauchen und auszudrücken.

Argumentationsplan

	1	2	3	4	5	6	7	8	9	10
1. *Qualität:* a) der Ware, b) der Herstellung, c) der Bearbeitung, d) der zu fertigenden Produkte (bei denen die Ware den Hauptbestandteil darstellt), e) der gediegenen Konstruktion – Einhalten von festgelegten Maßen, Wünschen und Bestellungen	√	√	8	7	√		+1+2	8		
2. *Zweckmäßigkeit* – für beabsichtigten Einsatz geeignet	√		7	9		—2		8		—1
3. *Gestaltung* der Ware – Form, Farbe, Aussehen, der Mode entsprechend, Repräsentationswert	√		2	2				4		—2
4. *Preis der Ware:* a) Als Ausgabe betrachtet; im Verhältnis zu b) Konkurrenzangeboten, c) Nutzen, d) Kauflust des Kunden, e) Kaufkraft des Kunden, f) anderen Umständen	√	√	5	8		—3		4	+1	
5. a) *Preisnachlaß*, b) *Zahlungsbedingungen* (Kredit, Abzahlung)	√		2	4				2		
6. Evtl. *Austausch* alter Ware (z. B. bei Maschinen)										
7. Prestige, Ruf und Stellung (des Unternehmens, Verkäufers, der Ware)										
8. a) *Aktualität* des Angebots oder der Ware (Saisonware, begrenzte Liefermöglichkeit usw.), b) Spezialangebot										
9. *Nutzen:* a) Leistung, b) praktische Verwendbarkeit (größere bzw. neue Möglichkeiten), c) Einfluß auf z. B. die Leistung der Fabrikation des Kunden	√	√	8	8	√		+2	8		
10. *Wirtschaftlichkeit, Ersparnis:* a) Geld, b) Benutzung, c) Zeit, d) Energieaufwand, e) Unterhaltungskosten, f) Arbeitskraft, g) Kontrolle	√	√	6	5				6		
11. *Gewinnsteigerung* – direkter finanzieller Nutzen beim Einkauf	√		5	3				3	+2	

	1	2	3	4	5	6	7	8	9	10
12. Größere und bessere *Verkaufsmöglichkeiten* für die Waren des *Kunden:* a) stärkere Anziehungskraft (besserer Gegenwert für die Ausgabe, niedrigerer Preis), b) neue Verkaufsargumente, c) Verkauf an neue Kundengattungen, d) gesteigerter Verkauf pro Kunde oder Kauf, e) neue Verwendungsmöglichkeiten, f) unterstützende Werbung oder Verkaufsförderung	√		6	6				6		
13. *Einfachere Handhabung:* a) Leichtere (automatische) Pflege, b) leichter erlernbar, c) leichter zu bedienen	√		3	4				2	+1	
14. *Widerstandsfähigkeit:* a) Unempfindlichkeit, b) Erschütterungswiderstand, c) Stabilität, d) Wärmebeständigkeit usw.	√		4	1				4		
15. *Haltbarkeit* – Lebensdauer	√	√	7	5				6	+1	
16. Leichtes *Gewicht*										
17. *Platzersparnis:* a) Leicht zu lagern, b) elastische, biegsame oder zerlegbare Ware, c) leicht zu transportieren										
18. *Lieferung:* a) Schnelle Lieferung, b) leicht zugänglich (geographisch, Transportmittel), c) Leistungsfähigkeit, großes Lager, Lagerware, d) große Auswahl, e) auf Abruf	√		2	7		−5		3		−1
19. *Modernisierung* der (maschinellen) *Ausrüstung* des Kunden: a) Verbesserungsbedarf, b) Austauschbedarf, c) Ergänzungsbedarf (größere Anzahl)	√	√	5	3				5		
20. *Zuverlässigkeit – Sicherheit* (vermindertes Risiko): a) Für den Käufer, b) für das Personal des Käufers, c) für den Kunden des Käufers, d) Reklamationen (vorbeugend), e) niedrigere Versicherungsprämien, f) vermindertes Unfallrisiko, g) Zuverlässigkeit des Lieferanten	√	√	9	9	√		+3	7	+2	
21. *Ruhiger Gang* (verminderter Lärm und geringere Erschütterungen)										

	1	2	3	4	5	6	7	8	9	10
22. Größere *Sauberkeit* für den Kunden, das Personal, die Fabrikation des Kunden										
23. (Freier, billiger, schneller) *Kundendienst* (Austauschmöglichkeiten, Überwachung, Unterhaltung, Kontrolle, Reparatur, technische Information, Einarbeitung oder Anweisungen zur Benutzung und Pflege usw.) – Verkaufsunterstützung – technische oder andere Zusammenarbeit zur Lösung von Problemen (Forschung) – gemeinsame Entwicklung	✓	✓	4	3				2	+2	
24. *Austauschgeschäfte* oder andere Formen der Kompensation – gegenseitiger Verkauf										
25. *Monopol:* a) Natürliches (Materialquelle), b) zeitlich begrenztes, c) Patent, d) Alleinrecht, Alleinverkauf, e) andere Abmachungen, f) Pionierstellung, g) anderweitige Sonderstellung – Abhängigkeit des Kunden	✓		7	7	✓		+2	4	+3	
26. *Garantien* – Rückgaberecht										
27. *Verwendbarkeit und anderweitiger Einsatz* (andere Anschaffungen werden erübrigt – „zwei Waren in einer“)	✓	✓	5	5				5		
28. *Wiederverkaufsmöglichkeiten* (Möglichkeit, die Ware ohne Verlust verkaufen zu können) – *Anlagekauf* (Wertbeständigkeit oder Wertsteigerung)	✓		7	7	✓		+1	5	+2	
29. *Bequemer Einkauf* – Erleichterung durch erprobte, eingearbeitete Beziehungen, Telefonbestellung, Übernahme von Formalitäten, Lizenzen usw.	✓		5	2				5		
30. Andere Vorteile										
Totalsumme:	20	9	107	105	5	−10	+11	97	+14	−4
									+10	

Das Angebot hat drei Nachteile (Spalte 6), wie aus den höheren Noten in Spalte 4 gegenüber Spalte 3 hervorgeht – darunter einen sehr starken (Liefertermin Nr. 18). Die Nachteilsumme ist – 10, und nun gilt es, Ausgleichselemente von mindestens gleicher Stärke zu finden. Spalte 7 zeigt, daß es möglich ist; die fünf greifbaren Vorteile ergeben zusammen elf Punkte, d. h. einen Überwert.

Berechnung der Ausgleichsargumente

Die Ausgleichsargumente werden so berechnet, daß erstens jeder Überpunkt (Unterschied zwischen den Spalten 3 und 4) bei mit mindestens Note 7 bewerteten Argumenten als ein Punkt berechnet wird. Zweitens sind alle Verkaufsargumente (Spalte 3), die mit mindestens 7 bewertet werden, als Ausgleichselemente zu werten (vorausgesetzt, das Kaufargument des Kunden, Spalte 4, erreicht auch mindestens 7, d. h. den Wert, den wir in dieser Analyse als Minimum der Bewertbarkeit festgesetzt haben). Die Verkaufsargumente erhalten Punkte nach folgender Skala:

7 = 1 Punkt, 8 = 2 Punkte, 9 = 3 Punkte, 10 = 4 Punkte.

Argument 1 bekommt also teils einen Überpunkt durch den positiven Unterschied zwischen den Spalten 3 und 4 und teils zwei Punkte nach der oben erwähnten Skala (Note 8 ergibt 2 Punkte).

Spalte 8 zeigt eine vom Verkäufer gemachte Untersuchung eines konkurrierenden Produktes. Diese Untersuchung und die ganze Konkurrenzverkaufstechnik (Spalten 8–10) sollte er nur anwenden, wenn er gegen die Konkurrenz im konkreten Fall zu verkaufen hat. Die Untersuchung beweist, daß das Angebot des Konkurrenten seinem eigenen klar unterlegen ist und auch nicht den Anforderungen des Kunden entspricht.

Bei einer Konkurrenzuntersuchung sollten Sie immer die Gefahr der Überbewertung des eigenen Angebots und die Unterbewertung der Angebote anderer beachten.

In Spalte 9 erscheinen die eigenen Plusargumente. Beim Konkurrenzverkauf gilt die ganze Skala; d. h. auch untergeordnete Argumente können eine große Rolle spielen, wenn der Kunde zwischen den Vorteilen und Nachteilen zweier Angebote wählen muß (also in diesem besonderen Fall auch Argument 23).

Spalte 10 schließlich zeigt die Minuspunkte des eigenen Angebots gegenüber denen der Konkurrenten.

Eine vergleichende Studie der einzelnen Zahlen jeder Spalte und jedes Argumentes gibt weitere interessante Aufschlüsse, die hier jedoch aus Platzmangel nicht näher berührt werden können.

Arbeiten Sie diese Argumenteanalyse sorgfältig durch. Sie wird Ihnen erst etwas schwierig vorkommen, aber der Aufwand lohnt sich. Die Berechnungen sind eine Konkretisierung von Gedanken, die jeder Verkäufer bewußt oder unbewußt verwendet – und daher leichter verwendbar, als es den Anschein hat. Eine mathematisch einwandfreie Berechnung ist natürlich nicht möglich – aber auch nicht notwendig.

Vergessen Sie die Primärappelle nicht!

Dieser Plan sollte zweckmäßigerweise mit einer ähnlichen Untersuchung der Primärappelle (siehe Kap. 1 und 2) kombiniert werden, mit denen die ganze Argumentation, soweit wie möglich, verbunden werden soll. Ein Appell an die (persönlichen) Primärbedürfnisse ist natürlich stärker als ein Appell an die hier aufgeführten (sachlichen) Sekundärbedürfnisse.

Wenn der Verkäufer in die Methodik der Untersuchung eingedrungen ist, dürfte er keine größeren Schwierigkeiten haben, das System in dieser Richtung entsprechend zu ergänzen und zu entwickeln.

Der Einwand ist vielleicht naheliegend, daß es in der Praxis unmöglich ist, sich bei jedem Besuch der richtigen Zusammensetzung der Argumente zu erinnern. Es gibt jedoch ein gutes Mittel gegen Vergeßlichkeit: Schreiben Sie sich Gedächtnisstützpunkte auf! Nehmen Sie ruhig die Aufzeichnungen beim Kunden heraus und erklären Sie ihm, daß Sie sich seinetwegen einige Punkte notiert haben! Das wird die Wirkung der Argumentation sogar verstärken.

In diesem Zusammenhang sehen Sie sich noch einmal die *Besuchsplanung* in Kapitel 11 und die Kontrolliste auf Seite 317 an!

Und jetzt können Sie sicher die vier einleitenden Fragen beantworten und die fünf Verkaufsprobleme des Kapitelanfangs lösen?!

Je mehr der Verkäufer in seine Arbeit eindringt, desto besser versteht er, wie entscheidend die richtige Wahl von Argumenten und deren richtiger Ausdruck ist. Hierbei können sogenannte „Kleinigkeiten" einen Auftrag entscheiden. Hier liegt der Unterschied in der Argumentation zwischen einem Spitzenverkäufer und einem Durchschnittskollegen. Argumentieren Sie systematisch. Kontrollieren Sie, w a s Sie sagen und w i e Sie es sagen.

KAPITEL XIX

So verhandelt man mit Käufergruppen – Der Konferenzverkauf

KÖNNEN SIE FOLGENDE VIER FRAGEN BEANTWORTEN?

❶ Worin bestehen die Vor- und Nachteile von Verhandlungen mit mehreren Personen gleichzeitig?

❷ Was ist eine „Rollenerwartung"?

❸ Welchen besonderen Nutzen hat man als Verkäufer von Kenntnissen in Konferenzleitung?

❹ Welche Vorteile bietet eine „hemdsärmelige" Zusammenkunft gegenüber einer formgebundenen Sitzung?

...UND FOLGENDE FÜNF PROBLEME LÖSEN?

① *„Diese Idee der Gruppenverhandlung mag zwar recht interessant sein", bemerkt ein erfahrener Verkäufer bei einer Verkäuferbesprechung, „aber bei uns liegt der Fall anders. Ich habe mit Einkäufern von Industrieunternehmen zu tun. Schon der Versuch, mit anderen Herren im Unternehmen zu verhandeln, verärgert die meisten Einkäufer. Außerdem: Wenn ich schon die Möglichkeit dazu bekomme, erstrebe ich natürlich Einzelgespräche, die wesentlich leichter zu führen sind als Gruppenverhandlungen."*

In welcher Beziehung hat er recht, in welcher nicht?

Worin liegen die Vorteile einer Gruppenverhandlung?

② *Ingenieur Köhler hat sich erfolgreich bis an die beiden Färbemeister der Textilfabrik Tucher AG herangearbeitet, um einen neuen Farbstoff zu verkaufen. Der Widerstand bei Neueinführungen liegt erfahrungsgemäß auf dieser*

Ebene. Nach einer Reihe von Versuchen hat er die beiden Männer von der Zweckmäßigkeit einer Umstellung in diesem Sinn überzeugt. Der Einkäufer, der eine wohlwollend neutrale Einstellung hat, beraumt zwecks Entscheidung eine Sitzung im Aufsichtsratzimmer an, zu der außer den beiden Meistern auch die zwei technischen Leiter und der Laborchef eingeladen werden. Köhler hat mit den beiden Meistern weitgehend deren Rolle bei der Verhandlung abgesprochen. Sie sagen ihm auch spontan eine positive Stellungnahme zu. Zum Erschrecken von Köhler „fielen sie hintenüber", wie er sich später ausdrückte, und äußerten sich nur auf Befragen, dazu sehr zurückhaltend und fast eingeschüchtert. Ihre Unterstützung war praktisch wertlos. Können Sie sich den Grund erklären?

③ *„Wie wär's mit einer kleinen Verschnaufpause" schlägt Dr. Mond, der Leiter der anwendungstechnischen Abteilung eines Chemiewerkes, vor. Er ist zur Unterstützung des Verkäufers mit zum Kunden, einem graphischen Betrieb, gefahren. An der Sitzung nehmen die kaufmännischen und technischen Leiter des Kundenunternehmens mit je zwei Assistenten teil. Sie sitzen an den beiden Längsseiten, während der Verkäufer und Dr. Mond an einem der Tischenden Platz genommen hatten. Alle nehmen diesen Vorschlag dankbar auf. Der Verkäufer, dem Dr. Monds Verhandlungsgeschicklichkeit bekannt ist, beobachtet, wie dieser die zwei Assistenten unter den Arm nimmt, sie ihm zuführt und eine allgemeine Unterhaltung anknüpft, aus der er sich selbst schnell wieder löst, um eine Zigarre mit dem technischen Leiter zu rauchen. Bei Wiederaufnahme des Gespräches setzt sich Dr. Mond demonstrativ zwischen den technischen Leiter und dessen zwei Assistenten und läßt den Verkäufer allein am Tischende Platz nehmen. Was bezweckte Dr. Mond? Und wie hätten Sie sich als Verkäufer verhalten?*

④ *„Ich werde die Herren ins Sitzungszimmer rufen lassen", sagt der Verkaufsleiter der Großhandelsfirma dem Verkäufer von H. Eisenhandel. „Dort können Sie selbst versuchen, sie zu überzeugen, daß sie Ihre Werkzeuge mit auf die Reise nehmen bei ihren Besuchen von Reparaturwerk-*

stätten." „Um wie viele Verkäufer handelt es sich?" fragt Verkäufer Hauser. – „Acht." „Können wir das nicht hier bei Ihnen machen? Dann wird das nicht so umständlich." Der Verkaufsleiter zuckt die Achseln: „Gut, wenn Sie wollen ... Aber das Sitzungszimmer ist ganz neu und sehr schön eingerichtet, mit 36 bequemen Sesseln um einen Hufeisentisch." Der Verkäufer besteht, wenn auch sehr höflich, auf seinem Vorschlag. Nach erfolgter erfolgreicher Besprechung erbittet der Verkaufsleiter, neugierig geworden, eine Erklärung über die Wahl des Lokals für die Sitzung. Die Erklärung des Verkäufers leuchtet ihm ein und erweckt seinen Respekt: „Da haben Sie ganz recht, daran hatte ich gar nicht gedacht!" Leuchtet sie Ihnen auch ein?

⑤ *Verkäufer Müntze ist nervös. Er soll einen Vortrag über seine Produkte vor dem Personal eines bedeutenden Einzelhandelsgeschäftes halten. Wochenlang bereitet er sich vor und fühlt sich sehr unwohl dabei. Der Vortrag läuft an und für sich glatt ab. Am Ende fordert er die Teilnehmer auf, Fragen zu stellen oder auch Einwände zu äußern. Er möchte ja schließlich ein Geschäft machen. Keiner sagt etwas, und so schließt der Ladeninhaber, wie es Müntze scheint, etwas „betreten", die Zusammenkunft mit einem freundlichen Dankeswort.*

Müntze erzählt einem Freund, der auch Verkäufer ist, von dieser Erfahrung. „Ich hätte überhaupt keinen Vortrag gehalten. Man bekommt da keine Rückkopplung. Mache das in einer anderen Form. Auch nicht so anstrengend." – „Was meinst Du da mit ‚Rückkopplung?' Was ist das? Und wie machst Du das?"

Würden Sie darauf antworten können? Und welche Methode ziehen Sie vor?

Warum Konferenzverkauf?

Das klassische Verkaufsgespräch in der Form des Dialogs, bei dem Sie nur mit einem einzigen Gesprächspartner verhandeln, verschwindet in manchen Bereichen der Wirtschaft immer mehr. Dagegen gewinnt zunehmend eine Situation an Bedeutung, bei der Sie mit mehreren Mitarbeitern einer Firma verhandeln müssen, die alle entweder direkten oder indirekten Einfluß auf die Kaufentscheidung nehmen. Auf der anderen Seite ist zu beobachten, daß auch der Verkäufer vielfach nicht mehr allein auftritt. Seine Bemühungen werden häufig durch kaufmännische und technische Kräfte oder Spezialisten unterstützt.

Der Verkäufer muß – ob er will oder nicht – in vielen Fällen zum gleichen Zeitpunkt mit einer Gruppe von Einkäufern zusammentreffen. Natürlich ist es viel einfacher, mit einer einzelnen Person zu verhandeln als mit einer Gruppe, aber ein mageres Ergebnis bei Einzelverhandlungen gibt auch nicht viel Trost.

Das Dilemma des Verkäufers

Der psychologische Grund für die Furcht des Verkäufers, mehrere Personen zur gleichen Zeit ansprechen zu müssen, liegt natürlich in der Isolierung (einer gegen mehrere), dem Mangel an „Rückkopplung" (während er spricht, kommt von der Gruppe nur geringe Resonanz) und in der ständigen Gefahr, einem Kreuzverhör unterworfen zu werden, bei dem er Gesprächsführung und Initiative verliert. Hält er ein Referat, sagt niemand etwas. Will er verhandeln, stellt die Gruppe Fragen und erwartet, daß er sich darauf beschränkt, sie zu beantworten. Versucht er einen vertraulicheren Ton anzuschlagen, eckt er bei dem förmlichen Sitzungscharakter leicht an.

Die Strategie des Konferenzverkaufs

Um dies zu vermeiden, muß die Strategie des Verkäufers darauf abzielen, alles zu versuchen, um die förmliche Atmosphäre (mit Sitzordnung, Vorsitzendenfunktion, parlamentarischen Verhaltensformen usw.) einer Sitzung zu verändern.

Ihr Ziel sollte sein, sich selbst in den Kreis der Gruppe „hineinzumanövrieren". Nur so ist die Situation zu vermeiden, in der Sie als Außenseiter einer Gruppe von Einkäufern gegenüberstehen.

Welche Arten von Verhandlungen oder Sitzungen gibt es nun, und wie kann der Verkäufer sie verändern?

Die Verkaufskonferenz

1. Die Konferenz, bei der der Verkäufer *verkauft*. Jedermann erwartet von Ihnen, daß Sie Ihr Anliegen geschickt vortragen und alles tun, um die Einkäufer zu überzeugen. Diese akzeptieren die ihnen angebotene „Rolle" und tun wiederum ihr Bestes, sich nicht beeinflussen zu lassen! Diese Art von Verhandlungen nagelt Sie als Außenseiter fest und gestattet Ihnen am allerwenigsten, als Partner in den Kreis aufgenommen zu werden.

Die Informationskonferenz

2. Die Sitzung zum Zweck der *Information*. Hier „verkaufen" Sie nicht, sondern bemühen sich gemeinsam mit der Gruppe, Probleme und Bedürfnisse, Erkenntnisse und Tatsachen zu definieren und herauszustellen. Hier werden keine Lösungen vom Verkäufer angeboten. Von Verkaufen ist nicht die Rede. Deshalb ist der Widerstand der Gruppe auf ein Minimum zurückgestellt. Diese für den Verkäufer günstige Form der Verhandlung kann beispielsweise laufend beim Verkauf von Investitionsgütern entwickelt werden.

Die Problemkonferenz

3. Die Konferenz mit dem Zweck, *Probleme zu lösen*. Ein Problem, Bedürfnis oder ein Wunsch wurde im Unternehmen erkannt und verlangt nach einer Lösung. Der Kunde diskutiert verschiedene Alternativen einer Lösung mit Ihnen (bzw. dem von Ihnen mitgebrachten Techniker oder Spezialisten). Sie können auch von sich aus direkt oder indirekt eine Lösung eines von Ihnen erkannten Problems vorschlagen. Auch hier werden Sie nicht als „Verkäufer" empfunden.

Die Koordinationskonferenz

4. Die Konferenz zum Zweck der *Koordinierung*. Wenn als Ergebnis der Besprechungen nach Typ 2 oder 3 eine allgemeine Lösung gefunden wurde (oder auch unabhängig davon), helfen Sie dem Kunden, die Einzelheiten der Lösung auszuarbeiten, Konflikte und Schwierigkeiten (beispielsweise zwischen verschiedenen Abteilungen) zu lösen oder einen gemeinsamen Nenner zu finden, der die Interessen aller Betroffenen berücksichtigt. Wenn die internen Diskussionen in eine Sackgasse geraten sind, so tragen Sie dazu bei, die Knoten zu entwirren und die Interessen zu koordinieren.

Es leuchtet ein, daß die Verkaufssituationen gemäß den Modellen 2, 3 und 4 bessere Voraussetzungen schaffen, vom Außenseiter zum „Innenseiter“ zu avancieren. Sie treten nicht als Verkäufer auf. Der Widerstand gegen Sie und Ihr Angebot nimmt ab und Ihr echter Einfluß entsprechend beträchtlich zu.

Vermeiden Sie deshalb die Entwicklung einer Verhandlung gemäß Modell 1 und erstreben Sie die Modelle 2, 3 oder, noch besser, 4.

Taktische Vorbereitung

Wie gehen Sie nun vor: Im Stadium

1. der Vorbereitung?

2. der Ausführung?

1. *Vorbereitung und Planung:* Sie ist für das Ergebnis von entscheidender Bedeutung.

Objektiver Teil

a) Der *objektive Teil.* Halten Sie fest, was Sie durch die Verhandlung zu *erreichen wünschen* und welches Ergebnis Sie wirklich *erreichen können.* Welche Argumente und Appelle helfen Ihnen, Ihr Ziel zu erreichen, und wie können Sie sie einsetzen?

Welche sachlichen Vorinformationen brauchen Sie?

Welches sind die *Schlüsselfragen,* die Sie vorbereiten können und die Ihre entscheidende Waffe darstellen, wenn es darum geht, die Art der Konferenz zu beeinflussen und als Mitglied und/oder Leiter der Besprechung akzeptiert zu werden?

Welches Anschauungsmaterial muß vorbereitet und eingesetzt werden?

Welche Unterlagen?

Subjektiver Teil

b) *Der subjektive Teil* der Vorbereitungen beschäftigt sich mit der Einschätzung der Konferenzteilnehmer. Also brauchen Sie subjektive Informationen:

* Wer wird teilnehmen?
* Wer könnte bewogen werden, bei der Konferenz zu erscheinen bzw. ihr fernzubleiben?

* Was denken diese Personen?
* Was wissen sie?
* Was erwarten sie?
* Welcher Teilnehmer kann Ihr Verbündeter werden?
* Wer wird opponieren?
* Wie ist das Verhältnis der Teilnehmer untereinander?
* Wer wird sich neutral oder gleichgültig verhalten?
* Wie können diese verschiedenen Personen beeinflußt oder geführt werden?

Bedenken Sie, daß bei einer Konferenz mit Einsatz von Vorführungen oder Anschauungsmaterial zusätzliche Gesprächspartner hinzugezogen werden können, die sich diese „Schau" nicht entgehen lassen wollen.

Rollenerwartung

Sie müssen also die Einstellung, das Wissen und die Rollenerwartung der Personen analysieren, auf die Sie stoßen werden. Was bedeutet nun eine Rollenerwartung? Entsprechend seiner Position, seiner Kenntnisse und seiner Persönlichkeit will oder muß jeder Teilnehmer eine bestimmte Rolle spielen. Jeder Teilnehmer hat eine mehr oder weniger bewußte Vorstellung, wie er sich bei einer Verhandlung verhalten soll. Für den Verkäufer ist es wichtig, sich diese Erwartungen vorzustellen und danach zu handeln.

Vor der Konferenz

2. Kontakte vor der Konferenz

a) Zwischen der Vorbereitung und der Ausführung sollte jede Möglichkeit genutzt werden, individuelle Kontakte anzuknüpfen. Die Beeinflussungschance bei der Sitzung erhöht sich automatisch, wenn es Ihnen gelingt, vorher Verbindungen mit den einzelnen Teilnehmern aufzunehmen. In diesem Stadium entscheidet es sich oft, ob der angestrebte Verkaufsabschluß bei der Konferenz verwirklicht werden kann. Im günstigsten Fall hat der Verkäufer schon vor der Sitzung wesentliche Verhandlungsziele erreicht oder wenigstens angesteuert.

Die unberechenbaren Umstände jeder Konferenz können nur durch diese vorbereitenden Einzelkontakte einigermaßen unter Kontrolle gebracht werden. Die taktischen Schritte dazu können Sie folgendermaßen planen:

Vorbeeinflussung

* Wer sollte beeinflußt werden?
* Wie?
* Durch wen (nicht notwendigerweise durch Sie)?
* Wer kann dabei helfen?
* Welche Nachforschungen, Untersuchungen oder welche Art von Vorgesprächen ergeben die beste Ausgangslage für eine erfolgreiche Konferenz?

Ort und Milieu

b) Weitere Fragen in diesem Zusammenhang berühren die häufig wesentliche Wahl des Ortes der Zusammenkunft:

* Wo soll sie stattfinden?
* Wer fühlt sich in diesem Milieu am meisten zu Hause?
* Wer wird in diesem Raum seinen Mund nicht auftun?
* Wer sind meine „Verbündeten"? Meine „Widersacher"?
* Kann die Verhandlung an einen anderen Ort verlegt werden?
* Gibt es eine Möglichkeit, sie *bei uns* stattfinden zu lassen?
* Welche Sitzordnung ist zu erwarten?
* Wie kann sie beeinflußt werden?
* Welche Möglichkeiten bestehen, um die Konferenz in eine formlose, „hemdsärmelige" Zusammenkunft zu verwandeln – eine gelöste Atmosphäre, die mir die Aufnahme in die Gruppe erleichtert?

Die Sitzung findet statt

Die Ausführung der Sitzung:

1. Erfassen der Teilnehmer

Ihre Rolle während der Konferenz ist durch die taktischen Maßnahmen im Vorbereitungsstadium gegeben. Studieren Sie dabei sorgfältig die relative Bedeutung eines jeden Sitzungsteilnehmers. Dieser Faktor darf weder der bloßen Vermutung noch der Improvisation überlassen bleiben.

Die 5 Faktoren der Teilnehmerbedeutung

Die Bedeutung einer Person bei einer Sitzung wird bestimmt durch:

1. Sein Prestige. Wie bedeutend ist sein Ansehen in der Gruppe?

2. Seine Sachkenntnis. Was versteht er von der Materie?

3. „Konferenzpersönlichkeit“ (Ausstrahlung, Konferenzroutine). In welchem Maß „setzt er sich in Szene“ bei einer Gruppenverhandlung?

4. Rollenerwartung. Worin sieht er seine Aufgabe? Wie beabsichtigt er sich zu verhalten?

5. Zuständigkeit (Stellung, Kompetenz, Entscheidungsbefugnis). Wie wichtig ist seine Stellungnahme? Inwieweit entscheidet er?

2. Die Konferenz leiten und lenken

Wie leiten und lenken?

Sie werden als Mitglied in die Gruppe „aufgenommen“, dadurch, daß Sie Untersuchungen anstellen, Probleme lösen, den Anwesenden echt helfen, ihr Vertrauen gewinnen, oder als Koordinator tätig sind und sich an die erwähnten Spielregeln halten.

Fragen!

Fragen, sorgfältig geplant, sind das beste Hilfsmittel, um die Initiative zu gewinnen und zu behalten. Erfahrene Verkaufstrainer kennen mindestens zwei Dutzend von Fragetechniken, die dazu verhelfen, eine Konferenz „de facto“ zu leiten, Rollen zu verteilen, Reaktionen zu dosieren, die Teilnahme zu intensivieren, Mitglieder der Gruppe aus- oder einzuschließen, Argumente anzubringen, Einwände zu dämpfen oder zu entkräften, Konflikte zu neutralisieren oder auch Einsicht und Sachkenntnis zu demonstrieren.

Technik der Konferenzleitung

Davon unabhängig muß der Verkäufer möglichst die Technik der Konferenzleitung beherrschen, Einwänden zuvorkommen, erreichte Ergebnisse zusammenfassen oder bereits erzielte Teilentscheidungen unterstreichen, die Aktivität der Teilnehmer anregen, ungünstige Tendenzen abbiegen, neue Gesichtspunkte ins Feld führen, Interesse intensivieren, von den übrigen Teilnehmern akzeptiert werden usw.

In vielen Wirtschaftsbereichen muß der vorwärtsstrebende Verkäufer die Technik des Konferenzverkaufs lernen. Auf immer neuen Gebieten muß er Gruppenverhandlungen führen. Überall entstehen Einkaufskommissionen. Bei Gesprächen im Industrieeinkauf und mit dem Personal von Wiederverkäufern ist dieser Weg von jeher notwendig gewesen. Dabei müssen Sie Ihre natürliche Abneigung überwinden, auf sich allein gestellt mit einer Gruppe von Menschen fertigzuwerden in einer Situation, in der Sie die traditionelle Form des Verkaufsgespräches kaum einsetzen können.

Versuchen Sie der deprimierenden unproduktiven Rolle eines Außenseiters zu entgehen, der von einer Einkäufergruppe einem regelrechten Kreuzverhör unterzogen wird. Eine Reihe von Methoden, die dazu dienen sollen, diese Verhandlungsform erfolgreich zu verwenden, sind hier erwähnt worden. Zusätzlich müssen Sie lernen, Vorträge vor größeren Kreisen zu halten, unter Einsatz von Anschauungsmaterial, technischen Hilfsmitteln und Hilfspersonal. Erwerben Sie außerdem grundsätzliche Kenntnisse über zwischenmenschliche Beziehungen und Verständigung in Gruppen.

Und jetzt können Sie sicher die vier einleitenden Fragen beantworten und die fünf Verkaufsprobleme des Kapitelanfangs lösen?!

Verhandlungen mit Gruppen werden immer häufiger. Daher müssen Sie die Technik des Konferenzverkaufs kennenlernen. Wenn Sie diese beherrschen, eröffnen sich als Entschädigung völlig neue Verkaufsmöglichkeiten. Die Anstrengung macht sich in jeder Beziehung bezahlt.

KAPITEL XX

Der Kunde hat nicht immer recht – oder Reklamationen können ausgezeichnete Verkaufsmöglichkeiten ergeben

KÖNNEN SIE DIESE VIER FRAGEN BEANTWORTEN?

❶ Gibt es bei Reklamationen ein besseres Verkaufsprinzip als „Der Kunde hat immer recht!“?

❷ Wieweit kann das Geltungsbedürfnis Reklamationen beeinflussen?

❸ Welche Gefahren bergen unausgesprochene Reklamationen in sich, und was kann man dagegen tun?

❹ Was bedeutet, daß der Verkäufer Beanstandungen subjektiv sehen soll?

KÖNNEN SIE DIESE FÜNF PROBLEME LÖSEN?

① *„Leider kann unser Lieferant Ihre Reklamation nicht anerkennen“, teilt der Großhändler dem Geschäftsinhaber mit. „Wir haben alle Gesichtspunkte hervorgehoben, die Sie uns gegenüber geäußert haben, aber der Fabrik scheint es nicht erwiesen zu sein, daß ein Fabrikationsfehler vorliegt. Das ist sehr bedauerlich. Wir können da leider nichts machen. Wir hoffen aber, daß Sie uns verstehen ...“ Aber der Kunde versteht den Standpunkt des Händlers ganz und gar nicht. Hat er recht? Wie würden Sie an Stelle des Händlers gehandelt haben? Seine Lage ist nicht ganz einfach, nicht wahr?*

② *„Wenn wir den Grundsatz befolgen würden, auch unberechtigte Beanstandungen anzuerkennen, nur um den Kun-*

den zu behalten, so kämen wir in eine unmögliche Lage und würden unsere eigenen Leistungen völlig unnötig schlecht machen. Das muß doch falsch sein!" Man kann sich der Überzeugung hinter diesen Worten nicht verschließen, mit denen ein Ingenieur die Richtigkeit einer allgemeinen Empfehlung des Verkaufsleiters bestreitet, bei Reklamationen großzügiger zu sein. Mehrere andere Techniker teilen die Ansicht ihres Kollegen; aber der Verkaufsleiter beharrt auf seinem Standpunkt. Wie sehen Sie diese Konfliktsituation?

③ *„Es ist unerhört, wie Sie uns auch diesmal wieder bedient haben", braust der Kunde verärgert am Telefon auf. „Nicht genug damit, daß Sie zwei Monate später liefern als versprochen; wir haben auch nur die Hälfte bekommen. Wenn ich den Rest nicht mit dem morgigen Transport erhalte, können Sie ihn behalten, und außerdem können Sie gerne das, was Sie schon geliefert haben, wieder zurückholen. Ich werde mich dann nach einem anderen Lieferanten umsehen. Und kommen Sie mir nicht mit Ausreden! Ich habe das jetzt schon zu oft erlebt." Der Verkäufer Schwab in der Papierfirma X am anderen Ende der Leitung ist davon überzeugt, daß der Kunde nur leere Drohungen ausstößt. Er weiß, daß der Kunde ja noch mehr Zeit bis zur Lieferung verlieren würde, wenn er die Bestellung einem anderen Lieferanten gäbe – von den zusätzlichen Kosten ganz abgesehen. Sehr vorsichtig versucht er, dem Kunden beizubringen, wie unvorteilhaft dieses Verfahren für ihn selbst sein würde. Zu seiner großen Verwunderung wird der Kunde nur noch aufgeregter, macht seine Drohung wahr und bestellt auch den Restposten ab. Der Verkäufer tröstet sich nach einigen schwachen Selbstvorwürfen damit, daß er tat, was er konnte, und daß der Kunde „ein komischer Kauz" sei. Aber ganz kann er das Unbehagen über diesen Mißerfolg nicht loswerden. Hat er einen Fehler gemacht?*

④ *Herr Schöne hat alle Reklamationen seiner Firma zu bearbeiten. Teils muß er alle Fälle aufklären, die andere Abteilungen ihm zuschieben und die er folglich nicht von Anfang an kennt, und teils kommen die Kunden selbst zu ihm. Nach und nach bringt er System in seine Arbeit und kommt auf die Idee, ein besonderes Berichtverfahren mit Durchschlägen für verschiedene Abteilungen anzulegen. Jedesmal, wenn ein Kunde ihm eine Beanstandung vorträgt, füllt er das Formular genau aus. Zuerst war er ängstlich, daß diese Berichtschreiberei die reklamierenden Kunden nur noch mehr reizen würde, weil er die Betreffenden oft bitten muß, langsam zu sprechen, alles genau zu erklären oder die einzelnen Punkte noch einmal zu wiederholen. Statt dessen bemerkte er, daß dieses Verfahren ein ruhigeres Abwickeln der Streitfrage bewirkt. Worauf ist das zurückzuführen? Würden Sie ein ähnliches Verfahren bei Ihren Reklamationen für empfehlenswert halten?*

⑤ *Derselbe Herr Schöne hat bei manchen Gelegenheiten in verschiedenen Abteilungen der eigenen Firma folgende Einstellung bemerkt: Dieses System einer zentralen „Klagemauer" erhöht die Anzahl der Reklamationen. Die Kunden bekommen das Gefühl, unsere Firma müsse enorm viele Reklamationen haben, wenn wir uns einen eigenen Mann dafür leisten und einen Berichtapparat aufziehen. Es kämen auch bedeutend mehr Beanstandungen, denn eine solche Instanz fordere direkt dazu heraus, sich ihrer zu bedienen. Kann diese Auffassung richtig sein? Wenn nicht, wie würden Sie sie widerlegen?*

Hat der Kunde immer recht?

Kaum eine Parole hat in Verkäuferkreisen größere Unlust hervorgerufen als „der Kunde hat immer recht". Sie *wissen,* daß der Kunde oft, ja sehr oft sogar, unrecht hat. Soll der Verkäufer dem Kunden dann untertänigst bestätigen, daß er recht habe?

Manchmal schon. Reklamationen eröffnen nämlich direkt oder indirekt neue Möglichkeiten zum Verkauf. Statt dessen macht es dem Verkäufer häufig ein Vergnügen, dem Kunden unnachgiebig zu beweisen, daß er unrecht hat. Diese Reaktion ist nur zu begreifen im Lichte all jener Situationen, in denen der Verkäufer unberechtigte Forderungen und Beschuldigungen der Kunden mit geballter Faust in der Tasche hinnehmen mußte. Aber viele derartige Reaktionen, und der Verkäufer ist ruiniert!

Muß der Verkäufer sich gerügt fühlen?

Ein anderer Grund, weshalb Verkäufer eine Reklamation kurzerhand und ohne nähere Prüfung abweisen, ist, daß er sie als einen Tadel gegen sich und seine Arbeit empfindet. Er will dem Kunden dann am liebsten sofort beweisen, daß der Vorwurf völlig unberechtigt ist, um Selbstvorwürfe oder Anklagen anderer (z. B. seiner Vorgesetzten) im Keime zu ersticken. Deshalb sollte jeder Chef seinen Verkäufern klar und deutlich zu verstehen geben, daß Reklamationen, die richtig behandelt werden, keine Katastrophen sind.

In einer solchen entschärften Atmosphäre kann man auch die Behauptung „der Kunde hat immer recht" durch die Frage ersetzen: *„Lohnt es sich, dem Kunden recht zu geben?"* Es ist selbstverständlich, daß sich diese Frage erübrigt, wenn der Kunde offensichtlich recht hat. In der Praxis sind jedoch die meisten Fälle komplizierter: Es geht nicht darum, ob der Kunde recht oder unrecht hat, sondern ob er *mehr oder weniger* recht hat.

„Lohnt es sich, dem Kunden recht zu geben?"

Für den Verkäufer oder Sachbearbeiter stellt die Frage „Lohnt es sich, dem Kunden recht zu geben?" eine annehmbare Lösung dar. Er braucht nicht das Gefühl zu haben, dem Kunden recht geben zu *müssen,* wenn dieser unrecht hat. *Er* entscheidet, wieweit seiner Firma damit gedient ist, Entgegenkommen zu zeigen. Als Leitschnur braucht er nur an die entstehenden Folgen zu denken: a) bei Annahme und b) bei Ablehnung einer Beanstandung.

Lehnt der Verkäufer ab, verliert die Firma vielleicht einen Kunden und mit diesem unter Umständen auch andere (Freunde oder Kollegen des Kunden) sowie Interessenten, die zu Kunden werden könnten. Kunden, die sich ungerecht behandelt fühlen, müssen ihrem Ärger Luft machen und erzählen aus Geltungsbedürfnis anderen liebend gern ihre Erfahrungen und oftmals leider nicht besonders objektiv. Vielleicht ist der Kunde ein großer Käufer, und bei der Reklamation handelt es sich wertmäßig um einen Bruchteil seines Jahresumsatzes. Soll man da hart gegen hart setzen und den Kunden verlieren? Die Frage „Lohnt es sich, dem Kunden recht zu geben?" gibt Ihnen in dieser Lage immer eine richtige Antwort.

Die Frage müßte wohl auch bei einem neuen großen Kunden bejaht werden, wenn das Unternehmen viel Geld für Werbung, Kundendienst, Gehälter usw. ausgegeben hat, um diesen Kunden zu erwerben. Soll man dann die Möglichkeit aus der Hand geben, diese Kosten wieder hereinzuholen? Soll der Kunde – und mit ihm andere Käufer – z. B. das Vertrauen zur Ware des Unternehmens verlieren, wenn er aus Unkenntnis, deren er sich vielleicht nicht einmal bewußt ist, die Ware falsch verwendet hat? Soll ein wichtiger Kunde das Gefühl bekommen, das Unternehmen sei kleinlich, mißtrauisch und nicht bereit, ihm zu glauben und seine Darstellung anzuerkennen, zumal es sich vielleicht um einen an sich bedeutungslosen, selten vorkommenden Vorfall handelt? Soll das Unternehmen das eigene Geltungsbedürfnis höher bewerten als den Willen, seinen Kunden zu dienen?

Im allgemeinen pflegt sich in solchen Fällen Großzügigkeit zu lohnen. Wir sprechen gern von Mitmenschen, die sich uns gegenüber zuvorkommend erweisen und uns gut behandeln. Unzählige Berichte schwieriger Reklamationen bestätigen diese Folge unseres befriedigten Geltungsbedürfnisses. Großzügigkeit bei Beanstandungen wirkt oft wie guter Leim: Das geleimte Stück hält nach der Reparatur besser als vorher. Der Kontakt zwischen Kunden und Lieferanten wird durch eine geschickt gehandhabte Reklamation gefestigt.

Ausmaß feststellen

Großzügigkeit ist häufig billiger, als man im ersten Augenblick glaubt. Prüfen Sie realistisch das Ausmaß der fraglichen Entschädigung, und Sie werden oft merken, daß es „bei Licht besehen" viel geringer ist als angenommen.

Oft genug kann eine Entschädigung über zukünftige Aufträge und Lieferungen abgerechnet werden. Dadurch werden nicht nur Verluste vermieden, sondern sofortige neue Geschäfte eingeleitet. Manchmal kann man sich auch „auf halbem Wege treffen".

Subjektive und objektive Beurteilung

Oft, meint der Verkäufer, „nörgelt" ein Kunde aus Gewohnheit und regt sich entweder über Kleinigkeiten auf oder sucht sich auf unehrliche Weise Vorteile zu ergattern. *Objektiv* gesehen, kann die Reklamation des Kunden oft als „Viel Lärm um nichts" erscheinen. Aber subjektiv betrachtet, d. h. wenn man an die Unannehmlichkeiten aus der Sicht des Kunden denkt, kann die gleiche Angelegenheit sich als sehr ernst erweisen. Geringfügige Fehler können erhebliche Folgewirkungen haben.

Auch der Zeitpunkt kann einen Einfluß haben. Autoreparaturwerkstätten z. B. haben die Erfahrung gemacht, daß Beanstandungen über Reparaturen am Montagmorgen viel wütender vorgebracht werden als an anderen Wochentagen – nicht weil der Montag ein schwierigerer Tag ist als andere, sondern weil der Fehler oft erst am Sonnabend oder Sonntag entdeckt wurde, ohne die Möglichkeit schneller Abhilfe.

Eine einzige zerbrochene Schraube kann einen ganzen Produktionsvorgang in der Fabrik stoppen. Eine Lieferverspätung von einem Tag kann alle Fabrikationsdispositionen umwerfen. Ein zu spät entdecktes geringfügiges qualitatives Abweichen einer chemischen Zusammensetzung kann ganze Kesselanlagen zerstören.

Wenn der Verkäufer oder derjenige, der die Beanstandung entgegennimmt, diese so geschickt wie möglich erledigen will, sollte er dasselbe tun wie der Kunde: die Reklamation subjektiv, d. h. vom Gesichtspunkt des Kunden aus, betrachten. Dann versteht er ihre Bedeutung besser, kann der

Haltung des Kunden eher Rechnung tragen und auf den Kunden schneller beruhigend einwirken.

Die Aufregung des Kunden ist jedoch oft eine Folge seines Zweifels, ob er mit einer ruhigeren Darstellung einen genügend starken Eindruck auf den Verkäufer macht. Je schneller der Verkäufer dem Kunden zeigt, daß er die Situation völlig versteht, desto eher beruhigt sich dieser. Der Versuch, den Kunden mit Worten zu beruhigen, wie „So schlimm wird es wohl nicht sein", pflegt die entgegengesetzte Wirkung zu haben. „Das hören wir zum ersten Mal", „Das ist doch keine Aufregung wert", „*So* schlimm wird es doch wohl nicht gewesen sein!" und ähnliche Äußerungen verbessern bestimmt nicht das im Augenblick sowieso getrübte Kontaktklima.

Wenn die Reklamation keine Reklamation ist

Dann und wann ist eine Reklamation nichts anderes als aufgespeicherte schlechte Laune, Bedrückung, Nervosität oder Ausdruck anderer seelischer Spannungen und hat mit der Lieferung als solcher sehr wenig zu tun. Der Verkäufer ist, um diese Situation zu meistern, auf vorsichtige Versuche angewiesen, dem Kunden bei der Wiedergewinnung seiner inneren Ausgeglichenheit zu helfen. Die Beanstandung löst sich dann häufig in Wohlgefallen auf. Der Verkäufer tut an sich klug daran, bei aufgebrachten Kunden immer eine Portion verletztes Geltungsgefühl einzukalkulieren.

Wenn die Reklamation nicht der Ware gilt

Ab und zu stellt der Verkäufer auch fest, daß eine Reklamation völlig unberechtigt zu sein scheint, weil kein Fehler an der Ware zu entdecken ist. Aber der Unwille des Kunden richtet sich nicht immer gegen die Ware als solche, sondern deren Zweckdienlichkeit für ihn. Sie paßt ihm ganz einfach nicht oder nicht mehr. Besonders Techniker übersehen häufig diesen Unterschied. Die Ursache für die entstandene Lage wird schwer festzustellen sein – sie kann auf Hochdruckverkauf, unzureichende Belehrung im Zusammenhang mit Kauf und Lieferung, Fehlbeurteilung des Bedarfes von seiten des Kunden oder Verkäufers usw. zurückzuführen sein. In einem solchen Fall muß man davon ausgehen, daß der Kunde mit der Ware an sich nicht zufriedengestellt werden kann, wie gut sie auch immer sein mag. Die Kontrollfrage „Lohnt es sich, dem Kunden recht zu geben?" ist daher auch hier angebracht.

Wenn der Kunde unfair ist

Stark übertriebene Ansprüche des Kunden auf Entschädigung rufen meist den Verdacht des Verkäufers hervor, daß hier mit unfairen Mitteln vorgegangen wird, und der gesamte Anspruch wird rundweg leichtfertig abgelehnt. Erfahrene Leute in der Industrie und im Handel bestätigen, daß man durch geduldige Verhandlungen die Ansprüche des Kunden in der Regel auf ein angemessenes Niveau herabdrücken kann, wenn man nicht der Versuchung anheimfällt, die Berechtigung des Anspruches als solchen zu bestreiten oder selbst *sofort* den Anspruch zu drücken.

Unkenntnis nicht mit Unehrlichkeit verwechseln!

Wie häufig stellt man nicht fest, daß vermeintliche „Schiebungsversuche" in Wirklichkeit sich als berechtigt erweisen oder jedenfalls in gutem Glauben vorgebracht wurden! Mangelnde Sachkenntnis und Erfahrung gegenüber Ihren Produkten und deren Verwendung kann den Kunden unschuldig brandmarken – obwohl er nicht unehrlich, sondern nur unwissend ist. Ziehen Sie deshalb keine übereilten Schlußfolgerungen. Denken Sie an all die Fälle, in denen Sie selbst unschuldig verdächtigt wurden. Ein Zusammentreffen an und für sich unwahrscheinlicher Umstände kann eine Reklamation ganz anders aussehen lassen, als man „von Rechts wegen" annehmen konnte! Gestehen Sie dem Kunden das zu, was die Engländer „the benefit of the doubt" nennen: im Zweifelsfall recht geben, lieber glauben als mißtrauen, lieber freisprechen als verurteilen!

Die Behauptungen des Kunden sind natürlich oft übertrieben. Der Kunde entdeckt *einen* (Teil-) Fehler, der eine derartige Enttäuschung und Unlust hervorruft, daß er die ganze Ware minderwertig findet und sie zurückgeben will. Teilfehler verführen zur Einbildung (Selbstsuggestion) von Totalfehlern. Deswegen sind auch kleine Fehler so gefährlich. Der Verkäufer muß dann konsequent versuchen, das Gespräch auf den echten Sachverhalt zu begrenzen oder zurückzuführen.

„Nörgler"

Gewiß gibt es Nörgler, bei denen die Frage, „Lohnt es sich, dem Kunden recht zu geben?" verneinend beantwortet werden kann – aber nicht viele. Den meisten Menschen ist es eher peinlich, eine Reklamation vorzubringen, so daß sie häufig lieber ganz darauf verzichten. Man befürchtet Streit, Mißtrauen, zeitraubende Verhandlungen, zu nichts führende Aufregungen usw. Diese Befürchtung macht den Klagenden übrigens besonders empfindlich für das geringste Mißtrauen seitens des Verkäufers. Gerade deshalb ist Beherrschung und Vorsicht bei Untersuchungen des Sachverhalts notwendig.

Die Unterbewertung der eigenen Leistung

Soll man nun seine eigene Ware oder Leistung unnötig herabsetzen (Problem 2)? Das ist weder notwendig noch wünschenswert. Bei einer Beanstandung großzügig zu sein, braucht nicht zu bedeuten, daß der Kunde sachlich recht bekommt. Das Zugeständnis kann unabhängig von einer formellen Verantwortung für den Fehler gemacht werden, damit der Kunde zufriedengestellt wird. Er soll fühlen, daß es dem Unternehmen ernst damit ist, die Interessen des Kunden zum Leitmotiv seines Handelns zu machen. Es empfiehlt sich, diesen Grund bei einer Berichtigung anzuführen, teils weil er Sympathie und Dankbarkeit gewinnen hilft, teils unterstreicht, daß das erwiesene Entgegenkommen keine Anerkennung einer Schuld darstellt und daraus keine Verbindlichkeit für die Zukunft herzuleiten ist. Bei Zugeständnisen bei an sich nicht völlig berechtigten Reklamationsfällen empfiehlt es sich, dies zu unterstreichen.

Es gibt natürlich Objekte, bei denen eine solche Großzügigkeit nicht ohne weiteres möglich ist. Die erwähnte Kontrollfrage ergibt aber auch hier die richtige Antwort.

Es kommt auch vor, daß ein Zugeständnis bei einer Reklamation, die sich bei sachlicher Untersuchung als unberechtigt erwiesen hat (oder bei der es unmöglich war, Ursache und Schuld festzustellen), beim Kunden eine Reaktion seines „besseren Ich" hervorruft, nämlich den Wunsch, sich seinerseits vornehm zu zeigen und die Reklamation entweder zu streichen oder den Verlust in irgendeiner Form zu teilen.

Die Wirkung des Prestigegefühls

Wenn man bedenkt, daß es für den Käufer manchmal zu einer reinen Prestigefrage werden kann, „recht zu bekommen", auch wenn die Schuld nicht festzustellen ist, empfiehlt es sich, zumindest *irgendeine* Teilentschädigung zu leisten. Mit geringen Kosten kann man sich auf diese Weise einen Kunden erhalten.

Schädliche Garantien

Formulierungen von Garantiebestimmungen, die Kunde und Lieferant verschieden deuten, und deren komplizierte Paragraphen die Garantie praktisch illusorisch machen, rufen unangenehme Beanstandungen hervor. Eine Garantie, die für fehlerhafte Teile, z. B. in einer Maschine oder einem Auto, einen Austausch zusichert, aber Reparaturkosten in Rechnung stellt, gehört zu dieser Gruppe. Eine solche Garantie wird als übler Scherz empfunden, wenn z. B. das fehlerhafte Stück nur ein paar Mark kostet, die Reparatur aber mehrere hundert.

Eine ähnliche, in gewissen Branchen ziemlich übliche Situation entsteht, wenn der Lieferant auf seinen eigenen Lieferanten verweist und ihm die Verantwortung zuschiebt. Natürlich soll ein Wiederverkäufer die Untersuchung einer Reklamation beispielsweise an den Fabrikanten weitergeben; aber das schließt nicht aus, daß er meist nicht nur juristisch (sofern er kein Agent ist), sondern *vor allem auch moralisch* die Verantwortung gegenüber dem Kunden trägt. Der Kunde hat z. B. ausschließlich mit „seiner" Großhandelsfirma zu tun gehabt, weiß in vielen Fällen überhaupt nichts vom Fabrikanten und hält sich bei der Beanstandung auch an die verkaufende Firma. Der Streit zwischen dieser und dem Fabrikanten geht ihn nichts an. Auch Fabrikanten klagen oft über die zunehmende Tendenz, alle Reklamationen ohne weiteres ihnen zuzuschieben – aber deren Klage hat andere Gründe . . .

Gespräche mit aufgeregten Kunden

Mit einem aufgeregten Kunden ist nicht zu reden – nicht einmal sachlich. Wenn sich nur alle unerschütterlich an diese Regel halten würden, so könnten viele unnötige Streitigkeiten vermieden werden. Dies gilt auch für das Problem 3. Die sachlich an und für sich richtigen Hinweise des Verkäufers, der Kunde übertreibe und beurteile die Situation falsch, reizen den Kunden nur noch mehr und treiben ihn zu der (für ihn selbst unvorteilhaften) Streichung des Auftrages. Er will sich dabei „aufs hohe Roß setzen", den Bluff wahr machen und dem Verkäufer eine Lehre erteilen. Hätte der Verkäufer die Diskussion am Telefon unterlassen und statt dessen vorgeschlagen, den Kunden am folgenden Tage selbst zu besuchen, so hätte er damit folgendes gewonnen:

1. Die Einsicht des Kunden, daß sich der Verkäufer des Ernstes der Situation bewußt ist und sich persönlich für eine Lösung einsetzt;

2. die Möglichkeit einer mündlichen Verhandlung;

3. Aufschub um einen Tag mit der Wahrscheinlichkeit, daß der Kunde sich beruhigt – die Zeit ist der größte Feind der Wut! – und

4. Muße für sich selbst, eine passende Lösung zu finden; sowie

5. die Unmöglichkeit der angedrohten Annullierung am nächsten Tag für den Fall der ausgebliebenen Lieferung.

Ablehnungen

Und bei notwendigen Ablehnungen, die ja auch vorkommen müssen, wie verfährt man da? Geben Sie dem Kunden ausführliche Erklärungen, möglichst mit Untersuchungsberichten versehen. Zeigen Sie dadurch, daß Ihre Ablehnung kein böser Wille oder Unterbewertung seiner Person ist. Zeigen Sie dem Kunden, daß sich mehrere maßgebende Leute bei Ihnen eingehend mit der Klärung des Falls beschäftigt haben. Geben Sie ihm jedmöglichen Einblick in Ihre Untersuchungen, möglicherweise in Form eines Untersuchungsprotokolls.

Legen Sie den Schwerpunkt Ihrer sachlichen Erklärungen auf die Tatsache, daß der Fehler nicht bei Ihnen entstanden sein kann, und möglichst nicht darauf, daß er beim Kunden entstanden ist. Den Schlußsatz kann er selbst folgern. Logisch liegt hierin kein Unterschied, aber psychologisch. Und der Mensch reagiert nun mal nicht logisch, sondern psychologisch.

Vermeiden Sie möglichst einen Briefwechsel bei Ablehnungen! Ein persönliches Gespräch führt leichter zum Resultat oder hinterläßt weniger Stacheln. Wenn technische Berichte weitergeleitet werden müssen, lassen Sie den Inhalt durch eine Zensur gehen – sie enthalten manchmal geballte Ladungen für ein schon verletztes Kontaktklima.

Schimpfende Kunden

Einen schimpfenden Kunden soll man mit Freundlichkeit zu nehmen wissen. Um zu streiten, braucht man jemanden, der gewillt ist, einen Streit mitzumachen. Wenn dieser das nicht tut, verliert man jeden Auftrieb zur Fortsetzung. Niemand kann sich mit jemandem zanken, der nicht mit gleicher Münze „zurückzankt".

Auf die Frage nach der besten Antwort, die man auf die Ergüsse von aufgeregten Kunden geben könne, erwähnte der Reklamationsbearbeiter einer großen Autofirma: „Die Worte ‚Ich verstehe' mit all der Sympathie in Stimme, Haltung und Gesichtsausdruck, die man aufbringen kann."

Das ist sicher richtig. Geben Sie dem Kunden weitgehend recht; desto eher beruhigt er sich und desto schneller können Sie eine sachliche Untersuchung vornehmen. Wenn Sie das Gefühl haben, eine geladene Situation nicht meistern zu können oder etwa die Beherrschung zu verlieren, so versprechen Sie, eine Untersuchung anzustellen und am nächsten Tag wiederzukommen. Die meisten aufgeregten Kunden beruhigen sich „über Nacht". Im übrigen sollte man sich bemühen, eine Reklamation so schnell wie möglich zu klären, bevor sie sich im Bewußtsein des Kunden festsetzen kann. Eine endgültige Regelung braucht dagegen nicht beim ersten Kontakt getroffen zu werden. Man soll sich nicht so schnell festlegen. Die Hauptsache ist, daß der Kunde weiß, die Bearbeitung wird eingeleitet und nicht verbummelt.

Aufschreiben!

Eine sehr nützliche Methode bei Reklamationen, nicht zuletzt beim Kontakt mit aufgeregten Kunden, ist, die Angaben des Kunden zu notieren. Das beruhigt sehr schnell. Der Kunde sieht sich ernstgenommen. Sagen Sie ihm, daß Sie eine gründliche Untersuchung vornehmen werden und dazu alle Einzelheiten von Bedeutung brauchen. Das erlaubt Ihnen auch, den Kunden auszufragen, ohne ihn zu verletzen. Oft zeigt es sich, daß der Kunde seine Ansichten im einzelnen nicht erklären kann, wodurch er wesentlich nachgiebiger wird. Das entdeckte auch Herr Schöne in Problem 4.

Wenn Sie nicht gleich Stellung nehmen wollen, bestätigen Sie den Eingang der Beschwerde und geben Sie Zwischenbescheide. Vereinbaren Sie ein gemeinsames Vorgehen. Verschleppungen in der Behandlung von Reklamationen sind gefährliche Keime neuer Verärgerung. In gewissen Fällen ist es am wichtigsten, den entstandenen Schaden so schnell wie möglich abzustellen, bevor man mit der Untersuchung über Anlaß und Verantwortung fertig ist. In diesem Falle muß alles zurückgestellt werden, bis dem Kunden aus der schwierigen Lage, z. B. Produktionsunterbrechung, geholfen worden ist.

Der juristische Standpunkt

In wichtigen, zweifelhaften Fällen ist es angebracht, die rechtliche Verantwortung klarzustellen – nicht um den Paragraphen anzuwenden, sondern um orientiert zu sein. Juristisch recht zu haben ist kein Trost, wenn man dabei einen Kunden verliert.

Soll man eine Reklamationsstelle einrichten?

Machen Sie es dem Kunden leicht, Reklamationen vorzubringen. Dies soll nicht Querulanten Vorschub leisten, sondern soll die gefährlichsten Reklamationen vermeiden: die unausgesprochenen – bei denen der Kunde seine Bemängelungen überhaupt nicht bei dem Lieferanten anbringt, sondern sich andere Bezugsquellen sucht und überall seine unangenehmsten Erfahrungen verbreitet. Wenn der Kunde nörgeln will, dann ist es auf alle Fälle besser, es Ihnen anstatt anderen gegenüber zu tun. Dadurch haben Sie es in der Hand, die Sachlage zu klären. Eine Instanz wie in Problem 5 verbessert das Kontaktklima und erzeugt ein Sicherheitsgefühl bei Ihren Kunden. Diese wissen, daß sie sich immer an jemanden mit ihren Beschwerden wenden können. Eine solche Stelle vermindert das Aufkommen unausgesprochener Unzufriedenheit und entschärft Verärgerungen.

Ein Kunde, der jahrelang bei einem bestimmten Lieferanten gekauft hat, aber auf Grund dessen offenkundiger Nachlässigkeit einem Mitbewerber die Chance gegeben hat, fühlt sich doppelt vernachlässigt, wenn das Unternehmen sich nicht anstrengt, den Anlaß seines Entschlusses zu erkunden und ihn nicht zurückzugewinnen sucht. Man soll einen alten Kunden nicht ohne weiteres abspringen lassen. Schreiben Sie ihm einen persönlichen Brief, rufen Sie ihn an oder besuchen Sie ihn. Sagen Sie ihm ruhig, daß Sie annnehmen, er müsse mit irgend etwas unzufrieden sein, daß Sie zwar immer versuchen, Ihr Bestes zu tun, daß aber überall irgendwann mal ein Fehler vorkommen könne und daß Sie gern die Sache wieder in Ordnung bringen möchten.

Eine solche Maßnahme, die merkwürdig selten vorgenommen wird, zeigt dem Kunden, daß Sie ihn schätzen. Meist hat er nichts dagegen, die gewünschten Aufschlüsse zu geben, und dann ist es Ihre Sache, diese entsprechend zu verwerten. Dadurch kommt man auch Übelständen innerhalb der eigenen Organisation auf die Spur.

Ursachen nachgehen!

Es ist *eine* der Methoden, um aus Reklamationen neue Verkaufsmöglichkeiten zu machen. Man sollte aber überhaupt den Anlaß zu Reklamationen genau untersuchen, anstatt sie nur zu berichtigen und die Angelegenheit damit abzuschreiben. Sonst handelt man wie Menschen, die zwar an chronischen Kopfschmerzen leiden, sich aber damit begnügen, Tabletten zu schlucken, anstatt eine gründliche ärztliche Untersuchung der Ursachen vornehmen zu lassen. Hierin liegt die einzige Möglichkeit, die Anzahl der Reklamationen zu verhindern.

Berechtigte Reklamationen

In diesem Kapitel ist beinahe nichts über eindeutig *berechtigte* Reklamationen gesagt worden, ganz einfach deshalb, weil darüber nicht viel zu sagen ist. Der Fehler soll ohne Umschweife anerkannt, die Entschuldigung angebracht und die Berichtigung so schnell wie möglich vorgenommen werden. Man sollte versichern, daß geeignete Maßnahmen ergriffen worden sind, um eine Wiederholung zu vermeiden, und gegebenenfalls die Bereitwilligkeit zeigen, auch für indirekte Kosten und Mühen aufzukommen.

Zusammenfassung in 18 Punkten

Zusammenfassend nochmals die wichtigsten Regeln zur Behandlung von Klagen und Bemängelungen:

1. Der Kunde hat nicht immer recht, aber es lohnt sich oft, ihm recht zu geben.
2. Großzügigkeit macht sich in der Regel bezahlt. Sie kann zu weiteren Geschäften führen, die den entgangenen Gewinn wieder einbringen.

3. Reklamationen sind innerhalb gewisser Grenzen eine natürliche Erscheinung, und der Verkäufer sollte sich deshalb nicht wie ein Angeklagter fühlen, der sich verteidigen muß.

4. Um die Lage des Kunden und seine Reaktionen beurteilen zu können, muß der Verkäufer sich bemühen, die Reklamation wie der Kunde, subjektiv – aus dessen Gesichtswinkel – zu betrachten. Der objektive Anlaß kann eine reine Kleinigkeit sein.

5. Im Augenblick der Bemängelung zeigen sich Kunden selten völlig ausgeglichen, sondern in der Regel überempfindlich gegen Mißtrauen und abweisende Haltung.

6. Reklamationen aus Geltungsbedürfnis erfordern besondere Vorsicht.

7. Beanstandungen brauchen nicht immer der Menge oder Beschaffenheit der Ware zu gelten, sondern können sich auch auf Zweckdienlichkeit und Verwendungszweck beziehen.

8. Ziehen Sie keine Schlußfolgerungen über mangelnde Ehrlichkeit des Kunden, bevor nicht bewiesen werden kann, daß er wirklich die Unwahrheit sagt. Lieber freisprechen als verurteilen. Der Kunde kann unrecht haben, aber trotzdem in gutem Glauben handeln.

9. Ein Entgegenkommen bei zweifelhaften Reklamationen braucht nicht zu bedeuten, daß Sie damit die Schuld auf sich nehmen oder sich für die Zukunft binden.

10. Dann und wann kann man den Kunden zufriedenstellen, indem man ihm eine Teilentschädigung zubilligt.

11. Stellen Sie das Ausmaß der Entschädigung fest, bevor Sie entscheiden. Es ist häufig geringer, als Sie glaubten.

12. Motivieren Sie Ablehnungen ausführlich und psychologisch durchdacht. Eine Ablehnung muß man verkaufen können.

13. Erzeugen Sie keine Konfliktfälle, indem Sie Garantien praktisch wertlos machen!

14. Mit einem aufgeregten Kunden ist sachlich nicht zu reden.

15. Der Kunde soll immer fühlen, daß seine Reklamation ernstgenommen und zum Gegenstand einer sachlichen Untersuchung gemacht wird. Geben Sie Zwischenbescheide. Vermeiden Sie Verschleppungen.

16. Vermeiden Sie Briefwechsel – mit mündlichem Kontakt kommt man weiter.

17. Erleichtern Sie das Anbringen von Reklamationen und versuchen Sie, unausgesprochener Unzufriedenheit des Kunden auf die Spur zu kommen!

18. Eindeutig berechtigte Reklamationen erfordern keine besonderen „Regeln". Sie müssen so schnell wie möglich und mit einem Gefühl der Verantwortung für die begangenen Fehler bereinigt werden.

Und jetzt können Sie sicher die 4 einleitenden Fragen beantworten und die 5 Verkaufsprobleme des Kapitelanfangs lösen?!

Reklamationen können zu besserer Leistung und erhöhtem Verkauf führen, wenn Ursachen klargelegt werden und Kunden mit Rücksicht auf zukünftige Geschäfte richtig behandelt werden. Der Kunde hat nicht immer recht, aber es lohnt sich häufig, ihm recht zu geben.

KONTROLLISTE I

20 Punkte für Ihre Verkaufsargumentation

Argumentieren Sie richtig? Hier folgt eine Liste mit 20 Kontrollfragen. Werden Sie mit den von Ihnen vorgetragenen Verkaufsargumenten den Anforderungen gerecht, die sich aus diesen Fragen ergeben? Bitte prüfen Sie sich selbst vor der Beantwortung jeder Frage so streng und kritisch wie nur möglich.

Diese und die folgenden Kontrollisten werden Ihnen eine wohlerwünschte Grundlage sein, wenn Sie kritisch prüfen wollen, ob die wichtigsten Elemente in Ihrem Verkaufsgespräch vertreten und folgerichtig aufgegliedert sind. Beurteilen und kontrollieren Sie sich selbst, besonders vor wichtigen Kundenbesuchen (vergleichen Sie auch Kapitel 18)! Vor allem: Überprüfen Sie Ihre Argumentation einen Monat, nachdem Sie das Buch gelesen haben! Wenn es Sie nicht völlig unberührt gelassen hat, haben Sie schon einen Teil Ihrer Arbeitsmethoden korrigiert.

Entsprechen Ihre Argumente den folgenden Forderungen?

FORDERUNG	A) INHALT	B) DARSTELLUNG	C) ZIELSETZUNG
1. Sachlichkeit	Vermittelt Ihre Argumentation dem Kunden *alle* notwendigen Tatsachen (nicht mehr, nicht weniger, nichts, was er schon weiß, keine unnötigen Einzelheiten)?		
2. Beweisführung	Enthält sie eine zufriedenstellende Beweisführung?		
3. Anpassung	Sind die Argumente in Inhalt und Darstellung der Aufnahmefähigkeit des Kunden seinem Denkvermögen und seinen Kenntnissen angepaßt (Niveau, Tempo, Ausdrucksweise)?		
4. Kundenkenntnis	Basiert Ihre Argumentation auf wirklicher Kenntnis der Probleme des Kunden?		

FORDERUNG	A) INHALT	B) DARSTELLUNG	C) ZIELSETZUNG
5. Einstellung			Konzentriert sie sich auf den Kunden (nicht auf die Ware) und die Vorteile, die das Angebot ihm bietet (Kauf-, nicht Verkaufsargumente)?
6. Beschränkung	Beschränkt sich die Argumentation auf ein *Minimum* treffender Argumente?		
7. Darstellungsform		Werden die Argumente hauptsächlich in Frageform gestellt und laden sie zur Zustimmung ein?	
8. Aufbau	Verfolgt Ihr Aufbau eine klare und folgerichtige Linie (Disposition) vom Anfang bis Ende?		
9. Glaubwürdigkeit	Sind die Argumente wahr und erscheinen sie dem Kunden annehmbar?		
10. „Tiefdruck“	Sind Inhalt (Argumente) und Darstellung (Ausdrucksweise) so dosiert, daß sie keine Kaufwiderstände, Diskussionen oder störende Einwände hervorrufen?		
11. Kontakt		Schafft Ihre Argumentation *Kontakt* mit dem Kunden (Gespräch, Frage und Antwort)? Kontrollieren Sie, ob der Kunde Ihnen folgt und die Argumente akzeptiert? Bekommt er Gelegenheit, sich zu äußern, und tut er dies?	
12. Überzeugung		Ist die Darstellung überzeugend? Spiegelt sie Ihre Überzeugung wider? Fesselt sie den Kunden?	
13. Nuancierung	Vermeiden Sie Superlative und allgemeine Redensarten? Sind die Argumente konkret und nuanciert?		

FORDERUNG	A) INHALT	B) DAR-STELLUNG	C) ZIEL-SETZUNG
14. Argumentwahl	Werden Preis- und Qualitätsargumente an die richtige Stelle gesetzt und richtig angewendet?		
15. Widerlegung	Werden Einwände überzeugend widerlegt und ohne daß die Argumentation zerrissen wird?		
16. Aufmerksamkeit			Wird die Aufmerksamkeit des Kunden sofort gewonnen?
17. Interesse			Wird das persönliche Interesse des Kunden geweckt?
18. Drang zum Kauf			Wird das Verlangen nach dem Angebot ausgelöst?
19. Überzeugung			Überzeugen Sie den Kunden, daß er Ihren Vorschlag wünscht *und* braucht?
20. Abschluß			Führt Ihre Argumentation konsequent zur Kaufhandlung und bedient sie sich der richtigen Abschlußtechnik?

KONTROLLISTE II

30 Umstände, die Ihren Verkaufserfolg torpedieren können.

Wo liegen meine Mängel?

Die wichtigsten Punkte ankreuzen, durchdenken („warum ist das so?"), Lösungen erarbeiten, einen Plan für die Zukunft aufstellen, gegebenenfalls Unterstützung anderer suchen.

	Stimmt	Stimmt teilweise	Stimmt nicht
1. Ich bereite mich nicht genügend vor – dazu fehlt mir entweder Zeit, Konzentration, Geduld oder Lust.			
2. Ich organisiere meine Verkaufstätigkeit nicht gut – ich improvisiere zuviel.			
3. Alle Schreibtischarbeit ist mir zuwider – daher führe ich wahrscheinlich nicht genügend Aufzeichnungen, Unterlagen, Daten für Neu- und Wiederholungsbesuche.			
4. Meine Tagesform schwankt – manchmal bin ich in Form, manchmal fühle ich von vornherein Mißerfolge, die sich dann auch einstellen.			
5. Ich gehe gern meine eigenen Wege – lerne nicht gern von anderen, schätze Verkaufsinstruktionen, Seminare, Besprechungen nicht besonders.			
6. Gegenüber Steuerungsmaßnahmen von oben bin ich überempfindlich und sperre mich dagegen.			
7. Fühle, daß mein Einsatz von anderen nicht genügend geschätzt wird, und das macht mich manchmal sauer – ebenso das Gefühl, nicht weiterzukommen.			
8. Mache vielleicht zuwenig Besuche oder zu „einfache" Besuche, besonders bei ausbleibenden Erfolgen.			
9. Bin nicht sehr geschickt bei Telefonaten oder bei Gesprächen mit Zwischenpersonen, um Zutritt zu schwierigen Kunden zu bekommen.			

	Stimmt	Stimmt teilweise	Stimmt nicht
10. Die ersten Minuten beim Kunden fallen mir schwer, wenn es darum geht, ein gutes Klima zu schaffen – besonders bei a) Neubesuchen, b) Wiederholungsbesuchen, c) bei abweisenden Kunden (a oder b).			
11. Ich merke bei vielen Besuchen, daß mir ein eigentlicher Plan für die Verhandlung fehlt und damit die Sicherheit.			
12. Ich weiß zwar, daß mit einem „Nein“ des Kunden der Verkauf erst anfängt, aber in der Praxis nimmt mir das doch den Elan.			
13. Der plausible Gesprächsanfang über „Probleme, Bedürfnisse, Wünsche, Ziele und Interessen“ als Verhandlungsauftakt fällt mir häufig schwer – ebenso, den berühmten „Aufhänger“ zu finden.			
14. Ich kenne auch den Wert der sogenannten „Fragetechnik“, aber in der Praxis benutze ich wahrscheinlich zuviel Behauptungen. Dadurch geht vielleicht Kontakt und Kontrolle verloren.			
15. „Ideenverkauf“ ist für mich mehr als ein Schlagwort. In der Praxis verwende ich das Prinzip aber sicher zuwenig.			
16. Widerstände und Einwände kann ich zwar meistens widerlegen, aber anstatt Einverständnis zu erzielen, entsteht häufig Gereiztheit oder Ungeduld beim Kunden oder bei mir selbst.			
17. Meine Produktkenntnisse (eigene und die der Mitbewerber) sind offen gesagt verbesserungsfähig – ebenso meine Marktkenntnisse.			
18. Ich glaube, ich rede zuviel und der Kunde zuwenig.			
19. Bei der Beurteilung von Kundenreaktionen unterlaufen mir häufig Fehler – ich überschätze sein Interesse und seine Zusagen, verlasse mich auf halbe Versprechen, urteile zu logisch, anstatt psychologisch.			

	Stimmt	Stimmt teilweise	Stimmt nicht
20. Mit massiven Preiseinwänden werde ich schwer fertig – überhaupt fühle ich mich bei Preisverhandlungen nicht wohl.			
21. Verhandlungen mit mehreren Kunden gleichzeitig empfinde ich als echte Belastung.			
22. Meine Ausdrucksfähigkeit (Argumente und Rhetorik) sind sicher verbesserungsbedürftig.			
23. Ich muß dem Kunden häufig innerlich recht (und meiner Firma unrecht) geben. Ich mache mich auch nicht gern unbeliebt und möchte niemandem zu nahe treten. Das nimmt mir vielleicht die nötige Überzeugungskraft und Durchsetzvermögen.			
24. Das Verkaufsförderungsmaterial meiner Firma (Proben, Prospekte, Modelle, Werbung usw.) entspricht nicht immer meinem Geschmack. Ich verwende es sicher zuwenig, ebenso wie alle anderen audiovisuellen Hilfsmittel (Papier und Bleistift usw.).			
25. Im Abschlußstadium fühle ich mich unsicher und nervös – meine Abschlußtechnik ist sicher verbesserungsfähig.			
26. Es gibt Kunden, die mir unsympathisch sind und mit denen ich einfach nicht fertig werde.			
27. Manchmal bin ich die Verkaufsarbeit recht satt, besonders in letzter Zeit.			
28. Für Mißerfolge finde ich zu leicht plausible Erklärungen, die mich selbst freisprechen.			
29. Ich könnte pro Woche sicher zwei bis drei Kundenbesuche mehr machen, vielleicht auch noch mehr.			
30. Ein weiterer wichtiger Fehler .... unterläuft mir zu häufig.			

Erprobt	Bekannt
Erwägen	Zögern
Sie bekommen	Wir geben Ihnen
Ungefähr	Genau
Vorführen	Zeigen
Bedürfnisse	Wünsche
Billig	Preiswert
Hochwertig	Teuer
Vereinbarung	Vertrag
Lösungsvorschlag	Arbeitsvorschlag
Übergang	Umstellung
Ausbildung	Schulung
Günstig	Optimal
Gespräch	Verhandlung
Nach unserer Ansicht	Erfahrungsgemäß
Durch Lieferschwierigkeiten	Durch gesteigerte Nachfrage
Demonstrieren	Zeigen
Offene Probleme	Offene Fragen
Zahlen	Begleichen
Sie bezweifeln	Sie fragen sich

KONTROLLISTE VI

25 Beispiele von Schlüsselphasen oder Entscheidungsfaktoren im Verkauf verschiedener Bereiche

	Kommentare für meine Arbeit
1. Anzahl Besuche	
2. Häufigkeit der Besuche	
3. Anzahl Vorführungen	
4. Persönliche Beziehungen	
5. Richtiger Besuchszeitpunkt	
6. Besuchsniveau, Spitzenkontakte	
7. Besuche mit Interessenten bei Kunden	
8. Versuche, Probeauftrag, Rücknahme, Garantie	
9. (Werks-)Einladungen von Schlüsselpersonen	
10. Verkaufsförderung und Auftragsvermittlung für den Kunden	
11. Referenzen und Aussagen	
12. Akquisition lohnender Neukunden	

13. Verwertung von Verkaufstips	
14. Placierung des Produktes beim Wiederverkäufer	
15. Einstellung des Verkaufspersonals uns gegenüber	
16. Unterstützung durch Verkaufsleiter	
17. Anzahl und zeitliche Dosierung von Nachfaßaktionen	
18. Repräsentation	
19. Genaue Auskünfte über Kundenprojekte und -dispositionen	
20. Angebotsschnelligkeit	
21. „Leithammel"kauf	
22. Anpassungsfähigkeit und „maßgeschneiderte" Problemlösungen	
23. Sonderaktionen	
24. Zähigkeit des Verkäufers	
25. Gruppenleistung (Tandem, Techniker, Spezialisten usw.)	

Diese Liste ist absolut unvollständig. Sie soll Sie veranlassen, die entscheidenden Faktoren *Ihrer* Verkäufe zu untersuchen und danach Ihre Einsätze zu bestimmen. Sie können nicht alles tun. Konzentrieren Sie sich daher auf die erfolgsentscheidenden Handlungen.

Ein Schlußwort

Dieses Buch hat vor allem *einen* Zweck verfolgt: Ihnen Anregungen zu geben, wie Sie systematisch Ihre Verkaufstaktik verbessern und Kunden gewinnen können. Es hat versucht, gemeinsam mit Ihnen den Verkaufsvorgang in seine Bestandteile zu zerlegen, Sie zu veranlassen, Ihre eigenen Arbeitsmethoden zu untersuchen, sie der Kritik zu unterwerfen und sie zu ändern, wo es angebracht ist.

Einige Resultate Ihrer Denkarbeit können Sie selbst kontrollieren, indem Sie Ihre Verkaufsargumentation mit Hilfe der verschiedenen Kontrollisten bewerten.

Außerdem enthält das Buch laufend Kontrollmöglichkeiten, Fragen, Beispiele, Anwendungsratschläge. Sie sollten etwas damit anfangen können.

Das Buch würde jedoch nicht einmal seiner begrenzten Aufgabe gerecht, wenn nicht noch einige weitere Umstände, welche die Verkaufsleistung stark beeinflussen, erwähnt bzw. nochmals betont würden.

1. *Notwendig ist eine richtige Planung der Arbeit, die darauf abzielt, der eigentlichen Verkaufstätigkeit soviel Zeit wie nur möglich einzuräumen.* In den Branchen, deren Verkausfresultat von der Anzahl der Kundenkontakte direkt abhängig ist, ist dies ein zwingendes Gebot. Dem Verkäufer sollten nicht mehr Bericht- und Kontrollaufgaben als unbedingt notwendig auferlegt werden. Er sollte die Arbeit der Woche im voraus planen und dem Plan konsequent folgen. Bei der Planung sollte zur Vermeidung von Zeitverlust auf die geographische Lage der Besuche, die Empfangsgepflogenheiten der Kunden und die Wichtigkeit der besuchten Kunden Rücksicht genommen werden. Das bedeutet u. a., daß er seine Arbeit auf die wertvollsten Kunden konzentriert, daß er sich eventuell den Besuch bei Kun-

den schenkt, die sowieso kaufen, und daß er durch statistische Kontrolle der eigenen Arbeit feststellt, wieviel Zeitaufwand die Bearbeitung der verschiedenen Kunden und Kundengruppen lohnt.

2. Der Verkäufer sollte sich auch von schematischen und abergläubischen Gedankengängen, *die nur seiner eigenen Bequemlichkeit dienen,* befreien, z. B.:

daß gewisse Tage ungeeignete Besuchstage sind,

daß am Montagmorgen und am Freitagnachmittag keine Geschäfte gemacht werden können,

daß man nicht mehr als eine bestimmte Anzahl von Kunden pro Tag besuchen soll, um sich nicht zu verausgaben,

daß man nichts mit Kunden anfangen kann, die nun einmal nein gesagt haben,

daß es eine Menge Kunden gibt, die ihren eigenen Vorteil nicht begreifen,

daß häufig der Zufall den Verkauf entscheidet,

daß an regnerischen, trüben Tagen viele Kunden schlechte Laune haben,

daß der Markt gesättigt ist und die Leute nicht kaufen können, weil sie eben eingedeckt sind,

daß der Bezirk „verdorben“ oder voll ausgeschöpft ist,

daß „gerade jetzt“ die Zeiten besonders schlecht sind,

daß man zu gewissen Zeitpunkten von einem verteufelten Pech verfolgt wird,

daß die Kunden immer schwieriger werden,

daß unser Geschäft durch „schmutzige“ oder unseriöse Konkurrenzmaßnahmen verdorben wird,

daß die Konkurrenz rücksichtsloser und auch geschickter ist als wir,

daß wir immer zu teuer sind,

daß Planung und Vorbereitung sich nicht lohnen, weil ja doch alles anders kommt, *daß* unsere Geschäftspolitik veraltet ist,

daß man nur Ärger erntet, wenn man mit mehreren Leuten in einem Unternehmen verhandelt,

daß man kaum etwas von anderen lernen kann, da jeder nach seiner eigenen Art verkaufen muß,

daß es andere Verkäufer leichter haben und

daß man das ja alles schon lange gewußt hat,

daß man sich nicht übernehmen soll.

Gerade diese beiden letzten Standpunkte sind von besonderer Bedeutung. Je mehr Kundenkontakte, desto größere Verkaufsmöglichkeiten. Jeder Verkäufer glaubt, er leiste mehr als genug. Das sagt sowohl derjenige, der drei Kundenbesuche pro Tag macht, als auch jener, der sieben schafft, auch wenn beide innerhalb ein und derselben Firma an denselben Kundenkreis die gleiche Ware verkaufen.

Und damit sind wir beim dritten Punkt, der die Verkaufsleistung beeinflußt, angelangt:

3. *Die Arbeitsenergie.* Wir können in der Regel viel mehr leisten, als wir glauben. Wir könnten alle täglich mindestens einen Kunden mehr aufsuchen. Wir könnten alle eine halbe Stunde eher aufstehen. Bestimmte Kunden könnten wir nach vorheriger Abmachung um 1/28 Uhr morgens besuchen, und wir könnten ein bis drei Besuche vor der „üblichen" Besuchszeit abwickeln. Wir könnten uns schnell in ein Taxi, eine Straßenbahn oder einen Zug setzen, um einen Kunden persönlich aufzusuchen, wenn er sich nicht entscheiden kann oder Schwierigkeiten auftauchen, anstatt uns auf das Telefon zu verlassen.

All dies ist in den verschiedensten Fällen praktisch erprobt worden. Ein Unternehmen der Büromaschinenbranche führte beispielsweise Gratifikationen für jeden Kundenbesuch ein, der über fünf pro Tag hinausging, wodurch sich die Durchschnittszahl (echter) Besuche von fünf auf sieben pro Tag steigerte. Eine Benzinfirma führte probeweise freie Montagvormittage im Sommer unter der Voraussetzung ein, daß die Anzahl der Kundenkontakte pro Woche nicht sinken würde – sie stieg statt dessen.

Es soll hier nicht einem größeren Arbeitsaufwand das Wort geredet werden, sondern einem zielgerechteren Arbeitseinsatz. Nicht mehr, sondern besser arbeiten. Die Wege zu suchen, ist Ihre Aufgabe, Herr Unternehmer, Ihre, Herr Verkaufsleiter, und Ihre, Herr Verkäufer. Anregungen finden Sie überall, nicht nur hier.

Setzen Sie sich ein konkretes Ziel, treten Sie in Wettbewerb mit sich selbst und mit anderen. Lernen Sie, noch mehr Freude an Ihrer Tätigkeit zu finden (durch größere Kenntnisse und dadurch gesteigerten Erfolg) und an Ihren Kunden (die doch Ihr Gehalt bezahlen)! Gehen Sie davon aus, daß Sie nicht so tüchtig sind, als daß Sie nicht noch tüchtiger werden könnten! Wir können alle voneinander lernen – heute, morgen, dauernd. Nur ein Narr glaubt, keine Fehler zu machen. Diese Einstellung, die durch kein Wissen oder keine Begabung zu ersetzen ist, dürfte ein wahres Gebot der Selbsterhaltung sein – gerade im Beruf des Verkäufers. Lernen Sie, solange Sie leben, und Sie werden leben, solange und weil Sie lernen!

STICHWORTVERZEICHNIS

A

B

D

E

T

U

V

W

Z